日本内幕交易规制

——课征金制度的考察

王为雄◎著

Wuhan University Press
武汉大学出版社

图书在版编目（ＣＩＰ）数据

日本内幕交易规制 : 课征金制度的考察 / 王为雄著 . — 武汉 : 武汉大学出版社，
2022.7（2024.4重印）

ISBN 978-7-307-23093-4

Ⅰ . 日…　Ⅱ . 王…　Ⅲ . 证券交易—金融法—研究—日本　Ⅳ . D931.322.8

中国版本图书馆 CIP 数据核字 (2022) 第 083590 号

责任编辑：周媛媛　　　　责任校对：牟　丹　　　　版式设计：中北传媒

出版发行：**武汉大学出版社**　　（430072　武昌　珞珈山）

（电子邮箱：cbs22@whu.edu.cn　网址：www.wdp.com.cn）

印刷：廊坊市海涛印刷有限公司

开本：710×1000　1/16　　印张：22.5　　字数：276 千字

版次：2022 年 7 月第 1 版　　2024 年 4 月第 2 次印刷

ISBN 978-7-307-23093-4　　定价：98.00 元

序

    日本《金融商品交易法》（以下简称《金商法》）的立法宗旨主要是为了保护日本证券市场中的投资者，以及维护证券市场秩序。它也是与日本《环境法》和《消费者保护法》相并列的现代法律之一。

    《金商法》的内容主要是针对金融业（证券业、银行业、保险业、信托业等）进行规范。由于以纽约和伦敦为代表的证券交易市场等证券业的社会经济环境发生了巨大变化，互联网和信息技术的进步促进了以美国联邦储备银行为代表的西方发达国家的金融缓和，以欧盟、东亚等经济共同体为首的商业交易的全球化，证券交易逐步呈现多样化趋势。

    为了适应证券交易的变化，《金商法》几乎每年都要进行小规模修改。2013年6月，在实施了25年之后，《金商法》首次进行了大规模修改。此次修改主要包含以下内容：规制内幕交易的行为，将自股票等买卖行为扩大到未公开的重要信息的传达和交易的买卖行为，并加大对理财从业者的违法行为的处罚力度。

其实，美、英等国早就对内幕交易的行为进行了规制，并制定了规制这些行为的国际标准。所以，日本修改《金商法》的行为被称为"迟了半个世纪的修改"，但对日本而言，却具有重要意义和影响。

本书拟对美、日两国的内幕交易规制进行分析与探讨，以期对完善日本内幕交易的惩罚性措施的课征金制度和创设内幕交易的受害人救济的民事损失赔偿请求权等提出立法上的建议。

目　录

第一章　美国证券交易法下的内幕交易规制——情报犯罪.....................1

　第一节　美国规则 10b-5 与内幕交易 4

　第二节　美国内幕交易规制的判断标准（在普通法的基础上展开）.......15

　第三节　美国公开收购与内幕交易规制 54

　第四节　美国内幕交易规制违反的责任和 SEC 法的执行 63

　第五节　美国公司董事的短线交易收益的返还义务 90

第二章　日本内幕交易规制的框架...110

　第一节　日本公司关系者的内幕交易规制 113

　第二节　日本公开收购与内幕交易规制 135

　第三节　日本防范内幕交易的规制 153

　第四节　日本内幕交易规制的动向 165

第三章　日本内幕交易规制的法律施行——课征金制度............**177**

　　第一节　日本课征金制度的概要 179

　　第二节　日本课征金事例的分析 194

　　第三节　日本课征金制度与刑事罚 211

　　第四节　日本课征金制度与民事赔偿责任 221

第四章　日本课征金和刑事罚的构成要件的分离以及投资者的救济............**231**

　　第一节　美国和日本的内幕交易规制的框架的比较 233

　　第二节　日本课征金制度的性质和定位 249

　　第三节　日本课征金和刑事罚的构成要件的分离 260

　　第四节　日本民事损害赔偿请求权的设定 287

　　第五节　日本课征金的投资者救济 311

结语——日本刑事罚运用的强化和课征金制度活用的促进等............**333**

参考文献............**337**

后　记............**351**

第一章 美国证券交易法下的内幕交易规制 ——情报犯罪

从 1934 年美国出台《证券交易法》（以下简称《证券交易法》）之后，发生过多起利用未公开信息或秘密信息进行有价证券交易的相关案例，从事内幕交易的被告人不仅包括证券公司的内部人员，还包括竞技体育、新闻传媒、法律咨询等领域的工作者。

如果对这些案例进行分析，我们就会发现与其说是企业内部人员直接从事内幕交易，倒不如说是内部人员有意或无意将内部消息透露给企业的外部人员，从而发生内幕交易（outsider trading）。❶

美国国会并未对内幕交易做出具体定义，只是通过《证券交易法》明确了发行者负有持续性信息披露的义务，强制要求发行者将信息完全披露（减少发行者利用有利信息的机会），并要求内部者履行提供有价证券交易报告的义务，禁止内部者从事短线交易。❷

随着内幕交易的不断曝光，人们对内幕交易越来越关注，美国国会开始

---

❶ HAZEN T L. The Law of Securities Regulation [M]. London: Thomson Business Press, 2005.

❷ JAMES D.COX, ROBERT W HILLMAN, DONALD C. LANGEVOORT. Securities Regulation: Case and Materials [M]. 7th ed. New York: Aspen Publishers, Inc, 2006 : 879.

探讨能否用其他手段来抑制内幕交易，但尚未形成有效的证券法改革。❶ 禁止利用内幕信息进行证券交易的法律依据主要是美国证监会（U.S. Securities and Exchange Commission，SEC，以下简称 SEC）规则 10b-5（以下简称规则 10b-5）❷。该规则是为了禁止有关"证券的购买或出售"（the purchase or sale of a security）的欺诈性行为而制定的 ❸。

规则 10b-5 中的"禁止欺诈规定"（antifraud prohibition）是禁止证券交易欺诈最重要的工具。在未实施规则 10b-5 前，证券市场中与欺诈相关的案例只能以普通法为基础，由美国联邦法院对公司内部人员利用内部信息进行证券交易的行为做出判决 ❹。规则 10b-5 公布后，通过证券市场内部交易"Cady, Roberts 事件"的 SEC 行政裁决 ❺ 和"Texas Gulf Sulphur 事件"❻ 的美国联邦第二巡回上诉法院的判决，这两起划时代的事件而逐渐扩大了适用范围，最终形成了全面覆盖。

这两起案例，都是被告人接触并利用内部信息获取了高额利益，从而被 SEC 行政裁决和美国联邦巡回上诉法院认定为欺诈行为。如 Texas Gulf Sulphur 事件，投资者原本具有通过在证券市场上获得重要内部消息的正当期

---

❶ JAMES D.COX, ROBERT W HILLMAN, DONALD C. LANGEVOORT. Securities Regulation: Case and Materials［M］. 7th ed. New York: Aspen Publishers, Inc, 2006：879.

❷ HAZEN T L. Treatise on The Law of Securities Regulation.Vol. 3［M］. 5th ed. London: Thomson Business Press, 2005：492.

❸ HAZEN T L. Treatise on The Law of Securities Regulation.Vol. 3［M］. 5th ed. London: Thomson Business Press, 2005：492-493.

❹ JAMES D. COX, ROBERT W HILLMAN, DONALD C. LANGEVOORT. Securities Regulation: Case and Materials［M］. 7th ed. New York: Aspen Publishers, Inc, 2006：879.

❺ In re Cady, Roberts & Co., 40 S.E.C. 907（1961）.

❻ SEC v. Texas Gulf Sulphur Co., 401 F.2d 833（2d Cir.1968）.

待（the justifiable expection），但因被告人的行为而失去了这项权利，所以，被告人的行为属于违法行为。❶

根据规则 10b-5 中的相关规定，美国联邦法院不仅可以追究被告人的责任，也能追究从内部人员获得非法信息的受领者的责任。在此之后，禁止内幕交易的规则 10b-5 逐渐运用在 SEC 的法律执行活动及刑事追诉活动中 ❷。本章拟对美国证券法下的内幕交易规制进行探讨。

---

❶ JAMES D. COX, ROBERT W HILLMAN, DONALD C.LANGEVOORT. Securities Regulation: Case and Materials［M］. 7th ed. New York: Aspen Publishers, Inc, 2006 : 880.

❷ HAZEN T L. Treatise on The Law of Securities Regulation.Vol. 3［M］. 5th ed. London: Thomson Business Press, 2005 : 496-497.

第一节 美国规则 10b-5 与内幕交易

一、规则 10b-5

美国在 1934 年通过并实施的《证券交易法》中明确规定了"禁止通过欺诈行为出售证券",但并未对如何界定"欺诈行为"做出具体的判断标准。1942 年,某公司的负责人利用《证券交易法》中的漏洞获益,这名负责人明知道公司收益状况良好,却向各位股东故意隐瞒此事,并表示未来收益并不乐观,从而导致股东抛售股份,而他则顺利收购了股份。其他股东发现之后,将这名负责人起诉至法院。案件曝光之后,SEC 根据《证券交易法》第 10 条(b)款的规定制定了规则 10b-5,禁止通过欺诈、操纵市场等行为交易证券,填补了《证券交易法》上的漏洞。这就是规则 10b-5 的由来 ❶。

规则 10b-5 主要是禁止欺诈、虚假陈述等行为,且广泛支持默示的私人诉权(implied private right of action)❷。但它并不是一朝一夕确定下来的,而是通过长时间地完善和修改,最终形成并适用于证券市场。20 世纪 60 年代,美国联邦法院开始将"企业过失经营"纳入规则 10b-5 的适用范围内,在很大

---

❶ ALAN R. PALMITER. Securities Regulation [M]. New York: Aspen Publishers, 2005: 305.

❷ HAZEN T L.The Law of Securities Regulation [M]. London: Thomson Business Press, 2005: 468.

程度上支持规则 10b-5 默示的私人诉权；20 世纪 70 年代，美国联邦最高法院将规则 10b-5 默示的私人诉权限定在故意进行证券交易的欺诈案件中。出现这种变动的主要原因是：尽管《证券交易法》第 10 条（b）款禁止了操纵市场及欺诈行为，但并没有就违反 SEC 规则的民事补偿做出具体规定。

1946 年发生的 Kardon 事件 ❶，是认可规则 10b-5 默示的私人诉权的开始，也是规则 10b-5 逐渐完善的开始。简单来说，就是公司内部人员为了获得实质性的利益，出具不符合公司经营状况的虚假证明文件，法院认定公司内部人员负有法律责任。自该事件后，私人诉权得到广泛认可，美国联邦最高法院也于 1971 年在 Superintendent of Insurance 事件判决 ❷ 中予以认可 ❸。

规则 10b-5 也是 SEC 执行的强有力工具。《证券交易法》第 21 条规定赋予 SEC 广泛的法律执行权。对于违反 SEC 规则的行为，SEC 可以向美国法院提起禁止该行为的诉讼请求 ❹。

二、内部者的分类

规则 10b-5 中规定：内部者是指负有保密义务的人，如果他们利用了重要的未公开信息进行交易，就必须承担《证券交易法》上的法律责任。内部者的具体分类如下 ❺。

---

❶ KARDON v. National Gypsum Co., 69 F. Supp. 512（E.D.Pa.1946）.

❷ Superintendent of Ins. of the State of New York v. Bankers Life and Casualty Co., 404 U.S. 6（1971）.

❸ ALAN R. PALMITER. Securities Regulation［M］. New York: Aspen Publishers, 2005：306-308.

❹ ALAN R. PALMITER.Securities Regulation［M］. New York: Aspen Publishers, 2005：309.

❺ ALAN R. PALMITER.Securities Regulation［M］. New York: Aspen Publishers, 2005：364-365.

1. 内部者（Insiders）

内部者是指作为公司内的董事、高级管理人员、员工，或者控制股东等，可以获得重要的未公开信息的公司内部人员。规则 10b-5 规定：禁止内部者从事证券交易。

2. 准内部者（Constructive or temporary insiders）

准内部者是指作为公司临时雇用的办理该公司的证券的业务者，如会计师、律师、投资银行员工等。规则 10b-5 规定：准内部者在任职期间与内部者履行相同的义务。

3. 外部者（Outsiders）

外部者是指该公司通过公司的信任关系（relationship of trust and confidence）渠道获得重要内幕信息的有关人员。规则 10b-5 规定：外部者须履行信息的披露义务或放弃交易的义务，当外部者违反了信息源的信任关系的义务时，就被看作对交易相对方的证券交易产生"关联"的欺骗行为。

4. 信息传达者（Tippers）

信息传达者是指负有保密义务的内部者，或者负责传达信息的外部者。规则 10b-5 规定：如果外部者故意传达不真实或不适当信息，违法从事内幕交易，须承担法律责任。

5. 信息受领者（Tippees）

信息受领者指接受需要保密的信息，但并未签署保密协议的人。规则 10b-5 规定：在非法信息已经传达的情况下故意进行交易，信任义务继受者负有规则 10b-5 上的放弃交易或披露信息的义务。自违反了信任义务的人传达或者知道是重要的未公开信息之后进行交易的，信息受领者负有法律责任。

6. 派生证券的交易者（Trader in derivative securities）

派生证券的交易者是指规则 10b-5 的义务涉及期权的交易者。根据 1984
年《内幕交易制裁法》（Insider Trading Sanctions Act），若原证券（underlying
securities）交易属于违法行为时，在持有重要的未公开信息的期间进行派生
证券的交易也属于违法行为。

三、违反信息披露义务——内幕交易规制的基础

（一）Cady，Roberts & Co. 事件的裁决 ❶

1. 事件概要

"Cady，Roberts & Co. 事件"是内幕交易案例当中的典型案件，我们先来
回顾一下案件过程。

Cheever Cowdin 是 Curtiss-Wright 公司的董事，同时也是证券经纪公司
Cady，Roberts 的注册客户（registered representative）。

1959 年，Curtiss-Wright 公司在第一季度至第三季度，都以每股 6.25 美元
为标准对公司股权的持有者进行分红。到了第四季度，公司董事会决定将标
准下调至每股 3.75 美元。董事会结束后，参加了该会议的 Cheever Cowdin 便
打电话给 Cady，Roberts 公司的证券经纪人 Gintel，传达了分红被削减的消息。

Gintel 听到这条内幕消息后，做出公布消息后，该公司股票价格会受到

---

❶　In re Cady, Roberts & Co., 40 S.E.C. 907（1961）.

7

很大影响的预判，便立刻出售了自己和客户所持有的 Curtiss-Wright 公司的 7 000 股股票。由于数额较高，直接导致该股票在证券交易所的交易跌停。❶

2. 美国证监会主席 Cary 发表的裁决意见

此案之前，美国已经开始实施了《证券交易法》，但并未对通过欺诈行为购买证券做出相关禁止性规定，所以，"Cady，Roberts & Co. 事件"成为美国实施证券诸法后史无前例的诉讼案件。

Gintel 是证券公司的经纪人，在整个证券交易过程中，他所承担的是"内部者"的角色，应当履行保密义务。但当他听到"Curtiss-Wright 公司即将下调股东分红"的消息后，不仅快速抛售了客户所持有的股票，还抛售了自己妻子的股票。

那么，这个案例该如何判定呢？

（1）违反"禁止欺诈"的规定

SEC 认为，证券交易诸法最主要的目的是防止证券交易欺诈、操纵市场等行为，所以，《证券交易法》第 17 条（2）款、《证券交易法》第 10 条（b）款和规则 10b-5 都是适用于"令人误解或欺骗性行为而设定的、广泛的处罚和赔偿规定"，并没有对是否达到关于欺诈和欺骗的普通法诉讼标准做具体说明 ❷。

简单地说，根据《证券交易法》第 17 条和规则 10b-5 的规定，无论是谁（any person），只要开始从事证券交易，就要遵守这些规则。在证券公司担任董事、高级管理人员或股东等职务的人，更须遵守"内部者"履行传统的义

---

❶ In re Cady, Roberts & Co., 40 S.E.C. 907, at 2（1961）.

❷ In re Cady, Roberts & Co., 40 S.E.C. 907, at 1（1961）.

务，即及时披露重要信息。内部者很容易在公司内部获得重要消息，在进行证券交易时，这些重要消息容易影响交易双方做出判断，所以如果不及时披露重要消息，便违反了《证券交易法》中关于禁止欺诈的规定。如果在交易之前，不适合披露消息，或不确定此消息是否真实正确，须放弃交易。❶

本案有几个关键点：第一，Gintel 作为证券公司的经纪人，在案件发生时，他正处于被雇用期，所以他的角色自然就是证券交易的"内部人"；第二，当他从客户那里听到"即将下调股份分红"的消息时，凭借经验可以确定，这条消息一旦披露，势必会影响股票价格，故这条消息应被视作"内幕消息"。

根据《证券交易法》第 17 条（a）款、《证券交易法》第 10 条（b）款及规则 10b-5，"内部者"需要履行及时披露内部消息的义务应满足两个要素：第一，不是为了任意一方的个人利益，而是存在能直接或间接地故意获取仅为公司可利用的信息的关系；第二，交易的一方明知对方不能利用该信息而利用时，存在不公正性。❷

提供消息的 Cheever Cowdin 在 Curtiss-Wright 公司同样属于"内部者"的角色，所以，在"削减分红"这条内部消息公布之前，不得对 Curtiss-Wright 公司的证券进行任何交易。

证券法诸法所禁止的不仅仅是证券经纪人 Gintel 的个人交易，也包含其所涉及的未公布的、重要的内幕消息的买卖一方的任何账户。SEC 认为：知道未公开的重要内幕消息的内部者和执行证券交易的经纪人都必须履行及时

---

❶　In re Cady, Roberts & Co., 40 S.E.C. 907, at 3（1961）.

❷　In re Cady, Roberts & Co., 40 S.E.C. 907, at 4（1961）.

披露消息或放弃交易的义务。❶

（2）公共利益

在本案中，被追究责任的是证券经纪人 Gintel，因为内部者限定在现有股东的范围内，在非股东出售证券时，内部者不负有特别义务。Gintel 抛售了 Curtiss-Wright 公司的证券，明显是在利用内幕消息来提高自身的利益。但是，并没有证据能够证明 Cheever Cowdin 透露内部消息是利用它来获利。所以，SEC 做出如下处罚：Gintel 在纽约证券交易所中停止营业 20 天，Cady，Roberts 公司并没有得到任何处罚和制裁。这已经充分实现了对公益及投资者进行保护的目的，因此 SEC 同意了被告人提出的和解申请。❷

3. 探讨

纵观整个事件，SEC 主席 Cary 的判决主要根据两个要素：第一，不是为了任意一方的个人利益，而是存在能够直接或间接的故意获取仅为公司可用的信息的关系；第二，交易的一方明知对方不能利用该信息而利用该信息时，存在不公正性。

根据调查，SEC 认为，被告人 Gintel 和 Curtiss-Wright 并无任何特别的关系，因满足上述内部者构成的两个要素，所以只对 Gintel 个人进行处罚。作为证券经纪人的他，违反了规则 10b-5 禁止欺诈条款上的信息披露的义务。这起事件后来成为信息平等理论的先驱。❸

---

❶　In re Cady, Roberts & Co., 40 S.E.C. 907, at 4-5（1961）.

❷　In re Cady, Roberts & Co., 40 S.E.C. 907, at 7（1961）.

❸　HAZEN T L. Treatise on The Law of Securities Regulation.Vol. 3 ［M］. 5th ed. London: Thomson Business Press, 2005 : 498.

（二）SEC 对 Texas Gulf Sulphur 事件的判决 ❶

1. 事件概要

1957 年，Texas Gulf Sulphur 公司派遣相关团队在加拿大进行地质探索活动，在几年的时间里，他们在此地多次进行矿床勘测活动，获取了大量数据。

在 1963 年 11 月 12 日至 1964 年 4 月 16 日之间，Texas Gulf Sulphur 早就掌握了矿床的基本信息，但并未向外做出明确的信息公布。不仅如此，Texas Gulf Sulphur 公司的董事、地质学家、律师等"内部者"还大量购买本公司的股票。

1964 年 4 月，Texas Gulf Sulphur 公司公布了发现大量矿床的消息，一时之间，该公司的股票证券开始大幅上涨。

很明显，未及时公布内幕消息，从而获取了大量利润的 Texas Gulf Sulphur 公司违反了《证券交易法》第 10 条（b）款及规则 10b-5 的规定，SEC 向纽约南区联邦地区法院提起诉讼 ❷。

2. Waterman 大法官执笔的法庭意见

《证券交易法》第 10 条（b）款及规则 10b-5 的主要功能就是制定并公布规则，以确保投资者在证券交易市场上能够平等地获得必须公开的重要信息。

规则 10b-5 的宗旨是：利用私人账户进行某公司的股份交易时，其可以为了公司的利益利用未公开的重要信息，不可以为了个人利益利用未公开的重要信息，且直接或间接获取信息的人，不能利用该信息在证券交易中获利。

---

❶　SEC v. Texas Gulf Sulphur Co., 401 F.2d 833（2d Cir.1968）.

❷　SEC v. Texas Gulf Sulphur Co., 401 F.2d 833, at 844-847（2d Cir.1968）.

规则 10b-5 禁止内部人员，即董事和高级管理人员等从事内幕交易，尽管董事和高级管理人员并不属于《证券交易法》第 16 条（b）款规定的"内部者"，而是"持有内幕消息"的内部人员。所以，规则 10b-5 规定：如果持有内幕消息的人没有向广大投资者公开信息，或公司暂时不允许公开内幕信息时，他们必须放弃与该信息相关的证券交易，并且避免向他人推荐该证券。❶

当然，这并不是说完全禁止内部者对所属公司进行投资。如果公司将发行与证券相关的内幕信息在公司内部进行公示，内部者放弃了向公司投资的想法，那么就无须履行该义务。如果内部者想要交易所属公司的证券，就应当在交易之前，向一般投资者披露重要信息。❷

回到本案中，Texas Gulf Sulphur 公司及其团队发现矿床的信息的公布对一般投资者和证券市场都会产生极为重要的影响。如果信息公布出去，Texas Gulf Sulphur 公司的股票大涨，能够给一般投资者带来直接利益。

美国国会制定证券法诸法的意图是"投资者必须能够获得参与证券交易的所有报酬，且所有投资者都应该承担同样的市场风险"。在此案中，内部者并未与外部投资者以平等的立场进行交易。

因此，法院认为，内部者知道勘测矿床的结果后，在并未公布此消息前购买 Texas Gulf Sulphur 公司的股票或看涨期权的交易违反了规则 10b-5。❸

3. 探讨

基于 Cady，Roberts 事件的裁决，在本案中，美国联邦第二巡回上诉法院

---

❶ SEC v. Texas Gulf Sulphur Co., 401 F.2d 833, at 847-848（2d Cir.1968）.

❷ SEC v. Texas Gulf Sulphur Co., 401 F.2d 833, at 848（2d Cir.1968）.

❸ SEC v. Texas Gulf Sulphur Co., 401 F.2d 833, at 851-852（2d Cir.1968）.

做出持有未公开信息的公司内部者在证券市场上进行证券交易违反规则 10b-5 的判断。正如判决中所述，因在证券交易时未将信息进行公布，而这些信息属于影响投资者做出投资判断的"重要信息"。从内部者开始购买股票及期权的事实可以推断该信息是重要信息。❶

四、内幕交易事件的因果关系——"利用"（Use）对"所有"（Possession）

如何判定内幕交易，关键在于对利用内幕消息从事交易进行举证。比如，若没有这条内幕消息，交易者是否还会进行此交易。❷

在 Teicher 事件❸中，美国联邦第二巡回上诉法院做出判决：无须证明交易者是否利用了内部信息，只需证明负有信任义务的交易者是否利用了重要的未公开信息进行交易。此后的 Adler 事件❹中，美国联邦第十一巡回上诉法院做出判决：交易者是否从事交易，单凭被告持有内部信息不足以充分证明，还需判断交易者是否利用了该信息进行交易。在 Smith 事件❺中，美国联邦第九巡回上诉法院采纳了利用内部信息的标准。1999 年，SEC 提出了新的规则 10b5-1，并在 2000 年被采用。规则 10b5-1 中有一条审判标准是被告在进行证

---

❶ HAZEN T L. Treatise on The Law of Securities Regulation.Vol. 3 ［M］. 5th ed. London: Thomson Business Press, 2005 : 498-499.

❷ HAZEN T L. Treatise on The Law of Securities Regulation.Vol. 3 ［M］. 5th ed. London: Thomson Business Press, 2005 : 501-502.

❸ United States v. TEICHER, 987 F.2d 112（2d Cir.1993）.

❹ SEC v. ADLER, 137 F.3d 1325（11th Cir.1998）.

❺ United States v. SMITH, 155 F.3d 1051（9th Cir.1998）.

券交易时实际利用了重要的未公开的内部信息。❶

基于规则 10b5-1 的规定，若被告人只是持有重要的未公开信息，不能因此就认定他负有责任。除此之外，若采用"利用"作为标准判断被告人负有责任，必须推定他在持有重要的未公开信息期间，在交易时实际利用了未公开信息。无法通过上述推定来证明被告人在交易时利用内部信息有三种情况，即在知道重要的未公开信息之前，一是已经签订了该证券的买卖合同；二是指示第三方买卖该证券；三是书面认可了该证券交易的计划。❷

规则 10b5-1（c）确立内部者在从事交易时拥有两个积极的抗辩权：第一，个人及企业按照现有合同、指示或计划进行交易，而不作为在持有重要的未公开信息期间进行交易的依据；第二，企业可以通过以下两点举证，证明其并非利用重要的未公开信息进行交易：一是决定投资企业的个人不知道该重要信息；二是为企业做出投资判断的人，已就企业的业务性质和企业说明了经营许可范围，并手续齐全，且能够证明其并没有违反内幕交易规制。该抗辩权只能由企业行使，个人不能行使。另外，与此相关的问题是，有无遵守规则 10b-5 的"相关"（in connection with）规定。为了证明违反规则 10b-5，该违反行为必须与从事"与证券的购买或出售"有关。❸

---

❶ HAZEN T L. Treatise on The Law of Securities Regulation.Vol. 3 ［M］. 5th ed. London: Thomson Business Press, 2005 : 502-503.

❷ HAZEN T L. Treatise on The Law of Securities Regulation.Vol. 3 ［M］. 5th ed. London: Thomson Business Press, 2005 : 503.

❸ HAZEN T L. Treatise on The Law of Securities Regulation.Vol. 3 ［M］. 5th ed. London: Thomson Business Press, 2005 : 503-505.

第二节　美国内幕交易规制的判断标准
（在普通法的基础上展开）

美国联邦最高法院的三个判断——Chiarella 事件 [1]（Chiarella v. United State）、Dirks 事 件 [2]（Dirks v. SEC） 和 O'Hagan 事 件 [3]（United Stated v. O'Hagan）为禁止内幕交易提供了依据。根据《证券交易法》第 10 条（b）款和规则 10b-5，衍生出将内幕交易视为欺诈的三个理论，即信息平等理论、由信任义务理论组成的传统理论（traditional theory）及不正当流用理论（misappropriation theory）。[4]

在本节中，笔者将结合上述理论，对内幕交易规制的判断标准进行探讨。

一、信息平等理论

正如前文提到的 Texas Gulf Sulphur 事件的判决，美国纽约南区联邦地区法院认为，所有证券交易者在持有重要的内部信息时（in possesion of material

---

[1]　CHIARELLA v. United State, 445 U.S. 222（1980）.

[2]　DIRKS v. SEC, 463 U.S. 646（1983）.

[3]　United Stated v. OHAGAN, 521 U.S. 642（1997）.

[4]　CHOI S J, PRITCHARD A C.Securities Regulation[M］. New York: Aspen Publishers, Inc, 2008 : 156.

inside information），都负有披露真实信息的义务或放弃交易的义务，即"信息平等"（parity of information）或"平等获取信息"（equal access）理论，这被称为信息平等理论。❶

然而，基于"信息平等理论"判决的 Texas Gulf Sulphur 事件❷也并非完全得到认可，仍陷入被认为判决过于严苛的争议中。

严格要求掌握重要的未公开信息的内部人员必须遵守披露重要信息的义务或放弃交易的义务，会明显削弱投资者对证券交易的意愿。换言之，如果投资者无法利用自己所掌握的信息做出能追求自身利益的投资，也就不会进行证券交易了。此外，如果禁止投资者利用自身的能力、敏感度、判断力和直觉进行投资，有可能会影响证券市场上的资本形成。❸

二、信任义务理论

规则 10b-5 限制交易针对的究竟是哪些人呢？在前文中提到的 Cady，Roberts 事件的裁决❹中，SEC 是以"任何人"（any person）为对象进行分析的。自此之后，SEC 就创设了以规则 10b-5 为基础的"义务人"的判断标准，但随着规则 10b-5 的发展，此标准逐渐失去了意义。比如，在几年之后发生的影响极大的 Texas Gulf Sulphur 事件的裁决中，美国联邦第二巡回上诉法院无视 Cady，Roberts 事件的裁决中的两个要素，扩大规则 10b-5 的规制适用范

---

❶　ALAN R. PALMITER.Securities Regulation［M］. New York: Aspen Publishers, 2005 : 360.

❷　SEC v. Texas Gulf Sulphur Co., 401 F.2d 833（2d Cir.1968）.

❸　ALAN R. PALMITER.Securities Regulation［M］. New York : Aspen Publishers, 2005 : 360-361.

❹　In re Cady, Roberts & Co., 40 S.E.C. 907（1961）.

围，即"持有重要的内部信息的任何人（any person），必须向投资者披露重要信息或者放弃交易"。❶

（一）Chiarella v. United State 判决 ❷

1. 事件概要

Chiarella 是纽约 Pandick 出版社编辑部的工作人员（markup man）。在处理文件时，Chiarella 发现有 5 份涉及企业收购的文件。

通常处理企业之间的收购文件时，企业名称会用空白或假名代替，直到最终付印，才会标出真实的企业名称。按理说，Chiarella 根本无从知晓收购公司和目标公司的名称，但他曾关注和交易过股票，根据文件的其他信息，便推测出收购双方究竟是哪两家企业。

知道这些信息后，Chiarella 并未进行披露，而是购买了被收购企业的股票，并在收购计划公布之后立即出售该企业的股票。利用这种方法，Chiarella 在 14 个月内获得了约 3 万美元的利益。

后来，SEC 对此进行了调查。Chiarella 将所获得的利益归还并与 SEC 达成了和解，也被 Pandick 出版社解雇。

因违反《证券交易法》第 10 条（b）款及规则 10b-5 的规定，Chiarella 被提起公诉。在 Chiarella 的上诉审理中，美国联邦最高法院驳回了美国联邦第二巡回上诉法院的判决。❸

---

❶　SEC v. Texas Gulf Sulphur Co., 401 F.2d 833, at 848（2d Cir.1968）.

❷　CHIARELLA v. United State, 445 U.S. 222（1980）.

❸　CHIARELLA v. United State, 445 U.S. 222, at 224-225（1980）.

2. Powell 大法官执笔的法庭意见

掌握重要信息者若没有公布信息就进行证券交易，SEC 便能依据《证券交易法》第 10 条（b）款的规定对其进行诉讼，从而认定其证券交易行为为欺诈（fraud）。这种责任因"披露义务"而产生，即披露义务是基于交易双方当事人之间的信任关系（relationship of trust and confidence）而产生的。

回到此案中，被告人 Chiarella 并不是公司的内部者，对公开收购计划并不负有披露信息的义务。同时，他也不是从公司内部获得的重要信息，且在证券交易过程中，出售方与他并不相识。通过梳理，Chiarella 并非收购计划里目标公司的代理人或受托人，不存在双方当事人之间的信任关系，所以不负有上述的披露义务。根据《证券交易法》第 10 条（b）款的规定，仅持有重要的未公开信息，不产生信息披露义务。

但是，Chiarella 利用自身是出版业的从业人员获取了重要信息并从事交易，SEC 认为，根据《证券交易法》第 10 条（b）款的规定，Chiarella 仍然构成了欺诈罪，但因为并未就此向陪审团做进一步说明，故法院并未对此做出判断。❶

3. 探讨

前面提到的 Cady，Roberts 事件和 Texas Gulf Sulphur 事件，前者的关键所在是"公司股东与通过该公司内获得重要信息的内部者之间的信赖及信任"关系而进行交易，后者的关键是内部信息披露或放弃交易义务仅限于内部者（不仅持有重要的内部信息，且负有披露义务的人）❷。

---

❶ CHIARELLA v. United State, 445 U.S. 222, at 222-226（1980）.

❷ CHIARELLA v. United State, 445 U.S. 222, at 228-231（1980）.

和上述两起事件不同的是，Chiarella 事件中的被指控者并非针对目标公司，而是针对证券市场的信息，具有外部交易的特征，只不过是公司的非内部者利用了影响公司股价的信息。正是因为 Chiarella 在证券交易前不负有公开秘密信息的义务，所以，他并未违反规则 10b-5。❶

但此案也显示出两个关键：第一，被告通过其他渠道掌握了未公开的、能够影响股票价格的信息，那他是否具有和目标公司一样，依据规则 10b-5 所产生的信息披露义务，美国联邦最高法院未对此做出判断；第二，被告作为出版从业者，是否因其与收购公司之间的合作关系而产生放弃交易的义务，美国联邦最高法院也未对此做出判断❷。

此案存在如下问题，需引起重视。

（1）重要的未公开信息

"重要"是指确实能够对现实产生影响和冲击的消息，比如，Texas Gulf Sulphur 事件中"发现矿床"就是一条重要信息。所以，认定是否为重要信息需遵循重大事件的可能性和现实的冲击程度之间的平衡。

"未公开"自然是指不被证券交易中所有人知晓，在所有投资者合理获得此信息之前，已掌握消息的内部者必须禁止交易，以此确保证券市场的公平性❸。

---

❶ HAZEN T L. Treatise on The Law of Securities Regulation.Vol. 3〔M〕. 5th ed. London: Thomson Business Press, 2005 : 507.

❷ HAZEN T L. Treatise on The Law of Securities Regulation.Vol. 3〔M〕. 5th ed. London: Thomson Business Press, 2005 : 508.

❸ JAMES D.COX, ROBERT W HILLMAN, DONALD C.LANGEVOORT. Securities Regulation: Case and Materials〔M〕. 7th ed. New York: Aspen Publishers, Inc, 2006 : 884-885.

（2）证券的种类

在 Chiarella 事件的判决中，因为已经确立了对内部者股东的信赖关系，所以对于一般股票（common stock）而言，也已明确了内部者负有披露内部信息或者放弃交易的义务。在 1984 年，美国联邦法院系统中的多个联邦地区法院、联邦上诉法院就不认定期权交易者负有披露义务。理由是，期权交易者不一定是股东，也并非负有信任关系的公司内部交易的受益者。但是，1984 年《内幕交易制裁法》中，美国国会通过修改《证券交易法》并在该法上增加了第 20 条（d）款的规定，填补了这个漏洞，即在掌握重要的未公开信息期间，当派生证券的原证券交易被禁止时，派生证券的交易也属于违法行为。❶

（3）故意

内部者在实际上利用了该信息并从中获利，即"基于信息"（on the basis of information）进行交易。另外，只要证明内部者掌握了未公开的信息，且知晓该信息并未公开就足够了。SEC 倾向于利用"所有"（possession）标准，这获得了美国联邦法院的支持。

比如在 Adler 事件 ❷ 中，被告人得知该公司的财政状况不佳，先后两次出售公司的股票。被起诉后，被告人声称，因为想给儿子购买有 18 个车轮的卡车而急需用钱，所以早在知晓消息前就有了出售所持有股票的计划。美国联邦法院引用了各种先例（包括 Chiarella 事件），因无法证明受领信息与出售股

---

❶ JAMES D.COX, ROBERT W HILLMAN, DONALD C.LANGEVOORT. Securities Regulation: Case and Materials［M］. 7th ed. New York: Aspen Publishers, Inc, 2006 : 886.

❷ SEC v. ADLER, 137 F.3d 1325（11th Cir.1998）.

票之间的因果关系，做出了被告人没有违反规则 10b-5 的判断。但美国联邦法院也指出，若 SEC 能够证实"信息的所有"，就能推定（strong inference）因果关系的存在，因此，被告人必须承担举证因果关系不存在的责任。上诉法院使用这个基准进行判断，驳回了未经美国联邦地方法院正式审理的判决（summary judgment）。对于是否要推翻被告人不正当使用内部信息的推定，将其作为应该付诸公开审理的事实问题，基于 Adler 事件的判决及 Smith 事件的判决 ❶，SEC 依据规则 10b5-1 中的规定，内部者在进行交易时，根据是否"注意到了"（aware）内部信息来定义交易。❷

（二）Dirks v. SEC 事件的判决 ❸——信息传达者与信息受领者（Tippers and Tippees）

在 Chiarella 事件的判决中，SEC 认为，违反信息披露或放弃交易的义务，最重要的是认定交易者与市场投资者之间的信任关系。若交易者为发行股票的公司工作，通过委托持有重要信息的情况下，容易认定信任关系。但是，若内部者自己不进行交易，而将信息传达给其他人（如亲友）进行交易，那么应如何认定信任关系呢？❹ 在 Texas Gulf Sulphur 事件发生后，美国联邦法院基本上采取与美国纽约南区联邦地区法院在 Texas Gulf Sulphur 事件中相同的

---

❶　United States v. SMITH, 155 F.3d 1051（9th Cir.1998）.

❷　JAMES D. COX, ROBERT W HILLMAN, DONALD C. LANGEVOORT. Securities Regulation: Case and Materials［M］. 7th ed. New York: Aspen Publishers, Inc, 2006 : 886.

❸　DIRKS v. SEC, 463 U.S. 646（1983）.

❹　JAMES D. COX, ROBERT W HILLMAN, DONALD C.LANGEVOORT. Securities Regulation: Case and Materials［M］. 7th ed. New York: Aspen Publishers, Inc, 2006 : 900.

做法，即尽可能扩大适用规则 10b-5 上的交易规制。❶

1. 事件概要

Dirks 是纽约经纪与交易公司（New York broker-dealer firm）的职员，该公司专门向机构投资者提供保险公司证券的投资分析业务。Dirks 无意中从主攻人寿保险和综合投资基金的 Equity Funding 公司的前职员 Ronald Secrist（以下称 Secrist）那里知道这家公司存在欺诈行为的信息。Secrist 委托 Dirks 调查此事并将其公开。

按照该委托，Dirks 访问了 Equity Funding 公司的总部并进行调查。在调查过程中，Dirks 向其他人传达这些信息（其中包括出售 1 600 万美元以上该公司股票的 5 名机构投资者）。于是，Equity Funding 公司的股价大幅下跌，接着该公司被证券交易所终止交易，最终 Equity Funding 公司破产。因 Dirks 将从 Secrist 那里得知的信息向第三方反复传达，SEC 认定他违反了《证券交易法》第 17 条（a）款、《证券交易法》第 10 条（b）款和规则 10b-5 中的规定，向其做出了谴责处分（censure）。❷

2. Powell 大法官执笔的法庭意见

Chiarella 事件 ❸ 判决时，美国联邦法院遵从了 Cady，Roberts 裁决 ❹ 中提出的两项要素，以证明被告人违反了规则 10b-5：第一，不是为了任意一方的个人利益，而是存在能够直接或间接地故意获取仅为公司可利用信息的关系；

---

❶ LARRY D. SODERQUIST, GABALDON, et al.Securities Regulation［M］.New York :Fuondation Press, 2006 : 477-478.

❷ DIRKS v. SEC, 463 U.S. 646（1983）.

❸ CHIARELLA v. United State, 445 U.S. 222（1980）.

❹ In re Cady, Roberts & Co., 40 S.E.C. 907（1961）.

第二，交易的一方明知对方无法利用该信息而利用该信息从事交易时，存在不公平性。❶

在判断 Chiarella 是否负有披露内部信息或放弃交易的义务时，美国联邦法院做出在根据重要的未公开信息进行交易前，不存在披露信息义务的认定。因为美国联邦法院认为，披露内部信息或放弃交易的义务是内部者（即公司董事、高级管理人员、拥有实际控制权的股东）向公众披露重要信息的传统义务。

在判断信息受领者是否负有披露内部信息或放弃交易的义务时，需要判断信息提供的内部者所掌握的信息是否违反内部者所负有的信任义务。披露公司重要信息的所有行为，并不与内部者所负有的义务相矛盾。结合证券市场的情况，即便是内部者遵从股东的信任义务，披露信息的行为也会对证券市场产生影响。比如，对于公司内部者或作为信息受领者的证券分析师来说，并未明确该信息是否属于重要的未公开信息。但公司的董事可能会错误地认为信息已经公开或者该信息并不会对证券市场产生重大的影响。所以，披露信息是否违反义务取决于信息是否公开。这个标准已在 Cady，Roberts 事件的SEC 裁决中得到了确认，即证券法的目的是排除"为了个人利益而利用内部信息"。综上所述，关键是内部者是否从信息的公开中直接或间接获利。一般而言，内部者若没有获取个人利益，就没有违反信任义务。若内部者没有违反信任义务，也就不会派生出违反信任义务上的问题。❷

在判断信息披露是否构成欺骗股东、市场操纵、欺诈行为时，首先应该

---

❶　DIRKS v. SEC, 463 U.S. 646, at 653-654（1983）.

❷　DIRKS v. SEC, 463 U.S. 646, at 661-663（1983）.

确认内部者是否违反了信任义务，这就要求美国联邦法院以客观上的标准为关键做出判断，即内部者是否通过信息的披露而直接或间接地获得个人利益，如金钱上的利益或将来可能转化为收入的利益。若存在内部者向亲友等传递了重要信息，也存在违反信任义务及利用未公开信息这个判断要素。❶

在上述内幕交易及内部信息已经披露的规则下，联邦法院认为 Dirks 并没有违反法定上的信任义务。Dirks 对于 Equity Funding 公司的股东并不负有信任义务，这一点没有争议。Dirks 并未直接或间接地做过劝诱 Equity Funding 公司的股东或董事信赖自己的行为。Dirks 并未不正当流用 Equity Funding 公司的信息，也并无违法获取该公司信息的行为。据此，可以得出结论，Dirks 并不负有披露内部信息的义务。❷

3. 探讨

在该案中，美国联邦最高法院做出 Dirks 没有违反信任义务的判断。若判断信息受领者负有责任，必须认定信息传达者通过信息传达，使信息受领者给信息传达者带来利益❸。这些利益并不要求是具体的，只要以交易为目的向亲友等传达信息能够带来利益即可。根据证据，可以确定因信息传达带来的责任。例如，即便没有与内部信息相关的对话等直接证据，也可以根据情况、证据认定有罪。❹

---

❶ DIRKS v. SEC, 463 U.S. 646, at 663-664（1983）.

❷ DIRKS v. SEC, 463 U.S. 646, at 665-666（1983）.

❸ DIRKS v. SEC, 463 U.S. 646, at 662（1983）.

❹ HAZEN T L. Treatise on The Law of Securities Regulation.Vol. 3［M］. 5th ed. London: Thomson Business Press, 2005 : 520.

　　就信息受领者责任的适用范围，明确不限于本案的内部者，信息受领者和信息传达者的责任也适用于不正当流用信息的情况。❶为了确定信息受领者的责任，应该证明信息传达者与信息受领者之间进行过交流。若信息受领者知道或者有应当知道的理由，知道信息传达者违法获得信息，则无须证明信息受领者对信息传达者负有信任义务。❷

　　就信息传达者和信息受领者的责任也存有部分争议。例如，美国部分联邦法院创设了"临时内部者"（temporary insiders）的概念，用来处理信息受领者责任的问题❸。此外，若被告人通过偷听亲友对话获取到内部信息后进行交易，因信息传达者并无违反法定的信任义务，所以，并不需要负有规则10b-5中规定的责任，也不负有信息受领者的派生责任（derivative liability）。相反，若信息传达者违反法定的信任义务，信息受领者有应当知道违反的理由时，可以认定信息受领者违反规则10b-5的规定，而应承担责任。若信息由丈夫传达给妻子，并由妻子传达给第三者，则信息传达者和信息受领者双方都负有内幕交易上的责任。❹

　　该案存在如下问题，需引起重视。

　　（1）信息"提供"（Tip）的性质

　　从本案的判决可以看出，内部者通过信息传达，不仅有助于内部者自身

---

❶　United States v. CARPENTER, 791 F.2d 1024（2d Cir.1986）.

❷　HAZEN T L. Treatise on The Law of Securities Regulation.Vol. 3［M］. 5th ed. London: Thomson Business Press, 2005 : 520-521.

❸　SEC v. TOME, 833 F.2d 1086（2d Cir. 1987）.

❹　HAZEN T L. Treatise on The Law of Securities Regulation.Vol. 3［M］. 5th ed. London: Thomson Business Press, 2005 : 521.

获取利益，还必须有助于信息受领者进行交易。据此，若内部者之间的对话被第三方听见后进行交易，内部者之间的对话并不属于信息提供。❶

（2）关系浅薄的信息受领者（Remote Tippees）

大多数不正当流用内部重要信息的事件都与信息受领者的诸多交易相关。因此，裁决的关键在于关系淡薄的信息受领者知道或者应当知道不正当流用的理由的信息。在 Musella 事件❷中，美国联邦地方法院认定了关系浅薄的信息受领者所应负有的责任。在该事件中，纽约市的一名警察从律师事务所职员那里获得信息，并将此信息传达给了两名同事。两名警察并不知道信息源的身份，也不知道信息源如何得到的信息。美国联邦法院根据被告人对信息传达者传达的信息源持怀疑其存在的无意识的选择为依据，做出其负有责任的判断。根据上述判断，可以看出被告人不能用"什么都不知道"来辩护其所实施的证券欺诈行为。因为被告人若可以对证券欺诈行为进行抗辩的话，就可以推翻证券欺诈相关的各种法律。被告人应该知道利用重要的未公开信息会违反法定的信任义务。❸

（3）投资分析师和选择性披露

投资分析师的工作是收集和分析有关证券的具体信息，不管对机构投资者和经纪人调查部门是否有利，都起到重要作用。其工作与股票发行者和个别分析师之间经常进行非正式的信息交换相关，被认为对社会有很大的贡

❶ JAMES D.COX, ROBERT W HILLMAN, DONALD C.LANGEVOORT. Securities Regulation: Case and Materials［M］. 7th ed. New York: Aspen Publishers, Inc, 2006 : 906.

❷ SEC v. MUSELLA, 678 F. Supp. 1060（S.D.N.Y. 1988）.

❸ JAMES D.COX, ROBERT W HILLMAN, DONALD C.LANGEVOORT. Securities Regulation: Case and Materials［M］. 7th ed. New York: Aspen Publishers, Inc, 2006 : 907.

献，据此，很有必要创设安全港规则（safe harbor）来保护有职业操守的投资分析师。❶

三、不正当流用理论（misappropriation theory）

在 1980 年的 Chiarella 事件中，Burger 首席法官持如下反对意见："作为一般的规则，对等立场上进行商业交易的当事人，若无信任义务上的关系，双方都不负有信息披露的义务。该规则允许金融行业的从业人员利用经验、技术来获取相关信息，并对信息做出评价。❷"但是，从该规则的基础条款上看，应当限制其适用范围，特别是利用有利地位获取信息的人通过违法手段得到该信息的情况更应被禁止。❸

1984 年以前，美国联邦第二巡回上诉法院就依据规则 10b-5 审理了若干案件，对刑事案件、法律执行活动、损害赔偿请求诉讼等做出判决，不正当流用理论最初来源于 Newman 事件❹，即投资银行的员工不正当流用与公开收购股票计划相关的信息，并利用该信息进行交易的刑事案件。由于违反了规则 10b-5，该案的被告人被认定为有罪。类似的事件还有 Materia 事件❺，审理

---

❶ JAMES D.COX, ROBERT W HILLMAN, DONALD C.LANGEVOORT. Securities Regulation: Case and Materials［M］. 7th ed. New York: Aspen Publishers, Inc, 2006 : 907.

❷ CHIARELLA v. United State, 445 U.S. 222, at 239-240（1980）.

❸ CHIARELLA v. United State, 445 U.S. 222, at 240（1980）.

❹ United States v. NEWMAN, 664 F.2d 12（1981）.

❺ United States v. MATERIA, 745 F.2d 197（2d Cir.1986）.

该事件的美国联邦第七巡回上诉法院认定 SEC 请求发出的禁制令是正确的。❶

然而，与 Newman 事件类似的案例所产生的损害赔偿诉讼，若美国联邦法院采用在 Chiarella 判决上的意见，就会变成另外一种处理方式——Moss 事件的判决。❷

在交易禁止期间出售股票的股东，即被收购公司的股东对购买了该股票的交易者提起了集团诉讼（class action）。美国联邦第二巡回法院认为，依照规则 10b-5，原告要让被告承担损害赔偿请求，原告必须举证被告违反了法定义务。Moss 事件的判决，就内幕交易者的民事责任产生了互相矛盾的问题。为了解决这个问题，1988 年，美国国会通过修改《证券交易法》新增加第 20A 条规定，根据该条规定，内幕交易者负有与其进行同时交易（contemporaneously）的责任，沿袭了 Moss 事件的判决的结论。然而，美国国会并未对"同时交易者"做出定义。❸

以下，对不正当流用理论的判例进行探讨。

（一）United States v. Newman 事件的判决 ❹

1. 事件概要

Morgan Stanley 公司（以下称 Morgan 公司）和 Kuhn Loeb 公司（以下

---

❶ LARRY D. SODERQUIST, GABALDON, et al.Securities Regulation［M］.New York :Fuondation Press, 2006 : 480.

❷ MOSS v. Morgan Stanley Inc., 719 F.2d 5（2d Cir.1983）.

❸ LARRY D. SODERQUIST, GABALDON, et al.Securities Regulation［M］.New York :Fuondation Press, 2006 : 481.

❹ United States v. NEWMAN, 664 F.2d 12（1981）.

简称 Kuhn 公司）是两家从事公司合并、收购、股票收购及其他企业收购的金融服务公司。从 1972 年到 1975 年，Courtois 和 Antoniu（虽是共谋者，但在此事件中未被起诉）被 Morgan 公司雇佣。在 1975 年，Antoniu 从 Morgan 公司跳槽到 Kuhn 公司。1973 年 1 月 1 日到 1978 年 12 月 31 日，Courtois 和 Antoniu 盗用了公司客户的合并计划及企业收购的重要信息。该重要信息是证券交易商——纽约证券公司的柜台交易部原经理 Newman 传达的。Newman 还将该重要信息传达给了另外两个目标公司的客户。

通过利用境外银行、信托银行的隐蔽账户等手段，三名共谋者（Courtois、Antoniut 和 Newman）购买了 Morgan 公司及 Kuhn 公司的客户持有合并及收购目标公司的股票，并在该合并及收购信息公布、股价上涨之后抛售股票获取巨大利益。之后，因 Newman 构成对公司客户、客户的股东、公司的雇主及其股东的欺诈，被提起公诉。❶

2. 裁决宗旨

美国联邦法院认定即使并不存在与被收购公司证券的购买者或者出售者（Morgan 公司、Kuhn 公司及另外两家目标公司的客户都与被告人进行了交易，在当时既不是购买者，也不是出售者）的交易事实，被告人的行为也违反了 1934 年《证券交易法》第 10 条（b）款及规则 10b-5 的规定。1934 年《证券交易法》第 21 条规定，为了防止违法行为，赋予 SEC 广泛的调查权限，SEC 可以向美国联邦地方法院请求禁制令及职务执行令状。《证券交易法》第 32 条是对故意违反法律和规则上的刑罚条款。从立法的沿革的角度看，美国国

---

❶ United States v. NEWMAN, 664 F.2d 12, at 15（1981）.

会并无意图对受到损害的投资者进行额外的赔偿。❶

有关涉及规则 10b-5 的诉讼，根据《证券交易法》第 21 条规定，由 SEC 提起的诉讼或者同法第 32 条由检察官提起的公诉，美国联邦法院在诉讼中应当关注的不是原告是否符合条件，而是该规则的适用范围。美国联邦法院将基于规则 10b-5 的诉讼限定为对证券的购买者及出售者提出的损害赔偿请求，因此，美国联邦地方法院以对证券的购买者或出售者进行的欺诈是"证券法下要件（要素）"为判断理由，是不正确的概括。本联邦法院和其他区巡回上诉法院认为，若请求规则 10b-5 上的禁制令，不要求原告是被欺骗的购买者或者出售者。该判断与规则 10b-5 的规定相一致。该规则并没有明确证券的购买者或者出售者进行欺诈的具体要件。❷

该联邦法院认为，被告人盗用有关公开收购的秘密信息的唯一目的是购买目标公司的股票，因此，被告人否定欺诈和证券购买之间的关系并不重要。❸

（二）Moss v. Morgan Stanley，Inc. 事件的判决 ❹

1. 事件概要

本案主要围绕 Warner 公司和 Deseret 公司之间所进行的公开收购而展开。被告人 E. Jacques Courtois.Jr（以下简称 Courtois）是 Morgan 公司负责合并和收购业务的工作人员，由于其工作性质，掌握了 Warner 公司计划购买 Deseret

---

❶ United States v. NEWMAN, 664 F.2d 12, at 16（1981）.

❷ United States v. NEWMAN, 664 F.2d 12, at 17（1981）.

❸ United States v. NEWMAN, 664 F.2d 12, at 18（1981）.

❹ MOSS v. Morgan Stanley Inc., 719 F.2d 5（2d Cir.1983）.

公司的股票的信息。1976 年 11 月 23 日，Courtois 联系第二被告人 Antoniu（Kuhn 公司的员工）并告知此消息，建议他购买 Deseret 公司的股票。此后，Antoniu 向 Newman（股票经纪人）传达了这一信息。Antoniu 和 Courtois 商议后，Newman 以每股约 28 美元的价格购买了 Deseret 公司 11 700 股的股票。

直至 1976 年 11 月 30 日，Deseret 公司的股票交易相当活跃，大约进行了 143 000 股的交易。Moss 是该股票交易者中的一位，他以每股 28 美元的价格出售了 5 000 股。1976 年 12 月 1 日，纽约证券交易所宣布了公开收购该股票的信息，Deseret 公司的股票交易被终止。在该股票的交易被终止期间，Newman 和其他被告人将股票抛售给 Warner 公司，获得了相当可观的经济利益。

1982 年 8 月 5 日，Moss 代表投资者（直至 1976 年 11 月 30 日为止抛售 Deseret 公司股票的投资者），主张被告人在 Warner 公司公开收购股票的信息公布之前就 Deseret 公司的股票所进行的交易，此举违反了《证券交易法》第 10 条（b）款的规定，从而提起了诉讼。❶

2. 判旨——大法官执笔的法庭意见

在《证券交易法》第 10 条（b）款的规定中，如果创设新类型的"欺骗"案件，有可能违背披露义务是两个当事人之间因特别关系所产生的确立原则，认可证券市场交易的所有参加者，都不得基于重要的未公开信息从事一般法律义务上的行为。原告主张的不正当流用理论，旨在使证券购买者停止非法行为，并给予赔偿。美国联邦最高法院虽明确《证券交易法》第 10 条（b）

---

❶ MOSS v. Morgan Stanley Inc., 719 F.2d 5, at 8-9（2d Cir.1983）.

款及规则 10b-5 的规定，保护受欺骗的投资者，并对其进行补偿，但无法对所有因证券交易行为而受到损害的投资者进行补偿。❶

被告并非公开收购的目标公司，也不是传统意义上的股票发行者的内部者。他们与股票的发行者或者股票的销售者之间并不存在传统意义上的信任关系。在本案中，被告人与 Deseret 公司的股东并不存在信任关系，因此，对 Deseret 公司的股东不负有信息披露义务。❷

（三）United States v. Materia 事件的判决 ❸

1. 事件概要

Materia 是某印刷公司负责处理公开收购关系文件的编辑。在处理 Bowne 公司和其客户的收购计划的文件时，他和校对人员依次确认了该文件的信息是否与印刷文件相一致。尽管该文件对保密信息进行了防泄露处理，但 Materia 依然推测出了 1980 年 12 月到 1982 年 9 月之间 4 个公开收购目标公司的名称。在确定这些公司的名字后的几个小时里，Materia 便购买了被收购公司的股票。等收购信息被公布之后，该公司股票价格上涨，Materia 便抛售了所持的股票并从中获得了一定的经济利益。

此后，SEC 以 Materia 违反《证券交易法》第 10 条（b）款及第 14 条（e）款的规定为由，提起了请求禁止 Materia 的非法行为并返还其非法所得收益的诉讼。❹

---

❶ MOSS v. Morgan Stanley Inc., 719 F.2d 5, at 16（2d Cir.1983）.

❷ MOSS v. Morgan Stanley Inc., 719 F.2d 5, at 11-13（2d Cir.1983）.

❸ United States v. MATERIA, 745 F.2d 197（2d Cir.1986）.

❹ United States v. MATERIA, 745 F.2d 197, at 199（2d Cir.1986）.

2. 判旨

Materia 不正当流用了客户委托给自己所受雇印刷公司的保密信息，该行为构成规则 10b-5 上的欺诈（fraud）或欺骗行为。Materia 明知其行为违反了受雇印刷公司对客户的信任义务，却故意为之。因此，该联邦法院认为，Materia 盗用受雇印刷公司及其客户的保密信息进行证券交易的行为，违反了《证券交易法》第 10 条（b）款及规则 10b-5、规则 14e-3 的规定。因此，该联邦法院支持 SEC 提出的禁制令及归还非法取得收益的判决。❶

综上所述，虽然 Newman 事件、Moss 事件及 Materia 事件均未向美国联邦最高法院提起上诉，但此后，在涉及不正当流用理论的规则 10b-5 案件中，也有向美国联邦最高法院提起上诉的案件。首先，是 Carpenter 事件的上诉判决。此后，亦有美国联邦最高法院在 1997 年 O'Hagan 事件的判决中首次确认不正当流用理论。下面对 Carpenter 事件及 O'Hagan 事件进行探讨。

（四）United States v. Carpenter 事件的判决 ❷

1. 事件概要

Winans 是 Wall Street Journal（以下简称 Journal）的核心期刊 *Heard on the Street* 的执笔人之一；Carpenter 从 1981 年 12 月到 1983 年 5 月为 Journal 公司的职员；Felis 是 Kidder Peabody 证券公司的经纪人；Peter Brant 是 Felis 的多年好友，是该事件的重要证人。

在 1981 年 2 月 2 日，Journal 的母公司——Dow Jones 公司向所有新入职

---

❶　United States v. MATERIA, 745 F.2d 197, at 200（2d Cir.1986）.

❷　United States v. CARPENTER, 791 F.2d 1024（2d Cir.1986）.

员工配发了"内部者须知"（insider story）（一本 40 页的手册，在该手册中有 7 页内容描述有哪些行为属于违反该公司利益的行为）。美国联邦地方法院认为，Winans 和 Carpenter 知道员工不得将在受雇期间内获得的内部信息泄露给他人的保密义务。尽管如此，Winans、Peter Brant 和 Felis 的两名经纪人仍然达成协议，负责提供即将刊登于核心期刊 *Heard on the Street* 专栏（Heard Columns）上与证券有关的信息。依据这些信息，Felis 的两名经纪人制订了股票的买卖和分配利益计划，并利用这些内部信息先后进行了 27 次交易，获得了累计 69 万美元的利益。

对于上述行为，Winans、Carpenter 等人因违反《证券交易法》第 10 条（b）款和规则 10b-5 及《美国邮政通信诈骗法》（The Federal Mail and Wire Fraud Statutes）而被提起刑事公诉。在一审和上诉审中，美国联邦法院引用 Newman 和 Materia 的判决，依据《证券交易法》第 10 条（b）款及规则 10b-5 的规定，认定 Winans 和 Carpenter 等被告人有罪。❶

2. 美国联邦第二巡回上诉法院的判旨

Journal 公司禁止员工盗用即将在核心期刊专栏上刊登的重要的未公开信息。核心期刊专栏刊登的主要内容便是近期就证券购买和出售计划所做的相关的分析和探讨，两名被告人利用这些信息制订股票的买卖计划并分配所得利益；为达成该计划，通过州际邮政和通信手段进行证券交易，违反了《证券交易法》第 10 条（b）款和规则 10b-5 规定中禁止的行为，应承担《联邦邮政通信诈骗法》中的刑事责任。❷

---

❶　United States v. CARPENTER, 791 F.2d 1024, at 1026-1027（2d Cir.1986）.

❷　United States v. CARPENTER, 791 F.2d 1024, at 1026（2d Cir.1986）.

人可以通过某种技能、预见性、努力等能力获得竞争优势，这不仅适用于《专利法》《商标法》《著作权法》等领域，同样也适用于证券交易。但是，人不得违反雇佣关系中的信任义务。通过盗用重要的未公开信息并获得市场竞争优势，这种行为是欺诈，不属于市场上的正当竞争行为，而应被称为不公正的行为。由于 Winans 对雇佣者负有保密义务，所以负有《证券交易法》第 10 条（b）款以及规则 10b-5 规定的内部信息的披露或放弃交易的义务。❶

3. 美国联邦最高法院的判旨

Journal 公司对其执笔核心期刊专栏的日程及其内容拥有排他利用的财产权（property right）。上诉人的行为构成了对 Journal 公司的欺骗。虽然被告人并未公布 Journal 公司的保密信息，最初也未妨碍 Journal 公司将秘密信息公开，且未带来金钱损失。但是，在 Journal 公司将内部信息公布之前，被审理人剥夺了 Journal 公司排他利用该信息的重要权利。《美国邮政通信诈骗法》第 1341 条和第 1343 条规定，把通过欺骗而将侵占他人财产的计划视为违法，这里的财产也包括侵占他人所托付的财产。在该案中，Winans 为了个人利益而利用雇主所持有的保密信息，违反了信用义务。❷

在该案中，美国联邦最高法院并未言及不正当流用理论。❸ 然而，其却在 O'Hagan 事件中采用了不正当流用理论。

---

❶ United States v. CARPENTER, 791 F.2d 1024, at 1031-1033（2d Cir.1986）.

❷ United States v. CARPENTER, 484 U.S.19, at 19-20 (1987).

❸ United States v. CARPENTER, 484 U.S.19, at 19-20 (1987).

（五）United States v. O'Hagan 事件的判决 ❶

1. 事件概要

Grand Metropolitan 公司（以下简称 Grand 公司）计划收购 Pillsbury 公司，委托 Dorsey & Whitney 律师事务所（以下简称 D & W）提供法务代理服务，D & W 的合作伙伴——被告人 O'Hagan 虽未在 D & W 内从事代理服务，但在此期间大量购买 Pilsbury 公司的股票及期权。当 Grand 公司宣布收购 Pillsbury 后，Pillsbury 公司的股价暴涨，O'Hagan 立刻抛售手中所持有的 Pillsbury 公司的普通股和看涨期权，并获得了 430 多万美元的利益。此后，SEC 对 O'Hagan 进行调查并提起公诉，发现 O'Hagan 为了个人利益而利用重要的未公开信息（Grand 公司收购 Pillsbury 公司的重要的未公开信息）进行交易，O'Hagan 被认定为对雇佣他所属的律师事务所和该律师事务所的客户 Grand 公司进行了欺诈。❷

2. 美国联邦最高法院的判旨

在内幕交易责任的"传统理论"（traditional theory）或"古典理论"（classical theory）之下，公司内部者基于重要的未公开信息进行证券交易的行为违反了《证券交易法》第 10 条（b）款及规则 10b-5 的规定。❸

公司的保密信息被定义为持有该信息的公司享有排他利用权的财产。在保密信息未公开之前盗用它去获利的欺诈行为，根据《证券交易法》第 10 条

---

❶　United Stated v. OHAGAN, 521 U.S.642（1997）.

❷　United Stated v. OHAGAN, 521 U.S.642, at 647-648（1997）.

❸　United Stated v. OHAGAN, 521 U.S.642, at 651-652（1997）.

（b）款的规定，须与证券交易有关。认定受托者的非法行为，是因受托者在证券买卖时利用了该信息。以不正当流用的未公开信息为根据，在该信息未公开之前进行交易，违反对持有该信息者的保密义务，对一般投资者也造成了危害。即使被告人未以律师事务所（D & W）代理人的地位从事公开收购业务，为了个人利益而不正当流用未公开的秘密信息，也违反《证券交易法》第 10 条（b）款的规定。❶

3. 探讨

在该案中，美国联邦最高法院采用了不正当流用理论。美国联邦最高法院认为，创设内部信息的披露或者放弃交易的义务能够合理预防与公开收购有关的保密信息被盗用，并不需要《证券交易法》第 10 条（b）款规定所要求的"违反信用义务的特别举证（specific proof of a breach of fiduciary duty）"。❷

该案的法庭意见认为，利用不正当流用的信息进行交易给投资者造成了损害。但是，根据 Chiarella 事件中的 Stevens 法官的法庭意见❸，关于向交易方披露的义务，采取了限定在主要交易方的立场，并没有采用 Chiarella 事件中的 Burger 首席法官对《证券交易法》第 10 条（b）款及规则 10b-5 的广义解释，即不正当流用者（misappropriators）并不需要向所有交易方披露信息。自 Chiarella 事件之后，美国官方也并未提倡应广泛适用不正当流用理论。故法庭意见认为，若不正当流用者想要规避责任，就必须向负有信任义务的主

---

❶　United Stated v. OHAGAN, 521 U.S.642, at 653-656（1997）.

❷　STERPHEN M.BAINBRIDGE. Insider Trading［M］. Los Angeles:Edward Elgar Publishing, 2011 : 220.

❸　CHIARELLA v. United State, 445 U.S. 222, at 237（1980）.

要投资者披露信息，而不需要向所有交易方披露信息。❶

在该案中，主要有如下问题需要注意。

（1）其他不正当流用理论的使用

与 O'Hagan 事件一样，不正当流用事件大部分与试图收购的合伙人或从业者、投资银行、律师事务所，及处理公司合并、收购活动的内部信息的印刷公司的员工盗用内部信息进行交易并从中获益。但是，该理论也可以适用于传统的滥用商业信息事件。例如，上述的 Carpenter 事件中，Winans（Journal 的执笔者之一）事先知道了在专栏中的公开预定的证券相关信息，并告诉 Carpenter 的经纪人（其朋友），由 Carpenter 进行交易并从中获利。❷

（2）适用不正当流用理论的可能性

即使是不正当流用理论以这样的形式被广泛使用，但在 Chiarella 事件和 Dirks 事件中定义的"传统的"（traditional）内部交易的情况下，存在信任关系（例如，Dirks 事件的三角关系）时才可以认定为不正当流用。毋庸置疑，不存在信任关系而适用不正当流用理论会扩大它的适用范围。因信任关系而产生披露义务，以此为原则，在文本解释的基础上，应探讨不正当流用理论的适用范围。❸

---

❶ STERPHEN M. BAINBRIDGE. Insider Trading［M］. Los Angeles:Edward Elgar Publishing, 2011 : 221.

❷ JAMES D.COX, ROBERT W HILLMAN, DONALD C.LANGEVOORT. Securities Regulation: Case and Materials［M］. 7th ed. New York: Aspen Publishers, Inc, 2006 : 897.

❸ JAMES D.COX, ROBERT W HILLMAN, DONALD C.LANGEVOORT. Securities Regulation: Case and Materials［M］. 7th ed. New York: Aspen Publishers, Inc, 2006 : 898.

（六）SEC v. Rockage 事件的判决 ❶

自 O'Hagan 事件之后，在 Rockage 事件中，再次要求明确不正当流用理论的适用范围。该案的事件概要如下。

Scott M. Rockage（以下简称 Rockage）是某生物工程公司下属分公司——Cubist 公司的 CEO。2001 年 12 月 31 日中午，他得知 Cubist 公司所研发的某种药品未通过临床试验，便打电话将这个消息告诉了妻子 Patricia B. Rockage（以下简称 Patricia）。Rockage 曾经也向 Patricia 传达过有关 Cubist 公司的重要的未公开信息，双方约定过不得将秘密信息向外泄露，这一次也不例外。但是，Patricia 未能遵守约定，向弟弟 Beaver 传达了信息。得到这个消息后，Beaver 抛售了所持有的 Cubist 公司的所有股份。不仅如此，Beaver 也向朋友 Jones（Jones 知道 Beaver 的身份）传达了信息，Jones 也出售了持有的 Cubist 公司的所有股票。没过多久，Cubist 公司公布了药品临床试验失败的消息。因此，Beaver 和 Jones 避免了巨大的经济损失。根据《证券交易法》第 10 条（b）款及规则 10b-5 的规定，SEC 对 Patricia、Beaver 和 Jones 三名被告人提起了禁止违法行为及课以制裁金的诉讼。❷

美国联邦第一巡回上诉法院认为，应适用美国联盟最高法院在 O'Hagan 事件中对不正当流用者做出"盗用持有排他利用权的 Grand Metropolitan 公司保密信息构成欺诈"的判断。Patricia 从丈夫（Rockage）处获得重要的非公开信息，本应保密，却将信息传达给自己的弟弟，使 Cubist 公司丧失了对信

---

❶　SEC v. ROCKAGE, 470 F. 3d 1（1st Cir. 2006）.

❷　SEC v. ROCKAGE, 470 F. 3d 1, at 3（1st Cir. 2006）.

息的排他（垄断）利用权，这种行为属于违反《证券交易法》的欺骗行为，Patricia 的弟弟及其朋友出售 Cubist 公司股票的行为，违反了《证券交易法》第 10 条（b）款及规则 10b-5 的规定。❶

该案与 O'Hagan 事件不同，属于并非由获得重要的未公开信息的本人进行交易的案件。但是，美国联邦第一巡回上诉法院基于不正当流用理论做出了三名被告人应承担责任的判断。自 O'Hagan 事件发生后，SEC 通过不正当流用理论，意图将内幕交易规制的对象范围进行扩大，却未明确不正当流用理论及其适用范围。

（七）Santa Fe 事件的裁决 ❷

在美国联邦最高法院对 O'Hagan 事件做出判断前，它对《证券交易法》第 10 条（b）款的解释是适用不正当流用理论的障碍 ❸。该事件的事实概要如下。

Kirby Lumber（以下简称 Kirby）是 Santa Fe 公司收购的目标公司。在完成收购合并的过程中，Kirby 所持有的资产被低估。Santa Fe 公司对此种情况很清楚，且从 Morgan Stanley 公司处获得 Kirby 公司的股票不正当的最低估价的信息。为了从 Kirby 公司的少数股东那里顺利收购到 Kirby 公司的股票，Santa Fe 公司承诺，在最低股价之上每股增加 25 美元。少数股东主张，这一连串的行为是被告人为了购买其股票而利用"欺骗他人的策略"实施欺诈的

---

❶　SEC v. ROCKAGE, 470 F. 3d 1, at 8（1st Cir. 2006）.

❷　Santa Fe Industries v. GREEN, 430 U.S. 462（1977）.

❸　STERPHEN M.BAINBRIDGE. Insider Trading［M］. Los Angeles:Edward Elgar Publishing, 2011 : 222.

"实际业务和企业活动"，违反了规则 10b-5 的规定。❶

美国联邦最高法院认为，《证券交易法》第 10 条（b）款规定的"操纵市场"（manipulative）或"欺骗"（deceptive）的要件，不仅包含违反信任义务的行为，还包含有重要的不实表示（misrepresentation）或者重要的事实不完整记载的情况。Kirby 公司的被收购合并，既无欺骗行为，也非操纵市场行为，因此并不违反《证券交易法》第 10 条（b）款或规则 10b-5 的规定。被告在向少数股东购买其持有的股票时，已向其提供了所有的重要信息，对于被告所提出的价格，少数股东可以接受，也可以拒绝。操纵市场会影响市场活动，尤其是误导投资者，在本案中，被告人的行为既不属于操纵市场，也不属于误导投资者。规则 10b-5 中对于欺诈这种行为最初是委托美国各州的立法机关进行规制。若未能明确美国国会的意图，该法应该回避规制公司对股票进行内部交易的部分。❷

在 O'Hagan 事件中适用的不正当流用理论与 Santa Fe 事件中美国联邦最高法院依据的《证券交易法》第 10 条（b）款规定做出的解释有以下三点矛盾：一是不正当流用理论的中心并非欺骗行为，而是违反信任义务；二是认定违反信任义务理论要件的欺诈（deception），和在 Santa Fe 事件中被认定的欺诈有着本质上的不同；三是"不正当流用"理论下的不正当流用与证券交易无任何关系。因此，Santa Fe 事件中认定的"欺诈"（deception）与证券交易无任何关联。据此，产生了以下几个问题。❸

---

❶ Santa Fe Industries v. GREEN, 430 U.S. 462, at 467（1977）.

❷ Santa Fe Industries v. GREEN, 430 U.S. 462, at 476-478（1977）.

❸ STERPHEN M.BAINBRIDGE. Insider Trading［M］. Los Angeles:Edward Elgar Publishing, 2011：222-223.

1. O'Hagan 事件中的信任义务要件

信任义务是不正当流用理论下的核心责任。判断是否违反信任义务，关键在于股票的主要交易者是否有披露受托者信息的义务。在 1934 年制定《证券交易法》时，对于这个问题就遵循了美国国会制定的"保护投资者和健全市场"的基本方针。❶

在运用不正当流用理论时，必须判断从何时开始存在信用关系、在信用关系中附带什么义务。美国联邦最高法院在对 O'Hagan 事件做出判决时，为了避免使用信赖（trust）与信用（confidence）关系这种初期判例作为标准，在对不正当流用理论上构成要件，使用了受托人（fiduciary）一词，一般认为这是对该问题的范围进行限制。但并不清楚其是否意图对其适用范围进行限制。❷

此外，对于如何区分信任关系和其他关系，在 O'Hagan 事件的判决中也未提供任何标准。律师显然是客户的受托人，会计师或保密信息的印刷工人也是受托人。然而，O'Hagan 事件的判决中仍未明确，可能接触到该保密信息的其他人（例如家人的好友、理发店店员、出租车司机、服务员或电脑维修人）是否属于不正当流用理论下的受托人。❸

2. Santa Fe 事件判决中的欺骗要件

在 Santa Fe 事件的判决中，美国联邦最高法院认为，构成《证券交易法》第 10 条（b）款的"欺骗"（deceptive）的要件，必须有重大的不实表

---

❶ STERPHEN M.BAINBRIDGE. Insider Trading［M］. Los Angeles:Edward Elgar Publishing, 2011 : 223.

❷ STERPHEN M.BAINBRIDGE. Insider Trading［M］. Los Angeles:Edward Elgar Publishing, 2011 : 224.

❸ STERPHEN M. BAINBRIDGE. Insider Trading［M］. Los Angeles:Edward Elgar Publishing, 2011 : 225.

示（misrepresentation）或重要事实的披露义务的违反行为。在 Chiarella 事件的判决中，单持有重要未公开的信息并不会直接产生信息披露义务，因此，无信息披露义务并不构成欺骗要件。但是，在 O'Hagan 事件中，美国联邦最高法院似乎不太重视《证券交易法》第 10 条（b）款所规定的欺骗要件。O'Hagan 虽然盗用了所属事务所的客户信息，但根据《证券交易法》第 10 条（b）款规定的宗旨，该行为不是侵占行为，所以无理由认定其为欺骗行为。❶

并且，不正当流用理论与 Santa Fe 事件的判决并不一致。在 Santa Fe 事件中，美国联邦法院认为只有属于《证券交易法》第 10 条（b）款规定的操纵市场行为或欺骗行为时，才构成规则 10b-5 规定的诉讼理由。❷

在 O'Hagan 事件中，美国联邦最高法院强调，一旦被认定为违反信用义务，因懈怠而未向自己的雇主进行信息披露也会产生《证券交易法》第 10 条规定的责任，信息不披露本身并不会违反该条规定。因此，SEC 主张的不正当流用理论应与 Santa Fe 事件的判决一致。该判决强调，《证券交易法》第 10 条（b）款的规定主要是用来规制操纵市场或欺骗行为，并不是抑制违反信用义务行为的万能策略。与该案中 SEC 的主张形成鲜明对比的是，Santa Fe 事件中，所有相关事实均被认为违反《证券交易法》第 10 条（b）款和规则 10b-5 的规定，因被告人已经披露信息，所以并不负有上述条款规定的责任。❸

通过对 O'Hagan 事件的法庭意见进行分析得知，交易本身不会引发《证券交易法》第 10 条（b）款规定的责任，不向公众或其他市场参与者披露信

---

❶ STERPHEN M.BAINBRIDGE. Insider Trading［M］. Los Angeles:Edward Elgar Publishing, 2011 : 226.

❷ Santa Fe Industries v. GREEN, 430 U.S. 462, at 474（1977）.

❸ STERPHEN M.BAINBRIDGE. Insider Trading［M］. Los Angeles:Edward Elgar Publishing, 2011 : 226-227.

息也不例外，关键是没有向信息来源披露交易的情况。然而，美国联邦法院在做这种区分时，甚至做出一些令人吃惊的让步：第一，基于 O'Hagan 事件的判决，若受托人得到本人同意，则允许受托人根据重要的未公开信息进行交易；第二，一旦交易的意图向本人公开，无论本人如何强烈反对，该交易在《证券交易法》第 10 条（b）款的规定下都是合法的，比如，O'Hagan 在交易前将交易事项告诉了律师事务所和客户，就不会违法；第三，SEC 在口头辩论阶段也承认，若重要的内部信息被与信息源不存在信任关系的人盗用，也可能不会被认定为违法，那小偷、行业间谍及非法取得情报的其他非受托人，则不受到法律制裁。在 O'Hagan 事件的判决中，虽然美国联邦最高法院未明确承认这一点，但不正当流用理论强调的是，受托人与本人之间的信用关系及受托人对本人的欺骗作为两条必要要件，由此可以认为默认上述情况。❶

3. 与买卖"关联"（in connection with）的不正当流用

在 Santa Fe 事件的判决中被认定为欺骗的构成要件须与买卖行为相关。O'Hagan 的不正当流用虽说是欺骗行为，但正如美国联邦最高法院对此做出的解释❷，与证券买卖并无"关联"。因此，《证券交易法》第 10 条（b）款自然而然就可以理解为，该条款涵盖了在证券市场上操纵市场的行为或者欺骗证券市场参与者的行为。即便有人被欺骗，那也是 O'Hagan 的雇主和雇主的客户受到欺骗，而不是 O'Hagan 交易时的证券购买者或证券出售者受到欺骗。❸

---

❶ STERPHEN M.BAINBRIDGE. Insider Trading［M］. Los Angeles:Edward Elgar Publishing, 2011:227-229.

❷ Blue Chip Stamps v. Manor Drug Stores, 421 U.S. 723（1975）.

❸ STERPHEN M.BAINBRIDGE. Insider Trading［M］. Los Angeles:Edward Elgar Publishing, 2011 : 229.

在 O'Hagan 事件中，美国联邦最高法院虽然致力于解决上述 Santa Fe 事件中的问题，但尚未得到圆满结果。在 O'Hagan 事件的法庭意见中，美国联邦最高法院认为不正当流用理论和因欺骗行为而违反信用义务是可以并存的。在 O'Hagan 事件中，美国联邦最高法院为了满足 Santa Fe 事件的构成要件，勉强和不正当流用理论联系起来，将下列行为除外（如，经过本人的许可进行交易却未向市场公开信息的情况，最初向本人公开信息之后却未经本人许可进行交易的情况，未向本人负有信任义务的人利用从本人处盗取的信息进行交易的情况），对欺骗行为做出了定义。若美国联邦最高法院主张基于不正当流用理论上的交易会对一般投资者造成损害，那么美国联邦最高法院如何将这种损害的行为从不正当流用理论的适用范围中排除出去，就很难理解。最后，美国联邦最高法院并未对不正当流用理论与证券交易之间的关系做出充分说明。❶

因在 Santa Fe 事件中提出的不正当流用理论与《证券交易法》第 10 条（b）款的解释相矛盾，所以，美国联邦最高法院没有解决在 Santa Fe 事件中提出的问题。基于不正当流用理论上被认定的欺骗行为，仅表明其违反信任义务，而未交易的人所违反义务或者欺骗他人的行为，并不能称为与证券买卖相关联的行为。若美国联邦最高法院做出持有重要的未公开信息的公司外部者，不存在向交易相对方负有信息披露的义务的判断，则与《证券交易法》第 10 条（b）款适用于外部者交易的解释相矛盾。若对《证券交易法》第 10 条（b）款的逻辑进行解释，美国联邦最高法院应驳回巡回上诉法院依据该条

---

❶ STERPHEN M.BAINBRIDGE. Insider Trading［M］. Los Angeles:Edward Elgar Publishing, 2011 : 234.

款对 O'Hagan 做出的有罪判决。这或许在暗示美国国会不会接受该结论，又或许暗示美国国会对该条款进行修订。总之，只要美国国会未对该条款进行修订，就会产生逻辑上的矛盾。❶

（八）不正当流用理论的不明确而产生的问题

1. 不明确的判例法

如上所述，在 Chiarella 事件中，美国联邦最高法院拒绝采用信息平等理论。理由是：从《证券交易法》第 10 条（b）款的规定、立法的沿革上看，美国国会并无意图对证券市场交易的全体赋予广泛的义务❷。美国联邦最高法院指出，信息平等理论中提及刑事被告人或民事被告人是否应该公正告知自己将从事违法活动的问题❸。遗憾的是，在不正当流用理论下的判例中，产生了很多这样的问题。❹

自 Chiarella 事件以来，美国联邦地方法院和巡回上诉法院就不正当流用理论展开了多种解释。然而，每个解释这一理论的美国联邦地方法院都针对事件本身的性质和对象先设想了一个目标，这导致不正当流用理论变得极不明确。因当事人负有信任义务须承担罚款、刑事处罚，但什么时候产生信任关系，应由哪个当事人承担信任义务等问题只能依据不明确的不正当流用理论进行判断。美国联邦法院利用不正当流用理论来打击违反信任义务的行为，而这些行为往往与证券市场参与者的关系不大，因此，背离了制定该法规的

---

❶ STERPHEN M.BAINBRIDGE. Insider Trading［M］. Los Angeles:Edward Elgar Publishing, 2011 : 235.

❷ CHIARELLA v. United State, 445 U.S. 222, at 233（1980）.

❸ CHIARELLA v. United State, 445 U.S. 222, at 235（1980）.

❹ STERPHEN M.BAINBRIDGE. Insider Trading［M］. Los Angeles:Edward Elgar Publishing, 2011 : 236.

目的，导致不明确的境况更加复杂。❶

2. 刑事责任标准的不正当流用理论的不明确性

在 O'Hagan 事件中，美国联邦最高法院将焦点放在了 O'Hagan 是否意识到违反信任义务这一事实上。美国联邦最高法院认为，规定刑罚的制定应为有罪提供明确标准。如果不明确刑罚规定，只能依据如下两种判断模式：第一，公平原则要求对规定刑事责任的法规做出明确规定。美国联邦最高法院认为，对违法行为进行定义的法规"必须给予普通人知道什么是法律上禁止行为的合理机会，使普通人能做出自己的行为在法律上是否被允许的判断"❷。第二，为了避免任意和歧视性地执行刑事法规，法律必须为适用者规定明确的标准。❸

四、内幕交易规制的探讨

如上所述的对禁止内幕交易案例所进行的梳理，最初运用的是 Texas Gulf Sulphur 事件的判决中提出的信息平等理论，此后在 Chiarella 事件的判决和 Dirks 事件的判决中提出的信任关系理论抑制了信息平等理论的扩大适用范围，但在 O'Hagan 事件的判决中提出了不正当流用理论，又扩大了规制的适用范围。通过不正当流用理论，扩大了内幕交易的规制范围，但同时也存在很多规制上的不明确性。内幕交易将未披露重要的未公开信息作为一项要件，

---

❶ STERPHEN M.BAINBRIDGE. Insider Trading ［M］. Los Angeles:Edward Elgar Publishing, 2011 : 236.

❷ BUCKLEY v. VALEO, 424 U.S. 1, at 77（1976）.

❸ STERPHEN M.BAINBRIDGE. Insider Trading ［M］. Los Angeles:Edward Elgar Publishing, 2011 : 244-245.

基于违反信息披露的原则，在普通法上被认定为欺诈，也恰好对应了上述的不明确性。

（一）内幕交易规制的赞成论

1. 公正的议论

1984 年，美国国会制定《内幕交易制裁法》时，强调了证券交易中的公平和公正的重要性。以公平公正的角度来探讨在持有重要的未公开的信息期间禁止内幕交易的问题，取决于投资者对公平公正的信任度或市场健全性。许多投资者将金钱投资到证券市场，绝不希望该市场允许内幕交易，因为投资者评估证券风险是建立在公平竞争的基础上。从市场健全性的理论角度看，明确了美国州法和美国证券欺诈法之间的重要差异。美国州法专注于特定的证券购买者与出售者之间是否有直接关系，而美国证券欺诈法则专注于个别证券欺诈对整体投资者信赖所产生的影响。❶

因内幕交易而受损的投资者数量可能会抵消内幕交易意外受益者数量，当然这并非决定性因素。然而，内幕交易会减少购买证券的投资者数量，增加出售新证券的成本，导致投资者对证券市场丧失信心。市场健全性的理论专致于这些种类的经济效果。从这个角度来看，禁止内幕交易在抑制一般经济损失方面比填补个别投资者的损失更为重要。❷

---

❶ LOSS L, SELIGMAN J. Fundamentals of Securities Regulation［M］.New York: Wolters Kluwer, 2011 : 1270.

❷ LOSS L, SELIGMAN J. Fundamentals of Securities Regulation［M］.New York: Wolters Kluwer, 2011 : 1270-1271.

2. 分配效率的探讨

在持有重要未公开信息期间禁止内幕交易，我们应该关注的是推迟公开重要信息的原因。及时公开重要信息能够改善市场的分配率：发展前景好的公司在公布重要信息后，能够激发投资者的投资意愿，会使公司股票价格大涨；而收益前景不被看好的公司在公布消息后，反而会导致其在证券市场上的股票下跌，降低投资者的投资意愿。正因如此，这能够重新对证券市场进行资源配置。

资源的配置将实现帕特率优化。通过帮助资源分配形成资本市场资源的有效配置，及时披露重要的信息有助于实现经济目标。若将持有重要的未公开信息期间的交易认定为合法，公司内部者会不遗余力地通过公司内部信息获得更多的利益，那是不道德的。公司股东是为了寻求更高的股价而发行股票，公司内部者原本应该服务于股东的利益，而内部者可能并非如此，内部者的利益获取渠道是股价暴涨暴跌之间的差价。因此，不论是好消息还是坏消息，内部者都有可能为了获得个人利益而延迟公布信息。证券公司的经营者为了使股价暴涨，甚至操纵公司的新闻发布或相关人员。❶

在持有重要的未公开信息期间，探讨禁止内幕交易的有效性应有以下两点保留意见：第一，若未进行内幕交易，公司可能会以正当的商业理由推迟公布重要信息；第二，若将其应用于证券分析师等外部者，这些探讨则无说服力。若不禁止内部者在持有内部信息期间从事内幕交易，他们也有可能在

---

❶　LOSS L, SELIGMAN J. Fundamentals of Securities Regulation［M］.New York: Wolters Kluwer, 2011 : 1271-1272.

不花费成本的情况下受领信息，成为推迟重要信息的公开的诱因。❶

3. 财产权的探讨

公司推出新产品或发现矿产等的事实信息被认为是公司的无形资产；公司为增加资产投入了人力、物力。公司内部者之所以能成为公司成员，是接受劳动合同上关于产品财产权的协议和报酬，但由于公认公司内部者不能利用公司资产或公开公司新的发展方向，所以，内部者没有通过内部信息获得利益的权利，否则，就违反了可利用股东本人财产而不得获利的义务（内部者是代理人的情况）。若与公司为了发展而投入的资源有关，这种方法就更具说服力。比如，公司委托代理人调查哪家公司适合作为公开收购的对象，并愿意为支付交易成本而注入投资，在此期间，若代理人购买相当数量的公开收购的目标公司股票，无形中就增加了公司的收购成本，公司的利益就会受到损害。针对这种现象，事先知晓即将公开收购的目标公司的收益报告或股东分红也根据财产权理论并无说服力。所以，美国证券诸法的政策是鼓励及时披露信息。在此，关于公平或效率的讨论，为禁止持有重要的未公开信息期间的内幕交易提供更坚定的政策依据。在诸多案例中，基于禁止内幕交易的三个理论（信息平等理论、信用义务理论、不正当流用理论）有可能会导致相同的结果。例如，以公司发现矿物这条重要的未公开信息为依据进行交易的内部者，其所作所为与公正、分配效率以及财产权观念相矛盾。若将焦点放在公司外部者（如金融印刷业者、新闻记者或证券分析师）上，从公正性或分配效率角度来看，则不能为外部者不正当流用公司财产的讨论提供同

---

❶ LOSS L, SELIGMAN J. Fundamentals of Securities Regulation［M］.New York: Wolters Kluwer, 2011 : 1273.

等程度的说服力。❶

（二）内幕交易规制的探讨

1. 内部者的报酬

有学者主张内部者从内幕交易中获得的利益是给予其适当的报酬。这个探讨的难点是，无法预测额度的报酬在充满竞争的工资标准中为什么是必要的？❷Manne 教授对内幕交易规制提出如下主张：① 利用和出售有价值的信息，是为了保证企业主依靠才能不断为美国金融界做贡献，因此，将其作为对企业主的报酬是必要的；② 内部者利用信息的价值进行证券交易，实际上无人受到损害；③ 内幕交易的弊端不能通过经济进行衡量。❸

根据 Manne 教授的主张，工资标准不能给内部者提供足够的报酬。这个推论并不合理。确实，企业主对社会的贡献是独特的、具有价值的，但是依照工资标准完全可以给他们提供丰厚的报酬。若内部者供职的公司不想支付与其价值相等的报酬，他们可以跳槽到竞争对手的公司工作，从而获得更大的报酬。❹

Manne 教授主张，制定内部者报酬的标准并不明确，但是按照现代的商业习惯，股票期权、股票评价权益（stock appreciation rights）是基于公司（或

---

❶ LOSS L, SELIGMAN J. Fundamentals of Securities Regulation ［M］. New York: Wolters Kluwer, 2011 : 1273-1274.

❷ LOSS L, SELIGMAN J. Fundamentals of Securities Regulation ［M］. New York: Wolters Kluwer, 2011 : 1274.

❸ ルイ・ロス，日本证券经济研究所译. 现代美国证券取引法 ［M］. 东京：商事法务研究会，1989：616.

❹ LOSS L, SELIGMAN J. Fundamentals of Securities Regulation ［M］. New York: Wolters Kluwer, 2011 : 1274-1275.

公司的一部分）利益的比例，或者在能够取得公司完全或实质性的支配权的股票的某些类型的付条件报酬（contingent remuneration）下而设立的。这些有条件的报酬，与内部者通过自身能力获得公司利益或者在证券市场上因股价上涨而获得的利益成正比。这些有条件的报酬与内幕交易中的利益的区别在于：在判断内部者的贡献产生价值之前，他们要与公司进行谈判来决定上述的报酬。这些报酬形式是考虑他们对公司所做贡献的不确定性而设定的。内部者因内幕交易所获得的利益，就不存在与公司进行谈判之说。公司发生重大事件后若被内部人员知道，随时都有可能发生内幕交易的可能。从这个角度来看，用内幕交易的利益回报内部者所做的贡献并不恰当。内部者的贡献左右着产品价值或服务市场未来的发展，并且也有可能他们所做的贡献不具有任何市场价值。但是，在 Manne 教授的主张中，内部者一直可以通过内幕交易获得利益。❶

2. 避免股价变动

Manne 教授将内幕交易正当化的第二个理由是，内幕交易不会使股价在披露未公开的信息后产生大的波动。例如，抢手的供货商要求提高商品价格，会导致公司利润大幅度下降，最初公司的股价为 28 美元，公开收益减少的信息后股价下跌到 11 美元。若禁止内幕交易，那从公司管理者处知道公司收益减少的消息开始，一直到公布信息为止，股票交易价格在 28 美元左右（设定其他条件相同），之后，股价急剧下跌到 11 美元。Manne 教授认为，当他们最初知道不利信息时，认可内部者出售股票的行为，那在信息公布之前，股

---

❶ LOSS L, SELIGMAN J. Fundamentals of Securities Regulation［M］. New York: Wolters Kluwer, 2011 : 1275-1276.

价就已经开始下跌。若严格禁止内幕交易，从公司管理者最初知道不利信息到公布信息为止，新的股票购买者，就会以更高的价格购进，所以公司承受的损失更小一些。这一主张，是基于经验表明内幕交易不会对市场价格产生重要影响。证券的需求和供给一时的不平衡可能会对证券价格带来短期影响，然而，若无关于证券价格的新的信息，由内幕交易引起的股价变动也会在短期内结束。的确，市场可以对内部者的大规模证券交易做出反应，事实上该股票交易传递了有关公司的新信息。有关专家和其他市场厂商进行交易时，也许可以推测或解读出内部者的身份。一般而言，只有 SEC 公布《证券交易法》第 16 条（a）款要求的内部交易报告书的时候，市场才会知道内幕交易者的身份，然而这样的公布较多会在公司披露了新的信息之后进行。❶

能否系统地解读内部者的身份很令人怀疑。但即使是偶尔进行内幕交易，内部者也有可能通过战略上的行动争取在短时间内进行交易或者利用中间人进行交易。这种战略性的行为会降低分配效率。此外，由于内部者可能会在没有新信息的情形之下进行交易，内部者自内幕交易中正确推断新信息的诉求也会降低。不管怎样，价格上的解读就等于向公众公布重要信息，没有人会认真考虑。价格上的解读不会对市场产生影响，只会限于让市场向正确的方向发展。❷

---

❶ LOSS L, SELIGMAN J. Fundamentals of Securities Regulation［M］. New York: Wolters Kluwer, 2011:1276-1277.

❷ LOSS L, SELIGMAN J. Fundamentals of Securities Regulation［M］. New York: Wolters Kluwer, 2011:1277.

第三节　美国公开收购与内幕交易规制

由于美国的《威廉姆斯法》未对公开收购做出定义，美国联邦法院和 SEC 都对公开收购的条款进行了广泛的解释，并在定义上做出灵活的应对。结合《证券交易法》第 14 条（d）款规定的是否有申报条件，第 14 条（e）款的欺诈禁止条款是否有规定，第 14 条（f）款的新董事是否有披露条件等做出判断，公开收购这个词的意义变得尤为重要。由于未对公开收购的定义做出规定，SEC 采用了 8 个标准来判断是否存在股票公开收购：① 对股东持有发行者的股份进行积极和广泛的劝诱；② 对发行者股份进行一定比例的劝诱；③ 是否以超过市场价格的附带优惠价格进行公募；④ 公募条件有无交涉的余地；⑤ 公募是否取决于提供一定数量的股票；⑥ 公募是否只在一定期间进行；⑦ 公募对象是否受到了股票出售的压力；⑧关于目标公司的购买项目的公布，是否先于或同步于目标公司的大量证券的迅速购买。❶

在 Chiarella 事件的判决前，SEC 认为，持有公开收购信息进行交易是内幕交易中最为普遍的现象，且能获得较多收益。因此，该事件的判决对 SEC 的执行程序造成了打击，即 Chiarella 的行为被认为是违反《威廉姆斯法》的行为。❷

---

❶　HAZEN T L.The Law of Securities Regulation［M］. London: Thomson Business Press, 2005 : 407-408.

❷　JAMES D.COX, ROBERT W HILLMAN, DONALD C.LANGEVOORT. Securities Regulation: Case and Materials［M］. 7th ed. New York: Aspen Publishers, Inc, 2006 : 914.

未公开信息的信息受领者知道或者应当知道该信息尚未公开，且该信息是从公开收购者、收购目标公司或者负责收购目标公司及内部者处直接或间接获得时，根据《证券交易法》第 14 条（e）款的规定，其应披露掌握的重要的未公开信息或放弃交易。因仅持有重要的未公开信息，并不会产生规则 10b-5 的披露义务，所以创设了披露该未公开信息或者放弃交易的义务。在信息持有者选择将信息披露时，该信息持有者应当在先于股票交易的合理期间内向报道关系者表明，或者以其他方式公布自己获得的信息及信息源。❶

以合理明确的方式适用规则 14e-3。首先，一旦确定公开收购的步骤，任何人（投标者以外）在以下期间内都不得收购目标公司的股票。以下期间是指：一是对于想要获得股票的人而言重要的信息尚未公开期间；二是与投标者、目标公司或者其中之一有关联者处获得的信息，在获得重要信息的人知道或应当知道，持有该重要信息的期间。对此，应该注意以下两点：一是未言及违反信任义务；二是就内心的状态，强调了应当知道的理由。规则 14e-3 是关于信息泄露的规定，若泄露有关公开收购的重要的未公开信息，则在进行违法的股票交易和合理预测的情况下，禁止传达公开收购的重要的未公开信息。在采用规则 14e-3 的规定时，SEC 言及《威廉姆斯法》的立法沿革，将欺诈（fraud）行为与《证券交易法》第 10 条（b）款的规定进行比较，支持在《证券交易法》第 14 条（e）款的规定下对其做出的不同解释。❷

---

❶ WANG W K S, STEINBERG M I. Insider Trading ［M］. 3rd ed. New York: Oxford University Press, 2010:713-716.

❷ JAMES D.COX, ROBERT W HILLMAN, DONALD C.LANGEVOORT. Securities Regulation: Case and Materials ［M］. 7th ed. New York: Aspen Publishers, Inc, 2006 : 914.

一、规则 14e-3 的要件

（一）规则 14e-3（a）

1. 受影响的当事人

"披露或放弃"（disclose or abstain）规则适用于持有与公开收购相关的重要信息的人。持有该信息者知道或者应当知道该信息尚未公开，并且从实施公开收购相关的人或开始实施公开收购的人处直接或间接获得的。遵守该规则的人包括以下人员：一是公开收购的申请者；二是公开收购的目标公司的董事、高级管理人员、合作伙伴、员工或公开收购申请者，或者为公开收购目标公司而活动的任何人。SEC 强调了有关公开收购的公司内部者和证券专家的重大责任。❶

2. 披露或者放弃的义务

规则 14e-3 下的披露信息或放弃交易的义务，必须满足 4 个条件：第一，申请者已经准备好或已经开始实施公开收购确定的步骤，该规则在公开收购之前、开始之后皆可适用，若已确定好公开收购的步骤，即使未开始公开收购也可适用该规则；第二，服从该规则的人必须获得有关公开收购的重要信息，且知道或者应当知道该信息是未公开的；第三，服从该规则的人，必须是知道或者应当知道该信息是自申请者、公开收购证券的发行者、董事、高

---

❶ WANG W K S, STEINBERG M I. Insider Trading [M] . 3rd ed. New York: Oxford University Press, 2010 : 717.

级管理人员、合作伙伴、员工或者为公司服务的任何人处直接或间接获得的人；第四，服从该规则的人，应当是购买或出售公开收购证券的人。❶

3. 该规则的遵守

适用规则 14e-3 时，当事人不得购买或出售与公开收购有关的证券。然而，一般会在披露信息和信息源之后的合理期间进行交易。尽管如此，若一般的信息披露违反了信任义务时，唯一可取的是选择放弃交易（或信息传达）。❷

（二）信息传达的禁止规定——规则 14e-3（d）

规则 14e-3（d）的规定主要是为了防止泄露与公开收购有关的重要的未公开信息。在合理预测的状况下，该规则中具体列举的人将未公开信息进行传达会违反规则 14e-3（a）或规则 14e-3（d）的规定。正如 SEC 所指出的，创设该规则并不会对守法公民的社会生活造成影响。此外，禁止信息泄露的规定不适用于与公开收购的计划及执行有关的其他当事人善意的信息传达。这些当事人包括申请人或处在辅助公开收购的计划、准备和执行的目标公司证券的发行者。符合规则 14e-3（d）者包括以下人员：一是具有一定地位的人，例如与申请者、目标公司或与申请者、目标公司中的任何一方具有密切关系的人，或者为申请者、目标公司进行服务的人；二是信息受领者。此外，"禁止信息泄漏"规则不管是否基于这些保密信息进行交易，都会涉及不同程度

---

❶ WANG W K S, STEINBERG M I. Insider Trading [M]. 3rd ed. New York: Oxford University Press, 2010: 717-721.

❷ WANG W K S, STEINBERG M I. Insider Trading [M]. 3rd ed. New York: Oxford University Press, 2010: 722-723.

的信息中间人或（远程的）信息受领者。❶

（三）规则 14e-3 的例外规定

1. 综合服务金融机构（Multi-service financial institutions）

规则 14e-3（b）的规定适用于非自然人（non-natural persons）的典型的综合金融服务机构。但是，以下非自然人的交易为例外，即实体公司（entity）能够证明确立合理的政策和程序，能够确保做出投资决定的个人不知道是未公开信息且对该公司进行投资决定的个人不会违反规则 14e-3（a）的规定。若适用该例外的规定，公司必须承担上述条件的举证责任。❷

2. 规则 14e-3（a）的豁免交易

适用规则 14e-3（a）的豁免交易是指从公开或放弃的规则中豁免的交易：一是为公开收购申请者服务的经纪人或其他代理人通过公开收购购买证券；二是向公开收购申请者出售证券。❸

（四）是否实际进行公开收购

若适用规则 14e-3 的规定，必须进行事实的公开收购的行为。若无进行公开收购申请，则不适用规则 14e-3 的规定。由于《证券交易法》尚未对公

---

❶ WANG W K S, STEINBERG M I. Insider Trading［M］. 3rd ed. New York: Oxford University Press, 2010:723-724.

❷ WANG W K S, STEINBERG M I. Insider Trading［M］. 3rd ed. New York: Oxford University Press, 2010:724.

❸ WANG W K S, STEINBERG M I. Insider Trading［M］. 3rd ed. New York: Oxford University Press, 2010:725.

开收购做出定义，因此，在涉及公开收购有争议的情况下，美国联邦法院要根据是否进行了公开收购的事实才能确定是否适用规则 14e-3。❶

二、规则 14e-3 的有效性——United States v. Chestman 事件的判决 ❷

下面就规则 14e-3 的有效性问题，对 Chestman 的判决进行探讨。

（一）事件概要

1982 年，Great Atlantic and Pacific Tea Company 证券公司（以下简称 Great Atlantic 证券公司）的经纪人 Chestman 接受了客户 Keith Loeb（以下称 Loeb）的咨询，Loeb 想将自己在 Great Atlantic 证券公司内所持的股票统一到一个账户名下。在咨询的过程中，Loeb 表示因为妻子是 Julia Waldbaum（Waldbaum 公司的董事会成员，公司创始人的妻子）的孙女，所以其持有的股份大多是 Waldbaum 的股份，而 Julia Waldbaum 是 Waldbaum 公司的社长兼控股股东 Ira Waldbaum（以下称 Ira）的母亲。

1986 年 11 月 21 日，Ira 同意将 Waldbaum 公司的股票出售给 Great Atlantic 证券公司。Loeb 于 11 月 26 日通过电话向 Chestman 传达了这条信息。当天，Chestman 就购买了 11 000 股（其中 1 000 股是帮 Loeb 购买的）。

1986 年 12 月，Loeb 得知美国司法部已开始对 Waldbaum 公司的股票交

---

❶ WANG W K S, STEINBERG M I. Insider Trading［M］. 3rd ed. New York: Oxford University Press, 2010:725-726.

❷ United States v. CHESTMAN, 947 F.2d 551（2d Cir.1990）.

易进行调查。1987 年 4 月初，Loeb 与美国司法部达成协议，主动归还自交易的 1000 股中获得的 25 000 美元的收益（disgorgement of profits），并支付 25 000 美元的罚款，而 Chestman 表示不记得自己和 Loeb 曾谈及过，Waldbaum 公司的股票的公开收购说到底是基于调查结果。此后，Chestman 因内幕交易和伪证行为被大陪审团追诉。❶

（二）判旨

根据《证券交易法》第 14 条（e）款的规定及立法的沿革，美国国会赋予了 SEC 制定规则的权限。《证券交易法》第 14 条（e）款禁止在公开收购中采用欺诈、欺骗、操纵市场的行为，并要求 SEC 通过具体规定禁止这些行为。❷

Chestman 知道 Loeb 是 Waldbaum 家族的成员，也知道该公开收购信息是与 Waldbaum 公司相关的未公开的经营信息，并且 Chestman 知道 Loeb 所言是正确信息。据此，陪审团做出合理推断，认定 Chestman 最初就知道该信息是 Waldbaum 公司的内部信息。❸

关于合理手续（due process）的公正告知（fair notice）的要件，在于向投资者告知此行为是被法律禁止的。在本案中已经满足该要件，并且规则 14e-3（a）的规定很明显是禁止依据公司内部的重要的未公开信息进行的交易行为。❹

---

❶ United States v. CHESTMAN, 947 F.2d 551, at 551-556（2d Cir.1990）.

❷ United States v. CHESTMAN, 947 F.2d 551, at 561（2d Cir.1990）.

❸ United States v. CHESTMAN, 947 F.2d 551, at 563（2d Cir.1990）.

❹ United States v. CHESTMAN, 947 F.2d 551, at 564（2d Cir.1990）.

根据上述理由，美国联邦第二巡回上诉法院对 Chestman 做出其违反 14（e）-3（a）规定的有罪裁决。❶

（三）探讨

美国联邦第二巡回上诉法院对《证券交易法》第 14 条（e）款规定的立法沿革进行了探讨，支持立法上对该条款规定的解释，并明确了美国国会制定该条款是为了促进与公开收购的相关信息的完全披露。❷

美国联邦第二巡回上诉法院明确支持规则 14e-3 的有效性。因为，"在持有重要未公开信息期间进行证券交易"违反了 SEC 规则，且根据《内幕交易制裁法》应收取 3 倍的民事制裁金（civil money penalties）。美国联邦第二巡回上诉法院认为，"自《证券交易法》第 14 条（e）款的规定和立法沿革以及 SEC 公布规则 14e-3（a）以来，美国国会没有触及制裁金这一事实上看，美国国会是为了超越普通法赋予 SEC 大范围制定规则的权限"❸。美国联邦法院支持规则 14e-3 规定的有效性。

美国联邦第二巡回上诉法院认为，基于《证券交易法》第 14 条（e）款的规定及立法的沿革，美国国会的意图是禁止超越普通法上的欺骗行为❹。相反，在 Chiarella 事件中，美国联邦最高法院并未提及美国国会是否将《证券交易法》第 10 条（b）款的规定适用到超越普通法上的欺骗领域，并且 SEC

---

❶　United States v. CHESTMAN, 947 F.2d 551, at 554（2d Cir.1990）.

❷　WANG W K S, STEINBERG M I. Insider Trading［M］. 3rd ed. New York: Oxford University Press, 2010 : 727.

❸　United States v. CHESTMAN, 947 F.2d 551, at 560（2d Cir.1990）.

❹　United States v. CHESTMAN, 947 F.2d 551, at 560（2d Cir.1990）.

在公布规则 10b-5 时，在对该规则的行政解释中，并未显露对超越普通法上规定的欺骗领域的行为进行规制的意图。另外，就规则 14e-3 的规定而言，很明显 SEC 试图对在无信任义务的情况下所从事的行为进行规制。❶

三、规则 14e-3 下的私人诉权

判断违反规则 14e-3 上的刑事责任，必须证明被告人所购买的股票是公开收购的目标公司的股票。违反规则 14e-3 成为《证券交易法》第 20（a）条的私人诉权（private right of action）的规定的根据。因在证券购买期间违法而被提起的私人诉讼，可能由出售该证券的同时交易者提出，同时交易者对规则 14e-3 的违反，根据《证券交易法》第 20（a）条的规定具有私人诉权。❷

另外，交易者对违反《证券交易法》或规则（包括规则 14e-3）者，根据《证券交易法》第 20（a）条规定，可以提出损害赔偿及合同无效的明示诉权。因此，是否具有默示请求权并不重要。但是，基于规则 14e-3 的规定，同时交易者可能在明示及默示的诉讼上提出损害赔偿。内幕交易的对方当事人可以依据该规则提出损害赔偿或者合同无效的默示请求权的诉讼。❸

---

❶　WANG W K S, STEINBERG M I. Insider Trading［M］. 3rd ed. New York: Oxford University Press, 2010 : 729-730.

❷　HAZEN T L. Treatise on The Law of Securities Regulation.Vol. 3［M］. 5th ed. London: Thomson Business Press, 2005 : 526.

❸　WANG W K S, STEINBERG M I. Insider Trading［M］. 3rd ed. New York: Oxford University Press, 2010 : 742.

第四节　美国内幕交易规制违反的责任和 SEC 法的执行

　　Chiarella 事件的判决和 Dirks 事件的判决之后，美国国会通过立法强化了内幕交易的制裁。根据 1984 年《内幕交易制裁法》（ITSA）的规定，SEC 对于违反《证券交易法》，即在持有重要的未公开信息期间进行证券交易的人可以提起诉讼。根据 1984 年《内幕交易制裁法》强化的制裁不仅适用于违反重要的未公开信息的内幕交易者，也适用于向第三方传达信息以便基于重要的未公开信息从事交易者。强化违反内幕交易的救济途径，包括归还收益和收取民事制裁金（civil penalty）两项措施。民事制裁金相当于被告人获得的收益或造成损失的 3 倍。此外，美国国会通过 1984 年《证券交易法》的修改，将罚款从 10 000 美元提高到 100 000 美元。❶

　　1984 年《内幕交易制裁法》设置了归还收益及内幕交易所得的收益（或造成的损失）3 倍的制裁金制度，未进行交易的信息传达者似乎不受制裁。然而，根据该救济途径的解释，在信息受领者通过交易获利或避免损失的情况下，SEC 可以通过诉讼要求其归还收益。据此，可以看出，1984 年《内幕交易制裁法》是法律执行的有效武器，是否请求民事制裁金的决定由 SEC 裁量

---

❶　HAZEN T L. Treatise on The Law of Securities Regulation. Vol. 3 [M] . 5th ed. London: Thomson Business Press, 2005 : 529-530.

做出决定。❶

美国国会于 1988 年制定《内幕交易与证券欺诈施行法》（Insider Trading and Securities Fraud Enforcement Act of 1988——ITSFEA）时，强化了 1984 年《内幕交易制裁法》规定的救济途径。1988 年的《内幕交易与证券欺诈施行法》对雇主及具有支配权限者的责任做出规定，明确认可基于同时交易者的意向进行民事诉权。《证券交易法》第 20A 条规定，在持有重要的未公开信息的期间，违反《证券交易法》或者 SEC 的规定进行交易者，须向与内幕交易者的相对方进行交易的人（同时交易者）承担责任。对内幕交易的刑事处罚，可以处 20 年以下的有期徒刑或者 500 万美元以下（对法人是 2 500 万美元以下）的罚款或者并罚❷。下面就内幕交易规制违反的责任以及 SEC 的法律执行进行探讨。

一、民事赔偿责任

（一）"同时交易者"的定义

"同时交易"是指违反《证券交易法》或依照该法制定的规则进行内幕交易或者信息传达的人。《证券交易法》第 20A 条规定：不排除同时交易者行使对内幕交易者或者信息传达者提起默示的损害赔偿请求诉讼的权利。依照

---

❶ HAZEN T L. Treatise on The Law of Securities Regulation. Vol. 3［M］. 5th ed. London: Thomson Business Press, 2005 : 531-532.

❷ HAZEN T L. Treatise on The Law of Securities Regulation. Vol. 3［M］. 5th ed. London: Thomson Business Press, 2005 : 532-534.

《证券交易法》第 20A 条的规定提起民事的诉讼，仅限于与被告人交易的同类证券的同时交易者。由 SEC 向内幕交易者提起诉讼时，有时会向内幕交易者提出归还收益的请求。在 Wilson 事件 ❶ 中，根据规则 10b-5 规定提起损害赔偿的默示诉讼中，美国联邦法院做出内幕交易者须向同时交易者承担赔偿责任的判决。但是，该事件的法庭意见中并未对"同时"做出定义。根据《证券交易法》第 20A 条的规定，同种类证券的同时交易者享有明示的请求权，但该条款并未对"同时"做出定义。❷

（二）同时交易者

1. Fridrich v. Bradford 事件的判决 ❸

事件概要和裁决宗旨如下。

被告人 Bradford 是 Old Line 公司的职员，也是证券经纪人（Maketmaker）。他知晓了 Old Line 公司在收购某保险公司的消息后，利用该信息在证券市场上购买 Old Line 公司的股票并获利。原告 Fridrich 和 Kim 在不知情的情况下出售了 Old Line 公司的股票，以被告人的行为违反了规则 10b-5 的规定为由提起诉讼，请求赔偿损失 ❹。美国联邦第六巡回上诉法院认为，被告人和第三方的交易与原告在证券市场受到的损害并不存在因果关系，且并未因被告人的违法行为而受到影响，据此做出被告人无罪的判决。❺

---

❶　WILLSON v. Comtech Telecommunications Corp., 648 F.2d 88（2d Cir.1981）.

❷　WANG W K S, STEINBERG M I. Insider Trading［M］. 3rd ed. New York: Oxford University Press, 2010 : 519-520.

❸　FRIDRICH v. BRADFORD, 542 F.2d 307（6th Cir. 1976）.

❹　FRIDRICH v. BRADFORD, 542 F.2d 307, at 309（6th Cir. 1976）.

❺　FRIDRICH v. BRADFORD, 542 F.2d 307, at 318-319（6th Cir. 1976）.

　　但是，Celebrezze 法官在补充意见中表示，由于内幕交易而受到损害的人是被告人交易的相对方，即同时交易者。但事实上，因被告的交易而受到损害的人不一定是同时交易者，该大法官做出判决时也是进退两难：第一，被告可能根据其自身的选择购买证券，在这种情况下，受害者并不是交易者；第二，被告的购买可直接或间接地降低证券经纪人或专家的持股（inventory）。例如，经过一个星期的时间（证券经济对小规模的持股做出反应，一般需要一周的时间，并非指特定的事情），证券经纪人才会对其小规模的持股做出反应。为了让购买者留意，证券经纪人可能会提高准备出售的证券的价格。再经过一段时间，股票可能会发生价格上涨的情况。事实上，在被告进行交易和披露信息之间的期间内，证券经纪人进行交易的股票价格（the bid and ask prices）有可能上涨。在这种情况下几乎不可能确定受害者。但是，他们不属于与内幕交易者同时进行交易的同时交易者。❶

　　且 Celebrezze 在补充意见中还表示，并非交易者，而是信息传达者"引发了一连串的事件只有通过完全披露才能进行救济"❷，Celebrezze 暗示了违反法律的重点不在于交易而在于信息传达，信息传达者直到有效的信息披露为止，须对市场负责。这个见解并未提及信息受领者即使不进行交易，是否应该承担责任的问题。❸

---

❶　WANG W K S, STEINBERG M I. Insider Trading [M]. 3rd ed. New York: Oxford University Press, 2010 : 551-553.

❷　FRIDRICH v. BRADFORD, 542 F.2d 307, at 327（6th Cir. 1976）.

❸　WANG W K S, STEINBERG M I. Insider Trading [M]. 3rd ed. New York: Oxford University Press, 2010 : 553.

2. Willson v. Comtech Telecommunications Corp. 事件的判决 ❶

事件概要如下。

原告 Wilson 是机构投资者，被告 Comtech 是一家通信设备公司。1976
年 12 月，在西部电子设备制造业协会（Western Electrorics Association，以下
简称 WEMA）召开的年度大会上，Comtech 公司的董事长为了应答有关该公
司信息的质问，与证券分析师、投资者及资产运用者进行了长时间的会议沟
通，原告也参加了会议并选择投资。1977 年 1 月，Comtech 公司表示，无法
如期完成 WEMA 会议上的计划项目，公司收益会受到影响，所以推迟了信
息披露的时间。原告认为，Comtech 公司及公司的董事懈怠了非正式的财政
预测，违反了内幕交易相关信息披露或放弃交易的规则，因此提起诉讼请求
赔偿损失。❷

美国联邦第二巡回上诉法院做出了以下裁决。

若只是以信息未披露为理由，超过了进行内幕交易的时间，延长了内
部者负责任的期限的话，内部者必须对全世界的投资者负责。内部者负有
必须向与其交易的相对方的同时交易者进行信息披露的义务，但在"信息
披露或是放弃交易"的规则下，非同时交易者不能请求保护。因为非同时
交易者不会对获得有利信息者的交易产生不利影响。原告在被告将证券出
售后的一个月，在未披露公开信息之前购买了股票。据此，原告并不具有
诉讼资格。❸

---

❶　WILLSON v. Comtech Telecommunications Corp., 648 F.2d 88（2d Cir.1981）.

❷　WILLSON v. Comtech Telecommunications Corp., 648 F.2d 88, at 89-91（2d Cir.1981）.

❸　WILLSON v. Comtech Telecommunications Corp., 648 F.2d 88, at 94-95（2d Cir.1981）.

上述法庭意见中未具体叙述"同时"的定义。内幕交易开始后的一个月，称为"同时"确实是有点迟。内幕交易后，如果超过一天或一小时，则称为"同时"是否为时已晚，尚不清楚。❶

另外，信息的未披露被认为是违反法律。若被告通过交易，引起向所有一般投资者负有披露未公开信息的义务，则未披露信息的危害性延续到该信息披露为止。在 Wilson 事件的法理下，内幕交易引起的未公开信息的披露义务不是针对一般投资者，而仅限于同时交易者。美国联邦法院之所以将这种义务进行限定，理由是披露信息义务只对与内幕交易者同时进行交易的投资者履行即可，一个月后的交易者并不受规则 10b-5 的保护。因为非同时交易者不受获得有利信息者交易的不利影响❷。实际上，原告（包括无当事人关系的同时交易者）有可能会与未持有未公开信息的人进行交易。内幕交易进行一分钟之后购买证券的人，与内幕交易完成一个月之后（如 Wilson 事件）的购买者在性质上完全不同。无论哪种购买者，既未与内幕交易者接触，也未进行交易。若被告有义务向某个购买者披露信息，那么向其他购买者同样也负有信息披露义务。❸

作为司法解决的措施，具有特别关系的当事人是唯一合适的原告。但是，若不能将当事人进行特定，对于公权力的救济范围，即便不是同时交易者，也许会有当事人关系与所有人之间的关系成正比扩大的情况。不管怎么说，

❶ WANG W K S, STEINBERG M I. Insider Trading［M］. 3rd ed. New York: Oxford University Press, 2010：555.

❷ WILLSON v. Comtech Telecommunications Corp., 648 F.2d 88, at 94-95（2d Cir.1981）.

❸ WANG W K S, STEINBERG M I. Insider Trading［M］. 3rd ed. New York: Oxford University Press, 2010：556.

Wilson 事件的判决中并未提及这一理论依据。与默示的诉讼原因形成鲜明对比的是，这种方法适用于《证券交易法》第 20A 条明文规定的请求权。该事件中对于默示的诉讼原因，是否有必要对合格的同时交易者进行限定还有诸多疑问。❶

美国联邦第二巡回上诉法院在 Moss 事件 ❷ 对"同时交易者"的范围做出了限定。

在 Moss 事件中，美国联邦法院认为，在不正当流用理论下基于重要的未公开信息进行股票交易的被告，不应向证券市场或者同时交易者承担责任。在 Moss 事件中，虽对 Wilson 事件的判决中是否维持先例的效力问题提出了疑问，但未提及该事件。因此，对于 Moss 事件判决的适当理解是：将 Wilson 事件判决中的传统的"特别关系"的被告进行默示的限定。换言之，若同时交易者是向内幕交易者提起诉讼的适当的集团（Group），则该内幕交易者的责任是以"特别关系"作为理论基础的。❸

（三）传统的特别关系内的原告

在 Chiarella 事件的判决中，美国联邦最高法院首次提及规则 10b-5 是否适用于内幕交易的争议。美国联邦最高法院认为，基于重要的未公开信息的交易，不足以引起事前信息披露的义务。Chiarella 与目标公司的股东之间并

---

❶　WANG W K S, STEINBERG M I. Insider Trading［M］. 3rd ed. New York: Oxford University Press, 2010 : 556.

❷　MOSS v. Morgan Stanley Inc., 719 F.2d 5（2d Cir.1983）.

❸　WANG W K S, STEINBERG M I. Insider Trading［M］. 3rd ed. New York: Oxford University Press, 2010 : 556-557.

不存在特别的关系。因此，Chiarella 并没有违反《证券交易法》第 10 条（b）款和规则 10b-5 的规定。1983 年的 Dirks 事件，是美国联邦最高法院对在股票市场发生的内幕交易事件做出的第二次判断。Powell 大法官认为，信息受领者自内部者处受领了信息，但拒绝了 SEC 提出信息受领者应承继内部者对公司股东的信任关系的理论。❶

在 Chiarella 事件的判决中，美国联邦法院认为，Chiarella 并没有与投资者进行过交易，也并非他们的代理人与受托人，他们作为证券出售方与投资者之间并不存在信赖或信任关系，仅仅是持有重要的未公开信息并不负有《证券交易法》第 10 条（b）款下的信息披露义务❷。在 Dirks 事件中，Dirks 对公司的股东并不负有信任义务，且不与该公司存在关系，也未直接或间接对公司的股东或董事做出相信与其进行交易的劝诱行为。美国联邦法院做出了 Dirks 不负有内部信息披露或放弃交易的义务。❸

自上述几个案件的判决上看，特别关系存在于合同当事人之间，规则 10b-5 禁止在证券市场上从事内幕交易。构成违反规则 10b-5 上的欺骗行为，内部者须在未披露信息的情况下进行交易。在 Fridrich 事件和 Wilson 事件中，因被告是内部者，与股东存在特别关系，在信息未披露的情况下进行交易可以认定为欺诈。从特别关系上看，Chiarella 事件的判决及 Dirks 事件的判决应当对 Fridrich 事件的判决和 Wilson 事件的判决进行限定。在 Chiarella 事件和 Dirks 事件中，Powell 大法官在这两个法庭的意见中认为，与交易相比，未

---

❶　WANG W K S, STEINBERG M I. Insider Trading［M］. 3rd ed. New York: Oxford University Press, 2010:565-566.

❷　CHIARELLA v. United State, 445 U.S. 222, at 223（1980）.

❸　DIRKS v. SEC, 463 U.S. 646, at 665-666（1983）.

披露信息是违反规则 10b-5 的最重要的因素，据此应对 Fridrich 事件的判决进行限定，并且引用 Santa Fe 事件的判决理由，Powell 大法官在 Chiarella 事件中强调："存在金钱上的不公正的全部事例并不都是违反《证券交易法》第 10 条（b）款规定的欺骗行为。沉默是违反披露义务构成欺骗行为的必要要件，在该案件中，并不存在这个事实。❶" 此后，在 Chiarella 事件中，反复叙述了"《证券交易法》第 10 条（b）款虽是作为适当的兜底性条款（包括条款）的规定，然而，该条款首先是规制欺诈行为"❷，因交易可能会造成损失，但交易本身并不构成欺诈。根据 Powell 大法官的法庭意见，除非在未披露内幕信息且负有披露义务时，内幕交易才会构成欺诈。❸

在 Dirks 事件中，对该原则进行了强调："与证券交易相关全部信任义务的违反"不都适用规则 10b-5，必须存在"操纵市场或欺骗行为"❹。Dirks 事件的法庭意见中明确了 Chiarella 事件中，基于内部信息进行交易者"若非公司的代理人、非信任义务者或者非证券出售者的信任且信赖者，不负有信息披露义务"❺。此后，在 Dirks 事件中，Powell 大法官做出了如下判决："构成规则 10b-5 的违反，必须存在欺诈行为。因证券市场的价格波动，投资者遵循不完全或者错误的信息行动，总会出现胜利者和失败者。但是，失败者并不是受骗者。" ❻

---

❶　CHIARELLA v. United State, 445 U.S. 222, at 232（1980）.

❷　CHIARELLA v. United State, 445 U.S. 222, at 234-235（1980）.

❸　WANG W K S, STEINBERG M I. Insider Trading［M］. 3rd ed. New York: Oxford University Press, 2010:567.

❹　DIRKS v. SEC, 463 U.S. 646, at 654（1983）.

❺　DIRKS v. SEC, 463 U.S. 646, at 654（1983）.

❻　DIRKS v. SEC, 463 U.S. 646, at 666-667（1983）.

很明显，在 Wilson 事件中美国联邦法院的判决与 Chiarella 事件及 Dirks 事件中美国联邦最高法院的法庭意见不一致。Chiarella 事件中美国联邦最高法院的判决被认为是在对相对交易做出判断的基础之上，从而对证券市场的交易进行判断。Powell 法官认为，非公开股份公司（closely held corporation）的社长若不能基于重要的未公开的信息购买股票，上市股份公司的董事长也不能以同样的理由进行购买。在 Chiarella 事件和 Dirks 事件的判决中，大法官认为与违法相关的重要因素是没有将信息进行披露，董事长应对股东负有信息披露的信任义务。因此，在 Chiarella 事件中 Powell 大法官的判断，默示了内幕交易者在股市上进行交易与相对交易一样，基于传统的特别关系只需对与内幕交易有关的当事人负有披露义务。因 Chiarella 不负有上述披露义务，Powell 大法官强调，Chiarella 与出售股票的人并不存在特别的关系。❶

与 Chiarella 事件一样，Dirks 事件不是民事诉讼。尽管如此，在 Dirks 事件中大法官强调，在 Chiarella 事件的判决中默示，只对与内幕交易者有关的当事人负有基于传统的"特别关系"的披露义务。在 Dirks 事件中，Powell 大法官做了如下叙述："若非公司的代理人，也并非信任义务者，或者非证券出售者的信任且信赖者，不存在信息披露义务。"

"本联邦法院在 Chiarella 事件中已经明确，基于内部信息进行交易者，若非公司的代理人，也非受托人，或者非证券出售者的信任且信赖者，不存

---

❶ WANG W K S, STEINBERG M I. Insider Trading [M]. 3rd ed. New York: Oxford University Press, 2010:568-569.

在信息披露义务"❶。"若该联邦法院没有将此类信任关系的存在作为必要要件，那么这将会从由两个当事人之间产生特别关系这一原则，信任义务本身是强调双方当事人之间所负有的义务，而 Chiarella 属于第三人，本来不应负有此义务。另外，在所有市场交易的参与者之间，承认基于重要的未公开信息的行为的一般义务进行了抑制"❷。在 Dirks 事件之后，"本联邦法院再次确认了披露义务是由两个当事人之间的特别关系产生的"。❸

对前面的探讨进行概括，Chiarella 事件及 Dirks 事件中明确的"特别关系"，如图 1-1 所示。❹

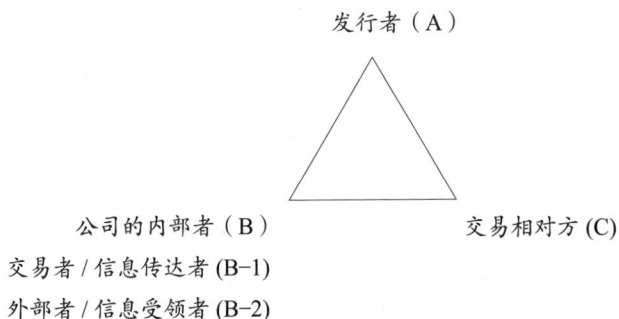

发行者（A）

公司的内部者（B）　　　　　　　　　交易相对方 (C)
交易者 / 信息传达者 (B-1)
外部者 / 信息受领者 (B-2)

图 1-1　内部者、发行者与交易相对方"特别关系"图

如图 1-1 所示，三角形的顶点是股票的发行者（A）。在三角形的左边底边，是称为"公司的内部者"的内部者和信息传达者（B-1）。在三角形的右边底边，是交易的相对方，即不知道内部信息的交易者（C）。"公司内部

---

❶ DIRKS v. SEC, 463 U.S. 646, at 654（1983）.

❷ DIRKS v. SEC, 463 U.S. 646, at 654-655（1983）.

❸ DIRKS v. SEC, 463 U.S. 646, at 657-658（1983）.

❹ WANG W K S, STEINBERG M I. Insider Trading［M］. 3rd ed. New York: Oxford University Press, 2010:571.

者"的交易或信息传达者（B-1）通常是被发行者（A）直接或间接雇用的被雇用者，所以，属于三角形内的关系。因为在交易相对方不知道内部信息的交易者（C），是持有发行者（A）的股票的人，也属于三角形内的关系。因与发行者（A）有相互关系，称"公司的内部者"的内部者和信息传达者（B-1），以及交易相对方不知道内部信息的交易者（C），具有"特别关系"（special relationship），从该"特别关系"中产生披露义务。"公司内部者"或信息传达者（B-1）因传达信息违反其所负义务，并且信息受领者（B-2）在知道或应当知道该违反事实的情况下，外部者或信息受领者（B-2）属于三角形内的关系。在该例子中，"公司的内部者"或信息传达者（B-1）违反了向交易相对方即不知道内部信息的交易者（C）所负披露义务的情况下，信息受领者（B-2）在违反该事实之后参与了该行为。❶

Dirks 的判决和 Chiarella 的判决都强调了内幕交易者和对向交易者之间的信任关系。这表明，在行使默示私人诉讼权（implied civil action）时，须具有当事人的关系。而当事人关系的要件，并不能使股票市场上的内幕交易的私人诉讼原因归于无效。❷

Powell 大法官将信息未披露视为焦点，把既存的独立披露义务作为必要要件。因此，他将信息的未披露纳入了 Santa Fe 事件的欺骗要件的范畴。Powell 大法官认为，依据规则 10b-5 对内幕交易者提起诉讼时，并不对主张因果关系的原告的范围进行限定。或许在 Chiarella 事件及 Dirks 事件的判决中，暗示着基于传统的特别关系违反时承担规则 10b-5 下的责任，只有相关

---

❶ Wang W K S, Steinberg M I. Insider Trading［M］. 3rd ed. New York: Oxford University Press, 2010：572.

❷ Wang W K S, Steinberg M I. Insider Trading［M］. 3rd ed. New York: Oxford University Press, 2010：572.

的当事人能行使默示的私人诉权。不论默示的私人诉权是否限于相关当事人，美国国会于 1988 年为同时交易者创设了明确的诉讼根据，即《证券交易法》第 20A 条的规定。❶

（四）内幕交易者的交易相对方的默示诉权

《证券交易法》第 20A 条的创设，在传统的特别关系（special relationship）理论下，内幕交易的相对方是否应向被告提起实际的损害赔偿（actual damages）诉讼产生了争议。针对该争议，下面结合原告和被告双方是否属于传统的特别关系理论上的三角关系进行探讨。

内部者或信息传达者通过交易或信息传达违反了向内幕交易的相对方交易者所负信息披露的义务。在不知道信息的情况下进行交易的当事人，因为信息在未披露时进行交易而受到损害。若被告将信息进行了披露，相对方交易者应该不会进行交易。据此，受害人可以依据规则 10b-5 向被告提起默示诉讼，请求赔偿实际遭受的损失。《证券交易法》第 20A 条不排除默示的诉讼原因包括：第一，《证券交易法》第 20A 条（d）款明文规定，并不是对默示诉讼的原因进行的限制；第二，《内幕交易与证券欺诈施行法》条款中的附带下院委员会的报告如下："原告若能够证明因被告的内幕交易而受到欺骗，且因被告的行为受到了实际损失的情况下，被告所获得的利益或造成的损失，不适用于同时交易者提起的诉讼"❷。此处引用的下院的报告书，是因为尽管出

---

❶ Wang W K S, Steinberg M I. Insider Trading［M］. 3rd ed. New York: Oxford University Press, 2010：577.

❷ Report of the House Committee on Energy and Commerce on the Insider Trading and Securities Fraud Enforcement Act of 1988，H.R. Rep. No. 100-910，100th Cong.，2d Sess. 28（Sept. 9，1988）.

现针对非同时交易方的受害者的受害内容的议论，但该规定暗示着美国国会明文规定了诉讼原因，并不希望妨碍默示权利的行使，只要能够证明受到损害，任何人都可以提起默示的损害赔偿请求诉讼。这个关于救济的规定适用于同时交易者各自提出实际的损害赔偿请求时，但并非一种严格意义上的责任（draconian liability）。❶

综上，在 Chiarella 事件中，美国联邦最高法院以相对交易到证券市场交易作为判断基础，创设了"特别关系"理论。内幕交易者或信息传达者的被告因违反向交易的相对方所负义务而违反规则 10b-5 的情况下，受害人就拥有了向被告提起默示的损害赔偿权。❷

（五）对不正当流用者（Misappropriators）的损害赔偿诉讼

若在规则 10b-5 下的不正当流用理论有可能实施的话，那就会产生不正当流用者应向谁承担民事责任的问题。不正当流用是指作为信息来源者，通常直接或者间接违反对雇佣者所负的义务，进行交易或者信息传达的行为。与传统的"特别关系"理论形成鲜明对比的是，在不正当流用理论中，受害者不是交易对象，而是信息来源者。❸

1.《证券交易法》第 20A 条明文规定的同时交易者的损害赔偿诉讼

《证券交易法》第 20A 条规定，在明文上赋予同时交易者对违法的内幕交易或者信息传达的被告提起私人诉讼的根据。在支持不正当流用理论的法

---

❶ Wang W K S, Steinberg M I. Insider Trading ［M］. 3rd ed. New York: Oxford University Press, 2010：578-579.

❷ Wang W K S, Steinberg M I. Insider Trading ［M］. 3rd ed. New York: Oxford University Press, 2010：582.

❸ Wang W K S, Steinberg M I. Insider Trading ［M］. 3rd ed. New York: Oxford University Press, 2010：584-585.

域,《证券交易法》第 20A 条在明文上认可了同时交易者的私人诉讼根据,并将救济限定在被告所得的收益或避免损失的范围内。由于《证券交易法》第 20A 条在明文上认可了这样的请求,为此也颠覆了 1983 年的 Moss 判决 ❶ 的结果。❷

2. Moss 事件的美国联邦第二巡回上诉法院的判决——拒绝同时交易者的默示诉讼

该事件的原告 Moss 在公开收购信息公开之前出售了股票。原告 Moss 依据规则 10b-5,对持有未公开信息的不正当流用者(代表公开收购申请者的投资银行、该公司的职员、信息传达者及作为工作人员的信息受领者)提起了集体诉讼。Moss 事件的被告并不是公开收购的目标公司,也不是投标者的代理人,并不是传统意义上的发行者的内部者。且被告与股票的发行者或者股票的出售者之间,不存在传统意义上的信赖及信任的特别关系。但是,投资银行的员工的信息传达违反了自己的直接雇主——投资银行,以及作为间接雇主的公开收购者的信赖或者信任义务。原告 Moss 和 SEC 提出了陈述(amicus brief),主张信息的不正当流用理论,即被告应对全市场的投资者负有信息披露义务。这个主张虽是以 Chiarella 事件的 Burger 首席法官的反对意见 ❸ 作为根据,暗示着信息的盗用会使交易的对方当事者,特别是大宗交易者,产生应该事前披露信息的义务。❹

---

❶　Moss v. Morgan Stanley, Inc., 719 F.2d 5, 10-13, 15-16(2d Cir. 1983), cert. denied, 465 U.S. 1025(1984).

❷　Wang W K S, Steinberg M I. Insider Trading [M]. 3rd ed. New York: Oxford University Press, 2010:585.

❸　Chiarella v. United States, 445 U.S. 222, at 243 n.4(1980).

❹　Wang W K S, Steinberg M I. Insider Trading [M]. 3rd ed. New York: Oxford University Press, 2010:586-586.

但是，美国联邦第二巡回上诉法院认为，上述义务是 Chiarella 事件的 Powell 大法官执笔的法庭意见，虽然强调了当事者间的"特别关系"，然而，也存在与该意见矛盾的见解。若无特别关系，则无披露义务；若无披露义务，则不存在欺骗行为。规则 10b-5 是禁止欺诈行为，目的是保护投资者，但并不应对所有与证券相关的、不希望出现的行为都进行救济。❶

美国联邦第二巡回上诉法院同时指出，Chiarella 事件的判决中拒绝采用根据重要的未公开信息进行交易，就应负有信息披露义务。在 Moss 事件中，原告主张基于不正当流用的信息进行交易，会使交易者产生信息披露义务。美国联邦第二巡回上诉法院认为，以先引出可疑为前提而未被证明的结论在形式上产生义务，因此，做出与 Chiarella 事件及 Dirks 事件的判决不一致的结论。可以看出，Moss 事件的判决，将 Wilson 事件判决中内部交易者应向同时交易者承担责任的认定进行了限定。而对于美国国会来说，很难接受该事件的判决结果。结合《内幕交易与证券欺诈施行法》的立法沿革，虽然《证券交易法》第 20A 条规定明确认可同时交易者的诉讼，但是，旨在颠覆 Moss 判决中不承认默示诉讼根据的结果。根据《证券交易法》第 20A 条，同时交易者对不正当流用者具有明确的请求权，然而，能够恢复的金额限定在被告所得的利益范围之内。❷

---

❶ Moss v. Morgan Stanley, Inc., 719 F. 2d 5, at 16（2d Cir. 1983）.

❷ Wang W K S, Steinberg M I. Insider Trading［M］. 3rd ed. New York: Oxford University Press, 2010: 587-588.

二、证券交易委员会 SEC 的法律执行活动

在不断推进与内幕交易的"斗争"（war）时，SEC 行使了执法权限。SEC 具有禁制令（injunction）、归还不正当收益、民事制裁金及停止命令等权限。❶

（一）禁制令（Injunction）

SEC 对于违反内幕交易的法律执行，一般会以请求美国联邦法院发出禁制令的方式进行。在这些法律执行中，SEC 多采用不正当收益的归还及包含民事制裁金在内的其他方式。针对这些 SEC 的法律执行的程序，通常通过同意手续来解决。在该同意手续中，被告只是同意委员会要求的处理方式，并不是对 SEC 在申请中提出的主张进行承认或者否认。被请求法院的禁制令的其他事例中，虽说被告违反了美国证券诸法，但仅一项，不足以使 SEC 获得禁制令 ❷。美国联邦法院是否发出禁制令的标准是被告是否有再次参与违法行为的可能性（reasonable likelihood）。在 Universal Major 事件 ❸ 中，在确定"将来再次违反的可能性"的论据的相关因素时，美国联邦第二巡回上诉法院指出了如下因素："故意的程度、被告保证将来不会违反的诚实性、是否仅违反一次或有再次发生的可能、被告是否认识到自己的行为是违法的，并且，从

---

❶　Wang W K S, Steinberg M I. Insider Trading［M］. 3rd ed. New York：Oxford University Press, 2010：639-640.

❷　SEC v. Arthur Young & Co., 590 F.2d 785, at 787（9th Cir. 1979）.

❸　SEC v. Universal Major Indus. Corp., 546 F.2d 1044（2d Cir. 1976）.

被告的职业专业性上判断是否有再次违反的可能"❶。在 Aaron 事件 ❷ 中，美国联邦最高法院将焦点也放在这个问题上。就《证券交易法》第 10 条（b）款，在同条款下制定了规则 10b-5 下的违法行为，及《证券交易法》第 17 条（a）款（1）项下的违法行为。美国联邦最高法院对 SEC 请求民事执行活动的诉讼中，做出了原告必须对被告故意实施违法行为进行举证的判断 ❸❹。

美国联邦法院发出终局的禁制令时，禁止被告从事法律禁止的活动。若故意（knowing）违反美国联邦法院的命令，则有可能以侮辱刑事法院罪（criminal contempt of court）被判有罪。因禁制令对当事人有很大的负面影响，所以收到禁制令的当事人在经过一定时间后可以请求美国联邦法院解除或变更禁制令。❺

（二）归还不正当收益及衡平法上的救济

在美国联邦法院对内幕交易提起法律执行的诉讼中，SEC 获得美国联邦法院发出要求被告归还以不正当手段获得收益的命令，据此，在美国证券诸法中，虽然未在明文上规定归还不正当收益，但根据判例确立了美国联邦法院的权限，该美国联邦法院责令被告归还违反美国证券诸法获得的非法收益 ❻。在 Texas Gulf Sulphur 事件中，美国联邦第二巡回上诉法院认为，若认可违反规则 10b-5 的人继续持有非法所得，将严重损害《证券交易法》的宗

---

❶ SEC v. Universal Major Indus. Corp.，546 F.2d 1048（2d Cir. 1976）.

❷ Aaron v. SEC，446 U.S. 680（1980）.

❸ Aaron v. SEC，446 U.S. 680，at 689-697（1980）.

❹ Wang W K S, Steinberg M I. Insider Trading［M］. 3rd ed. New York：Oxford University Press, 2010：640-643.

❺ Wang W K S, Steinberg M I. Insider Trading［M］. 3rd ed. New York：Oxford University Press, 2010：652.

❻ Wang W K S, Steinberg M I. Insider Trading［M］. 3rd ed. New York：Oxford University Press, 2010：653.

旨 ❶。即使 SEC 无法获得禁制令的救济，美国联邦法院也可能会责令违反者归还违法所得的收益。内幕交易的法律执行活动中，归还违法所得收益的适当性标准是，即使账面上的收益（paper profit）超过了实际收益，也会被认定为信息被公布之后产生的账面上的利益 ❷。

根据美国联邦法院做出的归还收益的判决，解决了诸多与衡平法上的救济有关的问题。例如，一是在 SEC 诉讼中被要求归还非法获得收益的被告，无权获得陪审审判 ❸；二是不能请求民事及刑事上支付金钱制裁额与不正当利益的归还额进行折抵与减额 ❹；三是在判决确定收益归还额之前，大法官具有责令被告应支付归还收益的利息的裁量权 ❺。

（三）民事制裁金（Civil Money Penalties）

如前所述，为了更有效地压制内幕交易，美国国会于 1984 年制定了《内幕交易制裁法》（ITSA），并于 1988 年制定了《内幕交易与证券欺诈施行法》（ITSFEA）。这两部法律规定认可 SEC 请求美国联邦法院发布命令的权限，即对违反者因违法获得的收益或内幕交易期间造成的损失金额的 3 倍作为民事制裁金，并在证券流通市场上（secondary trading markets）对内幕交易者设置了制裁措施 ❻。多数当事人可能要支付因服从上述法律规定需要赔偿的各种制裁金，包括实际交易者和该交易者的信息传达者、经纪人和投资顾问。重要

---

❶　SEC v. Texas Gulf Sulphur Co., 401 F.2d 833（2d Cir.1968）.

❷　Wang W K S, Steinberg M I. Insider Trading［M］. 3rd ed. New York：Oxford University Press, 2010：659.

❸　SEC v. Rind, 991 F.2d 1486, 1493（9th Cir. 1993）；SEC v. Commonwealth Chem. Sec., Inc., 574 F. 2d 90, at 95-96（2d Cir. 1978）.

❹　SEC v. Shah, Fed. Sec. L. Rep.（CCH）98, 374（S.D.N.Y. 1993）.

❺　Wang W K S, Steinberg M I. Insider Trading［M］. 3rd ed. New York：Oxford University Press, 2010：662.

❻　Wang W K S, Steinberg M I. Insider Trading［M］. 3rd ed. New York：Oxford University Press, 2010：664.

的是，经纪人及投资顾问若不采取适当的手段防止内幕交易，或者不遵守防止发生此类交易的合理方针和程序时，作为违反者的"支配者"会被处以3倍的制裁金 ❶。

课以的"处罚"包括以下内容：一是归还因不正当手段获得的收益（或造成的损失）；二是对于个人，可以处最高500万美元的罚款或者20年徒刑，或者两者并罚；三是在美国联邦最高法院裁量权的范围内，命令被告向美国财务部支付归还不正当的收益或造成损失的3倍的罚款。这些"处罚"除了与刑罚和民事损害赔偿金一起适用外，其主要目的是防止内幕交易。SEC可以向举报违反内幕交易的人提供"奖励金"，该奖励金是不正当收益的归还额或制裁金额10%以内的数额。❷

但是，在1990年制定的《证券执行救济、低面股额改革法》（the Securities Enforcement Remedies and Penny Stock Reform Act）中，将《证券交易法》21A条的制裁对象的内幕交易列为该法规定的美国联邦法院可以课以民事制裁金（judicial civil penalties）的范围之外。由于很难对"内幕交易"做出正确定义，美国国会决定将此的解释委托给将来的司法程序解决。但是，《证券交易法》第21A条明确规定，有关衍生证券的信息传达或者交易与原证券相关的信息传达或交易同样是违法的。该条还规定了5年的起诉期限。从ITSA及ITSFEA的立法宗旨上看，《证券交易法》第21A条规定的民事制裁金中"所得的收益"或"造成的损失"是指证券交易的价格，与未公开信息向投资者公布之后经过相当长的时间的证券的买卖价格之间的差额。❸

---

❶ Wang W K S, Steinberg M I. Insider Trading［M］. 3rd ed. New York：Oxford University Press, 2010：667.

❷ Wang W K S, Steinberg M I. Insider Trading［M］. 3rd ed. New York：Oxford University Press, 2010：667-668.

❸ Wang W K S, Steinberg M I. Insider Trading［M］. 3rd ed. New York：Oxford University Press, 2010：669-670.

《证券交易法》下的制裁金额虽然是基于各案例的"事实和状况"来决定的，但是按照制裁金额不能超过获得的收益或造成损失的 3 倍来进行。然而，对于什么是"事实和状况"并未提供一个明确的标准。诸多法院列举了以下三要素 ❶：违反的恶劣程度；是否仅违反一次；故意的程度。❷

重要的是，根据《证券交易法》第 21A 条（b）款（包含 1988 年的立法）规定，占主导地位的支配者，知道被支配者会从事违反行为，或者对被支配者将从事的违法行为视而不见，若在该行为发生之前未采取适当的手段防止该行为的发生，则支配者将被处以 3 倍的制裁金。并且，经纪人及投资顾问业者（被视为支配者的相关人员也是如此），懈怠采取适当的措施及遵守相关的程序避免内部人员违反内幕交易，或者对内部人员违反内幕交易的行为视而不见时，根据《证券交易法》第 21A 条（b）款的规定，会被处以 3 倍的制裁金。依据《内幕交易制裁法》及《内幕交易与证券欺诈施行法》，就《证券交易法》第 20 条（a）款的"善意"（good faith）的抗辩，不适用于《证券交易法》第 21A 条（b）款下的"收益的 3 倍"的制裁。❸

（四）SEC 行政上的救济

若基于违反内幕交易的要求 SEC 行使法律执行活动提起诉讼时，SEC 可能会寻求行政上的救济。基于事件的证据，SEC 或许会选择如下方式：一是排除命令；二是对经纪人、经销商、投资顾问、投资公司及其相关人员施以惩戒处分；三是收益的偿还及归还（另外，清算不正当收益之后的偿还）；四

---

❶ SEC v. Youmans，729 F. 2d 413，at 415（6th Cir.），cert. denied，469 U.S. 1034（1984）.

❷ Wang W K S, Steinberg M I. Insider Trading［M］. 3rd ed. New York：Oxford University Press, 2010：670.

❸ Wang W K S, Steinberg M I. Insider Trading［M］. 3rd ed. New York：Oxford University Press, 2010：673-674.

是处以制裁金等。❶

1. 排除命令

根据 1990 年的立法，SEC 有权请求行政上的排除命令。该救济可以向违反美国证券诸法规定的人提出。虽然排除命令可以向被认为有可能实施违反原因的行为人提出，然而，必须是当行为人知道或应该知道他的作为或不作为有助于违反行为时❷。为了获得排除命令，SEC 必须证明被告违反了美国证券诸法上的条款。例如，必须证明被告通过从事内幕交易，违反《证券交易法》第 10 条（b）款的规定。据此可以得知，排除命令比禁制令更容易实现救济的目的。在请求排除命令的行政手续中，存在着许多被 SEC 证明被告从事违法行为的案例❸❹。

另外，在请求禁制令的诉讼中，SEC 必须证明被告有再次违反美国证券诸法的可能性。排除命令不但要求被告停止违法行为，SEC 还可以在具体规定条件的一定期间，要求当事人遵守证券法规。SEC 可在紧急情况下发出临时排除命令。若存在"资产重大损失或转移，对投资者造成重大损害或对公益造成重大损害的可能性"❺ 的被申诉的违反行为或迫在眉睫的违反行为，SEC 可以直接请求救济。这种类型的命令可能对规制对象的公司产生不利影响。SEC 确定在发出命令之前，若判断不可执行告知和听证上的措施或者会

---

❶ Wang W K S, Steinberg M I. Insider Trading［M］. 3rd ed. New York：Oxford University Press, 2010：678-679.

❷ Wang W K S, Steinberg M I. Insider Trading［M］. 3rd ed. New York：Oxford University Press, 2010：679.

❸ Precious Metals Assoc. Inc. v. CFTC，620 F. 2d 900（1st Cir. 1980）.

❹ Wang W K S, Steinberg M I. Insider Trading［M］. 3rd ed. New York：Oxford University Press, 2010：679-680.

❺ 1933 年《证券法》第 8A 条（c）款。新外国证券关系法令集 . アメリカ（Ⅲ）证券法・证券取引所法［M］. 东京：日本证券经济研究所 ,2008：24.

违反公益，则 SEC 可以不预先告知而发出紧急命令。❶

2. 对经纪人、投资顾问、投资公司及其有关人员施以惩戒处分

SEC 有权对经纪人、投资顾问、投资公司及其有关人员进行行政惩戒处分❷。根据 1988 年制定的《内幕交易与证券欺诈施行法》，经纪人和投资顾问负有遵守内幕交易的适当程序的积极义务，懈怠该义务时会受到制裁，若该义务的懈怠成为违反内幕交易的因素，或者允许发生违反该义务的，会被处以特别的民事制裁金。❸

3. 收益偿还（Accounting）及归还

在《证券交易法》下包含制裁金或排除命令的行政程序中，SEC 有权要求收益偿还及归还（包括合理利息）❹。《证券交易法》上赋予 SEC 对投资者的支付、利率、利息的发生期间以及为实施该法而有权采取适当的其他事项的规则、规制和命令的权限。❺❻

4. 处以制裁金

除其他救济外，SEC 可通过行政程序对特定"规制"者（例如经纪人、投资顾问及与投资公司相关的个人）处以制裁金。该行政制裁金不限于内幕

❶　Wang W K S, Steinberg M I. Insider Trading［M］. 3rd ed. New York：Oxford University Press, 2010：681-682.

❷　1934 年《证券交易法》第 15 条（b）款（4）项、15 条（b）款（6）项。アメリカ（Ⅲ）证券法・证券取引所法［M］. 东京：日本证券经济研究所,2008:215, 218.

❸　1934 年《证券交易法》第 15 条（f）款、21 条 A 条（b）款（1）项（B）。アメリカ（Ⅲ）证券法・证券取引所法［M］. 东京：日本证券经济研究所,2008：228，351

❹　1933 年《证券法》第 8A 条（e）款。新外国证券关系法令集 . アメリカ（Ⅲ）证券法・证券取引所法［M］. 东京：日本证券经济研究所,2008：26.

❺　1934 年《证券交易法》第 21B 条（e）款。アメリカ（Ⅲ）证券法・证券取引所法［M］. 东京：日本证券经济研究所 , 2008：355.

❻　Wang W K S, Steinberg M I. Insider Trading［M］. New York：Oxford University Press, 2010：686.

交易的违反行为。为了请求命令实施该制裁，SEC 必须对实施该制裁是否适合公益进行认定，此外，SEC 还必须对以下行为进行认定：一是被告故意违反美国证券诸法或基于美国证券诸法制定的规则，或者故意帮助或教唆他人实施违反该规则的行为；二是在向 SEC（或者其他主管机关）申报的必要登记申请文件或者报告中，故意对有关重要事实进行虚假或误解的记载或令他人实施该行为；三是在自己监督之下对违反者（被监督者）的合理监督的懈怠 ❶❷。

在探讨制裁是否适合"公益"时，SEC 可以考虑以下事项。

（1）该制裁对象的行为或不作为与欺诈、欺骗、操纵市场上的行为相关，或者与计划性或视而不见行为的规制要件相关；

（2）因该行为或不作为而直接或间接对他人造成损害；

（3）根据受害者遭受到损害的程度，受害者的恢复的状况；

（4）该行为者是否过去已被委员会、其他主管机关或者自主机关依据美国证券诸法、美国各州证券诸法或者自主机关的规则做出了违反认定，或者是否已经由管辖美国联邦法院做出了违反该法律或规则禁止性规定，或者是否已经有管辖美国联邦法院利用裁判权做出了违反法律或者《证券交易法》第 15 条（b）款（4）项（B）规定的重罪或轻罪的认定；

（5）对行为者及其他行为者实施行为或不作为进行抑制的必要性，以及

---

❶ 1934 年《证券交易法》第 21B 条。アメリカ（Ⅲ）证券法·证券取引所法［M］. 东京：日本证券经济研究所, 2008：353-354.

❷ Wang W K S, Steinberg M I. Insider Trading［M］. New York：Oxford University Press, 2010：686.

从正义的角度要求的其他事项。❶

自 1990 年制定行政制裁金条款以来，SEC 多次请求实施该救济。如收益的偿还和归还，然而，SEC 对内幕交易事例适用于制裁金条款的范围尚不明确。❷

（五）Central Bank of Denver 事件的判决 ❸ 与 1995 年《私人证券诉讼改革法》(the Private Securities Litigation Reform Act of 1995——PSLRA)

Stetson Hills 事业公司为了发展计划性的居住区域和商业区域，发行了 2 600 万美元的担保公司债券。Central Bank 是该事业公司预定发行的担保公司债券的信托证书的受托者（indenture trustee）。Central Bank 与主承销商签订书面合同后，发现担保公司债券的土地的价值正在下降，但未对该公司发行的债券采取适当的措施。公司债券发行后陷入债务不能履行状态，公司债券的所有者根据规则 10b-5，要求 Stetson Hills 事业公司、证券承兑人、信托证书的受托者承担责任。❹

在该判决中，美国联邦最高法院做出了在私人诉讼（private action）中，不承担《证券交易法》第 10 条（b）款或者规则 10b-5 中教唆、帮助责任的判决 ❺。

因为，在 Central Bank of Denver 事件的判决中依据制定法的严格理论，

---

❶ 1934 年《证券交易法》第 21B 条（c）款。アメリカ（Ⅲ）证券法・证券取引所法［M］. 东京：日本证券经济研究所，2008：354.

❷ Wang W K S, Steinberg M I. Insider Trading［M］. 3rd ed. New York：Oxford University Press, 2010：687.

❸ Central Bank of Denver v. First Interstate Bank of Denver, 511 U.S. 164（1994）.

❹ Central Bank of Denver v. First Interstate Bank of Denver, 511 U.S. 164, at 168（1994）.

❺ Central Bank of Denver v. First Interstate Bank of Denver, 511 U.S. 164, at 191（1994）.

有可能会波及普通法的其他责任理论。这些理论包括共谋和使用者责任。正如 Stevens 大法官在法庭的反对意见中所指的，根据美国联邦法院的判决，美国联邦地方法院很难再做出认可共谋及使用者责任的判决 ❶。但是，该判决不会影响信息传达者或信息受领者的责任。此外，该判决意味着，除非在法律上明文规定，SEC 不能以帮助者、教唆者责任为前提提起诉讼，请求对受害者实施救济。并且，为了不使该事件对 SEC 产生影响，通过修改《证券交易法》并增加第 20 条（e）款的规定，将 1995 年《私人证券诉讼改革法》第 104 条的内容增加在该条款之上。《证券交易法》第 21 条（d）款（1）项规定，赋予了 SEC 向美国联邦法院请求禁制令及其他衡平法上的救济（包括归还收益）的权限。《证券交易法》第 21 条（d）款（3）项规定，除 SEC 有对内幕交易实施民事制裁的权限以外，还赋予了 SEC 在民事诉讼中向美国联邦法院请求制裁金的权限。❷

因此，1995 年的《私人证券诉讼改革法》赋予了 SEC 根据《证券交易法》从司法程序上，对内幕交易的故意教唆者及帮助者实施禁制令、收益的归还及其他衡平法上的救济权限。但是，根据《证券交易法》第 20 条（e）款规定的解释，SEC 不能依据美国联邦法院的命令对内幕交易的教唆者及帮助者处以民事制裁金。除了 1995 年的《私人证券诉讼改革法》赋予的权限之外，SEC 还具有其他执法权限。例如，SEC 对违反《投资顾问法》的实施教唆及帮助行为的人，可以请求禁制令 ❸。并且，SEC 对被主张为违反行为者，可以请求行政上的排除命令手续。该执行活动包括"应该知道"（should

---

❶ Central Bank of Denver v. First Interstate Bank of Denver，511 U.S. 164，at 200 n.12（1994）.

❷ Wang W K S, Steinberg M I. Insider Trading［M］. 3rd ed. New York：Oxford University Press, 2010：688-689.

❸ 15 U.S.C. § 80b-9（d）.

have known）者在内，即自己的行为会对违反该规定的行为者"助一臂之力"（would contribute）。此外，《证券交易法》第 15 条（b）款（4）项（E）及该法第 15 条（b）款（6）项（A）号，对违反美国联邦证券诸法的经纪人（及关系者）的教唆和帮助的行为，明文上赋予了 SEC 执行法律上的诉讼程序的权限 ❶❷。综上，1995 年《私人证券诉讼改革法》缩小了 Central Bank of Denver 判决对 SEC 的影响范围。❸

❶　15 U.S.C. § § 78o（b）（4）（E），78o（b）（6）（A）（i）.

❷　Wang W K S, Steinberg M I. Insider Trading［M］. 3rd ed. New York：Oxford University Press, 2010：691-692.

❸　Wang W K S, Steinberg M I. Insider Trading［M］. 3rd ed. New York：Oxford University Press, 2010：693.

第五节 美国公司董事的短线交易收益的返还义务

《证券交易法》第 16 条（b）款规定是为了防止非法利用内部信息。虽然内部信息的非法利用由规则 10b-5 进行限定，但是这两个条款各自规制的范围不同 ❶。《证券交易法》第 16 条（b）款下产生的一般问题，可以将以下内容进行具体化：一是责任者是谁；二是购买或出售的构成；三是购买或出售的时期；四是诉讼的适格性；五是收益计算的方法 ❷。

一、公司董事等短线交易收益的报告义务

《证券交易法》第 16 条（a）款规定，超过依照该法第 12 条规定登记的任意种类的持股证券（豁免证券除外）的 10% 的直接或间接的实际所有者，或者该证券发行者的董事或高级管理人员，基于该条的规定必须向 SEC 提交报告书 ❸。2002 年《萨班斯–奥克斯利法》（Sarbanes- Oxley Act of 2002，以下简称 SOX）第 403 条对该报告的提交期限做出了新的规定，导致《证券交易法》第 16 条（a）款的修改。重要的是，若变更所有权，哪怕交易是在月

---

❶ Larry D S, Theresa A G Securities Regulation ［M］. Goleta: Foundation Press, 2006 : 519.

❷ Larry D S, Theresa A G Securities Regulation ［M］. Goleta: Foundation Press, 2006 : 520-521.

❸ アメリカ（Ⅲ）证券法・证券取引所法 ［M］. 东京：日本证券经济研究所 ,2008 : 287.

底 10 日内完成的，仍须将报告的提交期限缩短在 2 个工作日以内❶。修改后的《证券交易法》第 16 条（a）款规定，赋予 SEC 制定延长 2 个工作日的报告要件的权限。❷

《证券交易法》第 16 条（b）款规定，在 6 个月以内的期间内的交易所取得的全部收益应归还给发行者，其规定的要件如下：其一，所有收益；其二，受《证券交易法》第 16 条（a）款的报告要件约束的对象者；其三，自证券买卖中获得的收益；其四，未满 6 个月的期间；其五，《证券交易法》下登记的发行者的所有权益证券，自非豁免对象权益证券中获得的收益❸。基于普通法或衡平法中的规定，在向其所管辖的美国联邦法院提起返还收益的诉讼中，发行者对于该请求提交后的 60 日之内怠于或拒绝行使归入权，或者在该期限之后仍不忠实地行使归入权诉讼时，则该发行者的证券所有者可以以发行者的名义且代替发行者提起归入权的诉讼❹。但是，该诉讼自该收益取得时起有 2 年的诉讼时效❺。

（一）高级管理人员、董事

基于《证券交易法》第 16 条规定提起归入权的诉讼，存在许多高级管理人员涉案的诉讼。❻

---

❶　Larry D S, Theresa A G Securities Regulation［M］. Goleta: Foundation Press, 2006 : 521.

❷　Larry D S, Theresa A G Securities Regulation［M］. Goleta: Foundation Press, 2006 : 521.

❸　Larry D S, Theresa A G Securities Regulation［M］. Goleta: Foundation Press, 2006 : 521.

❹　アメリカ（Ⅲ）証券法・証券取引所法［M］. 东京：日本証券経済研究所 ,2008 : 289.

❺　アメリカ（Ⅲ）証券法・証券取引所法［M］. 东京：日本証券経済研究所 ,2008 : 289.

❻　HAZEN T L. Treatise on The Law of Securities Regulation. Vol. 4[M]. 5th ed. London: Thomson Business Press, 2005 : 576.

1. 董事会的董事

（1）定义

《证券交易法》第 3 条（a）款（7）项对"董事会的董事"做出了定义，是指股份公司的董事，或者履行与任何组织（无论该组织是否具有法人资格）有关的类似职能的任何人 ❶。

（2）代理（deputization）

"代理"一词是在《证券交易法》第 16 条（b）款中使用的，是指对公司有利的人或者将公司纳入《证券交易法》第 16 条（b）款的适用范围而使用的概念 ❷。这个问题的主要焦点在于，某个实体通过向其他组织的董事会派遣代表，前者是否会被视为后者的董事会的董事 ❸。

"代理"一词来源于 1952 年的 Rattner 事件 ❹ 中的 Learned Hand 法官的补充意见。Lehman Brothers 投资银行的合伙人中的一人为 Consolidated Vultee 航空公司的董事，其对 Consolidated Vultee 航空公司的股票进行了交易，并获得了短线交易的收益。在这种情况下，Lehman Brothers 对其提起了诉讼，要求其返还收益。

Learned Hand 法官在法庭的补充意见中做出了判断："《证券交易法》第 16 条（b）款规定并未提及该问题。即使公司将合伙人的董事派遣至其他公司的董事会，让其为本公司的利益代言，但也不应言之其他合伙人就不应承担责任的问题。他们虽然不是正式的董事，但可以认为他们是董事。因普通法

---

❶ アメリカ（III）证券法・证券取引所法［M］. 东京：日本证券经济研究所，2008：87.

❷ Larry D S, Theresa A G. Securities Regulation［M］. Goleta: Foundation Press, 2006：522.

❸ マーク・I・スタインバーグ，小川宏幸訳．アメリカ证券法［M］. 东京：LexisNexis，2008：481.

❹ Rattner v. Lehman，193 F.2d 564（2d Cir.1952）.

中规定视公司为法人。"❶

10 年之后，美国联邦最高法院对《证券交易法》第 16 条（b）款上涉及代理主张的事件进行了审理，即 Blau 事件❷。该事件的概要如下。

Lehman Brothers 将合伙人中其中一人派遣到 Tide Water Associated Oil 公司（以下简称 Tide Water 公司）的董事会，让其代表 Lehman Brothers 公司行使权力。该董事知道了 Tide Water 公司业务的内部消息后，向被告 Lehman Brothers 提出了建议，此后被告购买并出售了 Tide Water 公司的 5 000 股，获得利益。美国联邦地方法院在原告的代理权授予的问题上，对原告做出了不利的认定。❸

美国联邦最高法院对代理理论做出了如下判决。

虽然 Lehman Brothers 是合伙人，但根据《证券交易法》第 16 条规定 "董事会的董事" 的宗旨，Lehman Brothers 不仅可以担任 Tide Water 公司的董事，也可以通过其代理人进行活动。《证券交易法》第 3 条（a）款（9）项的 "人"（person）包含合作关系，该法第 3 条（a）款（7）项的 "董事会的董事"（director）是指领导公司的人或是与公司站在同一线的人，或者对某些组织能发挥同样职能的人。结果，Lehman Brothers 通过合伙人进行了活动。若 Lehman Brothers 通过授予合伙人的代理权，为了 Lehman Brothers 的利益而履行 Tide Water 公司的董事职务的话，可以认定 Lehman Brothers 是 Tide Water 公司的董事。❹

---

❶　Rattner v. Lehman，193 F.2d 564，at 567（2d Cir.1952）.

❷　Blau v. Lehman，368 U.S. 403（1962）.

❸　Larry D S，Theresa A G. Securities Regulation［M］. Goleta: Foundation Press, 2006 : 522.

❹　Blau v. Lehman，368 U.S. 403，at 409-410（1962）.

2. 高级管理人员

规则 16a-1（f）中关于"高级管理人员"（officer）的规定，焦点在于董事是否对公司的决策决定起着重要的作用❶。规则 16a-1（f）中的高级管理人员，一般是指董事长、主要财务关系的高级管理人员、主要会计高级管理人员及副董事长。这里所说的副董事长主要负责商务部局（如业务管理、财务），为其他董事或者发行者执行公司决策决定的，该执行同样政策决定的人也被视为高级管理人员。并且，发行者的母公司和子公司的高级管理人员，为发行者执行政策决定，从《证券交易法》第 16 条规定的宗旨上看也被视为发行者的高级管理人员。若发行者为有限合伙（limited partnership）或信托公司，则执行与上述职能的无限责任职员（general partner）、受托人的高级管理人员或使用者也被视为发行者的高级管理人员。然而，公司顾问、退休职员、名誉董事不被视为高级管理人员。❷

这些定义源自规制董事和高级管理人员的州法的概念，然而这些概念一直在转换。若将焦点放在公司的话，这些定义比州法的概念更为宽泛是可以理解的。因为，这些定义与董事或者名义上的高级管理人员所履行的职责相同，但却包含了名称不同、职责程度不同的人。同时，规则 16a-1 中高级管理人员的定义比州法狭窄，如在典型的州的公司法令中，虽然授予公司可以自由设立事务所的权限，但在这种定义中一般是指有一定的地位，负责执行决策的人具有这种权限。❸

---

❶ マーク・I・スタインバーグ，小川宏幸译. アメリカ证券法［M］. 东京：LexisNexis，2008：481.

❷ HAZEN T L. Treatise on The Law of Securities Regulation. Vol. 4[M]. 5th ed. London: Thomson Business Press, 2005.

❸ Larry D S, Theresa A G. Securities Regulation［M］. Goleta: Foundation Press, 2006：521-522.

（二）10% 的实质所有者（Ten Percent Beneficial Owners ）

《证券交易法》第 16 条与《威廉姆斯法》第 13 条（d）款规定上的报告义务适用于实质所有者。SEC 指出，尽管《证券交易法》第 16 条适用于 10% 的实质所有者，但是旨在适用于认为能够接触到内部信息者的人。因为实质所有者拥有权益证券，既可以影响发行者，也可以支配公司。在《证券交易法》第 16 条中判断是否是实质所有者时，除去无表决权的证券，若派生证券是可转换的证券或在 60 天以内可行使的证券，则算入普通股。很明显，SEC 试图将《证券交易法》第 16 条的实质所有者的定义与《威廉姆斯法》第 13 条的实质所有者的定义做出相同的解释。《威廉姆斯法》第 13 条的实质所有者的定义大部分在《证券交易法》第 16 条上有相同的规定，但都仅适用于判断某人是否属于实质所有者。❶

然而，在《证券交易法》第 16 条（b）款的规定中，就归属和实质所有的概念产生了重大分歧，即证券由其他人、团体或者组织持有时，公司内部者对短线交易收益是否负有责任，并应负有多大的责任 ❷。决定股东占股是否达到 10%，或何时达成这一要件，并不是很容易的事。例如，在发行者定期回购股票的情况下，持股的数量可能会是"移动的目标"（moving target ）❸。并且，内部者和配偶者之间是不是实质上所有者的认定也很困难。例如，在要求恢复短线交易收益的《证券交易法》第 16 条（b）款的诉讼中，妻子虽然

---

❶　HAZEN T L. Treatise on The Law of Securities Regulation. Vol. 4[M]. 5th ed. London: Thomson Business Press, 2005.

❷　マーク・I・スタインバーグ，小川宏幸訳. アメリカ証券法［M］. 东京：LexisNexis，2008 : 479.

❸　HAZEN T L. Treatise on The Law of Securities Regulation. Vol. 4[M]. 5th ed. London: Thomson Business Press, 2005.

与其丈夫分别持有委托买卖业务的账户（brokerage account），在从事某项共同计划的情况下，妻子的证券出售也被认定为属于丈夫 ❶。

就 10% 的实质所有者的时点，有 Reliance Electric Co. v. Emerson Electric Co. 事件的判决 ❷ 和 Foremost-McKesson, Inc. v. Provident Securities Co. 事件的判决 ❸。下述对这两个判决进行探讨。

1. Reliance Electric Co. v. Emerson Electric Co. 事件的判决

（1）事件概要

1967 年 6 月 16 日，被告 Emerson Electric 公司（以下简称 Emerson 公司）通过公开收购购买了 Dodge Manfacturing 公司（以下简称 Dodge 公司）已发行股票数量的 13.2%。对此，Dodge 公司决定与 Reliance Electric 公司（以下简称 Reliance）进行防御并购。

因此，Emerson 公司与其法律顾问进行协商，以规避《证券交易法》第 16 条（b）款的责任为目的，将 Dodge 公司股票进行了两次出售：在 8 月 28 日将 Dodge 公司的股票以每股 68 美元的价格出售了 37 000 股，由此其持股比率下降到 9.96%。在 9 月 11 日，将其持有剩余的股票以每股 69 美元进行了出售。两次出售在 6 个月内完成，因此 Reliance 公司要求 Emerson 公司返还在上述股票交易中获得的收益。但是，Emerson 公司主张，仅在 8 月 28 日出售 37 000 股的利益应该返还。理由是在 8 月 28 日出售之后，Emerson 公司已经成了持股比例在 10% 以下的股东，据此，在 9 月 11 日的出售时 Emerson

---

❶ HAZEN T L. Treatise on The Law of Securities Regulation. Vol. 4[M]. 5th ed. London: Thomson Business Press, 2005.

❷ Reliance Electric Co. v. Emerson Electric Co., 404 U.S. 418（1972）.

❸ Foremost-McKesson, Inc. v. Provident Securities Co., 423 U.S. 232（1976）.

公司已经不是实质的所有者，应在规制的适用对象外。❶

（2）美国联邦最高法院的判旨

《证券交易法》第16条（b）款规定，对于10%的实质所有者在6个月以内通过证券的购买和出售获得的全部收益，若10%实质所有者在"购买和出售的时点"持有10%以上的股份，公司可以要求其返还所得的收益。本案中，被告人是公司13.2%的股份持有者，通过两个出售（购买和出售两个时点）对所有持股进行了减持。最初的出售，被告人将持有的股份下降到9.96%，然后通过第二次出售将剩余股份进行了减持。对于从第二次出售中获得的收益，公司是否可以依据《证券交易法》第16条（b）款规定要求返还的争议，本联邦法院认为不需要返还。❷

《证券交易法》第16条（b）款的立法宗旨，自1934年制定以来，经美国联邦法院进行了多次彻底的审理。美国联邦法院都认为，有效压制内幕交易的唯一方法是没收内部者自滥用内部信息进行交易中获取的收益，这也是比较简单明确的方法。❸因此，美国国会并不是将投资者实际利用内部信息的全部交易作为对象。被告在不符合制定法中"内部者"的定义或者购买的股票超过6个月之后进行出售的，可以免除其责任。❹

《证券交易法》第16条（b）款的客观基准，以10％的实质所有者在"购买和出售的两个时点"作为必要要件。基于本条规定文本进行理解，显而

---

❶　Reliance Electric Co. v. Emerson Electric Co.，404 U.S. 418（1972）.渡辺征二郎.インサイダー取引［M］.东京：中央经济社，1989：126-127.

❷　Reliance Electric Co. v. Emerson Electric Co.，404 U.S. 418，at 419（1972）.

❸　Reliance Electric Co. v. Emerson Electric Co.，404 U.S. 418，at 422（1972）.

❹　Reliance Electric Co. v. Emerson Electric Co.，404 U.S. 418，at 422（1972）.

易见，内部者可以出售其所持有的股票，将自己的持股下降到 10% 以下，此后在 6 个月以内即便继续出售股票，也可以规避该法下的责任。美国地方联邦法院判定：若第一次、第二次的出售是作为一个计划中具有相互关联的两个部分的情况下，Emerson 的第二次出售获得的收益，不能被免责。但是，若 6 个月后进行出售，即便其计划在购买后 6 个月内进行出售，其并不违反《证券交易法》第 16 条（b）款的规定。这并非 6 个月的期间的限制，而是出现与 10% 的要件相关的情况时，同条没有引导与该结论不同的根据。❶

2. Foremost-McKesson，Inc. v. Provident Securities Co. 事件的判决

（1）事件概要

Provident Securities 公司（以下简称 Provident）于 1968 年解散，委托代理人寻找买主。Foremost -McKesson 公司（以下称 Foremost 公司）与其进行了谈判，双方于 1969 年 9 月 25 日达成了买卖合同。Foremost 公司决定将 Provident 资产的 2/3 换算成 425 万美元现金购买了 Foremost 公司发行的 4 975 万美元的转换公司债券。交付的转换公司债券中面额为 2 500 万美元由 Provident 公司通过证券公司（underwriter）向公众出售。同年 10 月 15 日，Foremost 公司向 Provident 公司交付了现金 425 万美元，面额 4 000 万美元的可转换公司债券。该可转换公司债券很快被分割为面额 2 500 万美元和 1 500 万美元的两种债券。

此外，Foremost 公司还向证券受托人（escrow agent）交付了为 Provident 公司准备 250 万美元的可转换公司债券。10 月 20 日，Foremost 公司交付了

---

❶ Reliance Electric Co. v. Emerson Electric Co., 404 U.S. 418, at 423（1972）.

其余 725 万美元的转换债券。这些可转换公司债券可以立即转换为 Foremost 公司的 10% 以上的普通股。因此，Provident 公司在此时已经成了实质股东（股票转换可能的可转换公司债券也作为股权证券成为《证券交易法》第 16 条（b）款规制的对象。这一点与事件的论点没有关系）。10 月 24 日，Provident 公司向本公司的股东分配总计 2 225 万美元的可转换公司债券，此时 Provident 公司解除了 Foremost 公司的 10% 股东的潜在地位。10 月 28 日，Provident 公司通过证券公司向公众出售 2 500 万美元的转换债券，并收取了约 2 536 万美元的价款。10 月 29 日，向股东 Provident 公司支付了这笔价款。在 1970 年 8 月 31 日，Provident 公司解散。根据《证券交易法》第 16 条（b）款的规定，Foremost 公司需要返还于 10 月 28 日向承销商出售可转换公司债券而获得的收益，因此向 Foremost 公司提起诉讼。❶

（2）美国联邦最高法院的裁决宗旨

《证券交易法》第 16 条（b）款是为了防止公司董事会的董事、董事或者超过 10% 的实质所有者利用内部信息进行证券短线交易而获得不正当的收益而设计的。但是，《证券交易法》第 16 条（b）款的最后表述是，10% 以上的实质所有者在证券买卖的两个时期中并非实质所有者的情况下，该交易因不符合条款的目的而除外。本案的问题是，若某人购买股份后成为 10% 的实质所有者，是否可以要求其返还 6 个月以内通过证券出售所获得的收益。❷

《证券交易法》第 16 条（b）款的除外规定，意识到在证券购买前满足实

---

❶　Foremost-McKesson，Inc. v. Provident Securities Co.，423 U.S. 232，at 235-237（1976）. 渡辺征二郎．イ
ンサイダー取引［M］．东京：中央经济社，1989：131.

❷　Foremost-McKesson，Inc. v. Provident Securities Co.，423 U.S. 232，at 234-235（1976）.

质所有者的要件。在证券交易中，实质所有者仅对在购买证券之前已经是实质上所有者时所获得的收益负责❶。美国国会认为，由于董事及高级管理人员的短线交易与公司经营密切相关，因此会被滥用。即使美国国会认识到单纯的股东的短线交易与董事、高级管理人员进行短线交易的区别，也会获得本联邦法院的支持。《证券交易法》第 16 条（b）款的范围不受因滥用内部信息的其他制裁而受到影响❷。

综上，根据上述两项判决，对内部信息的利用做出客观可能性的判断的非一般性的交易（unorthodox transaction）❸，可以依据《证券交易法》第 16 条（b）款的规定进行判断。一般认为，10% 以上的实质所有者这个要件的必要存在的时期，与证券购买前后无关，只要已经成为 10% 以上的实质所有者就可以。

二、短线交易收益的返还义务

《证券交易法》第 16 条（b）款的规定，旨在防止超过 10% 的权益证券的实质所有者、发行者的董事、高级管理人员，非法利用通过发行者的关系而取得的信息，这些内部者在 6 个月内进行的购买和出售或出售和购买而获得的收益必须返还给发行者❹。

《证券交易法》第 16 条（b）款规定虽然是为了防止非法利用内部信息，

---

❶ Foremost-McKesson, Inc. v. Provident Securities Co., 423 U.S. 232, at 244-245（1976）.

❷ Foremost-McKesson, Inc. v. Provident Securities Co., 423 U.S. 232, at 253-254（1976）.

❸ 萬澤陽子 . アメリカのインサイダー取引と法［M］. 东京：弘文堂，2011：55.

❹ 黒沼悦郎 . アメリカ証券取引法［M］. 东京：弘文堂，2006：175.

但并没有将非法利用内部信息进行交易作为返还义务的必要要件，且返还义务与规则 10b-5 上的规定和内幕交易的成功与否并无关联。因此，《证券交易法》第 16 条上的已经履行返还义务人可以根据规则 10b-5，作为内部者被追诉，也可能被要求归还收益。《证券交易法》第 16 条（b）款并不是补偿性救济的规定。很明显，《证券交易法》第 16 条（b）款，是为了防止实质所有者、发行者的董事、高级管理人员与非法利用通过发行者关系取得内部信息，并可要求这些内部者承担民事责任。从立法沿革来看，为了保证严格责任的赋课，美国国会明显认识到滥用内部信息的高危性。《证券交易法》第 16 条（b）款是一般条款（crude rule of thumb），被理解为防止法人恶意利用内部信息的客观手段。因此，对照大范围救济的目的，《证券交易法》第 16 条（b）款即使是无从事违法行为时，也可以要求归还短线交易所获得的收益。但是，被赋课的责任多作为性质上的预防措施。因此，《证券交易法》第 16 条（b）款的规定虽无道德上的区分，一方面是对仅具有纯粹从事技术性的违反行为的处罚，另一方面回避了《证券交易法》第 16 条（b）款的规定，不对内部者进行处罚。❶

（一）对象发行者

关于是否适用《证券交易法》第 16 条（b）款规定的问题，一般参照《证券交易法》第 16 条（a）款的报告必要要件来决定。因此，董事、高级管理人员及超过 10% 的实质所有者的报告要件对于免除报告要件的外国法人证

---

❶ HAZEN T L. Treatise on The Law of Securities Regulation. Vol. 4[M]. 5th ed. London: Thomson Business Press, 2005.

券不适用于《证券交易法》第16条规定的责任条款❶。因此，《证券交易法》第12条规定的权益证券的10%的实质所有者负有《证券交易法》第16条（b）款规定的责任。❷

（二）诉讼适格

《证券交易法》第16条（b）款规定的诉讼适格应当具备三个基本要件：第一，原告应当是该法第16条适用的权益证券的实质所有者；第二，所有的有价证券必须是属于《证券交易法》第16条（b）款规定的与诉讼的被告进行了交易的同类有价证券；第三，原告在提起《证券交易法》第16条（b）款规定的诉讼时，应当持有上述证券❸。《证券交易法》第16条（b）款规定的诉讼时效为两年，若在该期间内没有提交《证券交易法》第16条（a）款规定下的报告书，诉讼时效可以延长至报告内容合理进行了披露时为止❹。

（三）司法管辖权

《证券交易法》第16条（b）款规定的司法诉讼管辖权，是美国联邦法院的专属管辖权。即使是发生民事损害的情况，按照《证券交易法》第16条

---

❶ HAZEN T L. Treatise on The Law of Securities Regulation. Vol. 4[M]. 5th ed. London: Thomson Business Press, 2005.

❷ HAZEN T L. Treatise on The Law of Securities Regulation. Vol. 4[M]. 5th ed. London: Thomson Business Press, 2005 : 582.

❸ HAZEN T L. Treatise on The Law of Securities Regulation. Vol. 4[M]. 5th ed. London: Thomson Business Press, 2005 : 582.

❹ HAZEN T L. Treatise on The Law of Securities Regulation. Vol. 4[M]. 5th ed. London: Thomson Business Press, 2005 : 583-584.

（b）款的规定，证券交易者既不能发动刑事制裁，且 SEC 不能进行法律执行活动。与此相反，按照《证券交易法》第 16 条（a）款规定的报告要求，可能会引起刑事制裁和 SEC 的法律执行活动。❶

（四）《证券交易法》第 16 条（b）款的短线交易收益的时机

《证券交易法》第 16 条（b）款旨在按条款上的规定进行适用，并为制订健全计划提供必要的预测性。但是，特定的人是否应该受到《证券交易法》第 16 条（b）款的规制并不是很明确。判断是否进行买卖或者何时进行买卖，存在诸多困难。6 个月期间的计算，不必经过美国联邦法院的细查。《证券交易法》第 16 条（b）款规定的禁止期间，适用于进行特定交易日起前后 6 个月。这在《证券交易法》第 16 条（b）款中使用"未满 6 个月的期间"的条款上有所体现。因此，在 6 个月期间内禁止交易，且交易刚好在 6 个月发生时，不适用于《证券交易法》第 16 条（b）款的规定。❷

三、证券的购入与出售的构成

根据《证券交易法》第 2 条（a）款（3）项规定的出售（sale）的定义，《证券交易法》第 3 条（a）款（13）项规定的购买（purchase）的定义，分别包含购

---

❶　HAZEN T L. Treatise on The Law of Securities Regulation. Vol. 4[M]. 5th ed. London: Thomson Business Press, 2005 : 584.

❷　HAZEN T L. Treatise on The Law of Securities Regulation. Vol. 4[M]. 5th ed. London: Thomson Business Press, 2005.

买依据、购买以及其他的方法取得的合同上约定的全部的购买行为❶。

何谓购买或出售的构成，通过该法的上下文可以简单地做出判断，但是在涉及非一般性的交易（unorthodox transaction）时，判断会变得困难❷。例如，美国联邦法院必须对股票期权和转换权的行使、合并伴随的股票转换时，是否适用《证券交易法》第 16 条（b）款的规定做出判断。在初期《证券交易法》第 16 条（b）款的规定❸中，提到了股票转换是否构成新的证券购买或者构成出售转换证券的问题。由于股票的转换，除非做出投机滥用《证券交易法》第 16 条（b）款规定的有预防意图的判断，很显然，美国联邦法院一般不对出售或购买进行认定，美国联邦法院的判断分为认可适用与不适用《证券交易法》第 16 条（b）款的规定这两种❹。就《证券交易法》第 16 条（b）款的初期的判例中，提出了股票的转换是购买新股还是出售转换证券的问题。从下级审判的先例上看，两者是分开的，有属于与不属于购买这两种问题。下面对先导性判例 Kern County Land 事件的判决❺进行探讨。

1. 事件概要

1967 年 5 月 8 日，Occidental 石油公司（以下称 Occidental）宣布对 Kern County land 公司（以下称旧 Kern 公司）进行公开收购。但是，

---

❶ HAZEN T L. Treatise on The Law of Securities Regulation. Vol. 4[M]. 5th ed. London: Thomson Business Press, 2005.

❷ Larry D S, Theresa A G.Securities Regulation［M］. Goleta: Foundation Press, 2006 : 528.

❸ E.g.Heli-Coil Corp. v. Webster，352 F.2d 156（3d Cir.1965）; Petteys v. Butler，367 F.2d 528（8th Cir.1966）.

❹ HAZEN T L. Treatise on The Law of Securities Regulation. Vol. 4[M]. 5th ed. London: Thomson Business Press, 2005.

❺ Kern County Land Co. v. Occidental Petroleum Corp.，411 U.S. 582（1973）.

旧 Kern 公司的经营者对这次公开收购采取了反向操作，并向石油公司的 Tenneco 公司寻求合作。结果是 Tenneco 公司的子公司 Tenneco Corp. 设立了旧 Kern 公司的子公司（新 Kern 公司），让这家公司继承了旧 Kern 公司的全部资产和事业，并解散了旧 Kern 公司，旧 Kern 公司的经营者同意原来的股东可以用旧 Kern 公司的股份交换 Tenneco 公司的优先股。

Occidental 认为形势不利，放弃了收购，在上述计划实施的情况下，同意向 Tenneco Corp. 赋予 Occidental 取得的旧 Kern 公司股票的交换而交付的 Tenneco 公司的优先股的期权，且与 Tenneco Corp. 达成了协议。Tenneco Corp. 在 Occidental 成了超过 10% 的实质股东之后的 6 个月，即同年 6 月 2 日，取得了上述期权（Tenneco 公司的优先股为 105 美元）。因期权的价格上涨，Tenneco Corp. 以每股 10 美元的价格，支付给 Occidental 公司合计 8 866 230 美元。同年 12 月 11 日，Tenneco Corp. 行使了上述期权。Occidental 公司将旧 Kern 公司的 887 549 股以预定的交换比例与 Tenneco 公司的优先股进行了交换。Tenneco Corp. 通过行使期权获得了优先股，并支付了 84 229 185 美元的对价。其中包括期权的涨价和旧 Kern 公司的股息在内，Occidental 公司共获得了 19 506 419.22 美元的利益。这个事件的问题在于根据《证券交易法》第 16 条（b）款的规定，是否必须将该收益返还给新 Kern 公司。❶

2. 美国联邦最高法院的判旨

《证券交易法》第 16 条（b）款规定，董事、高级管理人员及持股超过 10% 的人应当对公司负有 6 个月以内的股票的购买与出售或者出售与购买所得

---

❶　Kern County Land Co. v. Occidental Petroleum Corp., 411 U.S. 582, at 584-591（1973）. 渡辺征二郎. インサイダー取引 [M]. 东京: 中央经济社, 1989: 117.

的全部收益的责任。某公司为了取得其他公司的支配权，通过对目标公司的股东实施公开收购，取得目标公司 10% 以上的股份，毫无疑问，会依照法律对目标公司的股东实施一次或一次以上的购买。但是，由于公开收购的目标公司被吸收合并到第三者的公司而进行防御并购，因此公开收购者会将其持有的股份与承续公司的股份进行交换，此外，对于被交换的股票，在法定的 6 个月内给予了无法行使的看涨期权时，是否属于《证券交易法》第 16 条（b）款规定所称的"出售"，是向该法院提出的问题。❶

虽然在 6 个月以内以传统的现金方式进行股票的购买和出售或出售和购买很明显是在《证券交易法》第 16 条（b）款规定的适用范围内，但美国联邦法院一直致力于解决是否应将非一般性的交易包括或除外。《证券交易法》第 16 条（b）款的规定，在没有证实内部者的短线交易者实际滥用了内部信息和获得收益的情况之下，可以令其在特定的期间内返还因股票的"购买"和"出售"获得的所有收益。在本案中，Occidental 公司通过公开收购，在已经超过了旧 Kern 公司已发行股票的 10% 进行"购买"时，符合《证券交易法》第 16 条（b）款的条款范围内的规定"实质所有者"的条件，是理所当然的。❷

3. 探讨

虽然这个判决的结论被认为是妥当的，但是关于短期买卖差额的返还请求，有学者指出，因为案件的特殊性，《证券交易法》第 16 条（b）款（旨在

---

❶ Kern County Land Co. v. Occidental Petroleum Corp., 411 U.S. 582, at 593（1973）. ルイ・ロス，日本证券经济研究所译 . 现代美国证券取引法［M］. 东京：商事法务研究会，1989：621.

❷ Kern County Land Co. v. Occidental Petroleum Corp., 411 U.S. 582, at 593-595（1973）. ルイ・ロス，日本证券经济研究所译 . 现代美国证券取引法［M］. 东京：商事法务研究会，1989：624.

抑制滥用内部信息）却给被告提供了抗辩的机会。对此，应避免自形式上适用该条款，通过实质性的判断谋求适当的解决。❶

四、实现利益

就返还手续而言，虽说董事等应向公司返还因短线交易获得的收益，但问题是董事等如何知道并进行交易。根据《证券交易法》第 16 条（a）款的规定，董事等有义务在下个月 10 日之前向 SEC 报告持股变动的情况❷。

关于应返还收益的计算方法有以下四种：① 按 6 个月以内的证券买卖相对应的方法；② 将先购入的证券进行先出售的时间上对应的方法；③ 以购买的平均价格和出售的平均价格之差来计算的方法；④用最便宜的购入价与最高的出售价相对应，与第二低的购入价和第二高的出售价相对应来计算的方法。这些计算方法对应于会计原则成本计算方式。❸

就此问题进行探讨的，还有 1943 年 Smolowe 事件中美国联邦第二巡回上诉法院的判决，在该判决中未采用上述计算方法②❹，而是采用了④的计算方法❺。

1. 事件概要

Delendo 公司的原告股东 Smolowe 依据《证券交易法》第 16 条（b）款的

❶　黒沼悦郎.金融商品取引法入门［M］.东京：日经文库，2007：178.

❷　渡辺征二郎.インサイダー取引［M］.东京：中央经济社，1989：139.

❸　渡辺征二郎.インサイダー取引［M］.东京：中央经济社，1989：141.

❹　Smolowe v. Delendo Corp.，136 F.2d 231（1943）.

❺　渡辺征二郎.インサイダー取引［M］.东京：中央经济社，1989：141.

规定，以公司、董事长及副董事长为被告提起了诉讼，要求其返还在未满6个月的交易中获得的收益。美国联邦地方法院认为，在未满6个月的私人交易或场外市场交易中，被告对Delendo公司的证券进行了买卖，由此而获得的所有收益均应返还。但是，被告认为应以"最高利益（highest profit）"作为其获得的收益的判断标准，因此两名被告和公司均提起上诉。❶

2. Clark 大法官的法庭意见

被告主张的"先入先出法"（first in，first out）规则是个人所得税法上的规则，即便不能确定实际交易了多少股票时也可使用该计算方法，但若不能确定实际购买或出售的是哪一种股票，则不能确定股票价格，尽管如此，也只能依据先入先出法进行计算。但是，若适用所得税法上"先入先出法"的规则，那么《证券交易法》的规定几乎无效。在确认股票的同一性的基本规则时，几乎在所有的情况下，作为董事或者高级管理人员的大股东，只需谨慎选择储存股票，从中通过出售交付的股票，就能将所得收益投资到实物交易中。并且，所有出售后获得的收益，事实上也应被禁止。因为，在同一性确认的原理中，为了承认这种类型的交易关联性，主观的意图时常模糊，若未能对此进行证明，就不能认可所得利益。其结果会减弱该制定法的法律效力。❷

该条是广泛的救济规定。收益的恢复不是面向股东而是面向公司。该联邦法院充分理解《证券交易法》第16条（b）款的宗旨，按照同款宗旨要求归还股票交易产生的收益，确立防止董事、高级管理人员、股东的利己利益

---

❶ Smolowe v. Delendo Corp.，136 F.2d 231，at 234（1943）.

❷ Smolowe v. Delendo Corp.，136 F.2d 231，at 238（1943）.ルイ・ロス，日本证券经济研究所译.现代美国证券取引法［M］.东京：商事法务研究会，1989：640.

与他们忠实地执行业务之间的冲突的高标准。确保所有收益恢复的唯一方法是如地方美国联邦法院适用的，6个月的股票交易的最低价格和最高价格对应的方法（lowest price in，highest price out）（④方式）。❶

　　综上所述，《证券交易法》第16条（b）款中关于公司董事等的短线交易收益的返还义务的规定，旨在抑制内部信息的不正当利用。该条款是防止内幕交易的条款。《证券交易法》第16条（b）款的规制的范围，虽然也是规则10b-5规制的范围，然而这两个条款各自规制的范围不同。该规定旨在防止超过10%权益证券的实质所有者、发行者的董事、高级管理人员非法利用与发行者的关系获得信息。这些内部者在6个月以内进行购买和出售或出售和购买而获得的收益应该返还给发行者。关于该条款应归还的收益（实现利益）的计算方法，上述的1943年Smolowe对Delendo公司的美国联邦第二巡回上诉法院的判决，已成为处理算定方法问题的先导性案件。

---

❶　Smolowe v. Delendo Corp.，136 F.2d 231，at 239（1943）.

第二章　日本内幕交易规制的框架

日本《证券交易法》是以美国联邦证券诸法为蓝本而制定的。美国的内幕交易规制，一般是依据美国《证券交易法》第 10 条（b）款及 SEC 规则 10-5 的规定，并依据信息平等理论、信任义务理论以及不正当流用理论，在普通法的基础上进行展开。日本内幕交易是依据日本《金商法》进行规制，被定位为形式犯的一种。公司关系者及公开收购者等比较容易知悉能够影响投资者的投资判断的信息，若上述人员知悉公司重要的未公开的内部信息，并利用内部信息进行证券交易，对于不知悉公司内部信息的投资者而言极为不公平，同时也会对证券市场的公正性和透明性造成显著的损害 ❶。

随着证券市场的国际化，日本需要统一内幕交易规制，使证券市场与世界接轨。以 1987 年发生的一家公司的财务技术失败事件为契机，人们对内幕交易产生了高度关注的背景下 ❷，1987 年 2 月，日本证券交易审议会不公平交易特别部会汇总了《关于内部者交易规制的现状》的报告书。该报告书认为典型的内幕交易（内部交易）是指"发行有价证券公司的董事等，利用自身的地位获得影响投资者投资判断的信息，用来从事证券交易，将这些人定义为在知悉未公开信息的情况下进行的有关有价证券交易者，"若处于这种地位

---

❶　河本一郎，关要监修.逐条解说·证券取引法［M］.东京：商事法务，2008：1329-1330.

❷　河本一郎，关要监修.逐条解说·证券取引法［M］.东京：商事法务，2008：1330.

的人进行内幕交易，与未知悉该信息的一般投资者相比显著有利，这极为不公平。如果放任这种交易，将会损害证券市场的公正性和健全性，从而丧失投资者对证券市场的信赖"❶。依据该报告书，日本在1988年通过对本国《证券交易法》（相当于现《金商法》）的修改，导入了内幕交易规制。日本内幕交易规制，大致可分为以下三类：一是公司关系者的内幕交易规制；二是公开收购者等关系者的内幕交易规制；三是董事、主要股东的自己公司股票等买卖的规制。❷

日本对内幕交易不仅在立法上进行规制，并且也有相关的自主规制。这是因为虽然在立法上已经对内幕交易进行了规制，然而，像金融商品交易这样专业的技术性领域仅仅依靠法令上进行规制显然不够，利用自主规制可以有效地弥补这一缺陷❸。通过立法规制与自主规制，不仅可以对内幕交易者进行处罚，也可以有效地预防内幕交易的发生❹。自主规制一般以事前预防为核心，其构成要件在法令中有明确且具体的规定。这被称为"具体的构成要件方式"或"形式主义"。美国内幕交易规制中的1934年《证券交易法》第10条（b）款及第14条（e）款、SEC规则10b-5及14e-3，在法令中只是对构成要件进行了抽象的规定，一般是通过行政措施及裁决明确解释其立法形式和法律运用。这被称为"抽象的构成要件方式"或"实质主义"。❺

---

❶　同志社大学监查制度研究会与关西支部监查实务研究会との共同研究会.企业情报の开示制度について［J］.日本监查役协会，2009：15.

❷　西村あさひ法律事务所・危机管理グループ，木目田裕监修.インサイダー取引规制の实务［M］.东京：商事法务，2010：10.

❸　河本一郎，大武泰南.金融商品取引法读本［M］.东京：有斐阁，2011：461.

❹　河本一郎，大武泰南.金融商品取引法读本［M］.东京：有斐阁，2011：461.

❺　松尾直彦.金融商品取引法［M］.东京：商事法务，2013：534-535.

在本章中，拟对日本内幕交易规制的框架，即公司关系者等的内幕交易的规制和公开收购者等关系者等的内幕交易的规制，董事、主要股东的自己公司股票等买卖的规制等进行分析与探讨。

第一节 日本公司关系者的内幕交易规制

一、概述

公司关系者依据《金商法》第 166 条规定知悉关于上市公司的相关业务的重要事实，不得在该业务相关重要事实公开前进行该上市公司的特定有价证券相关的交易及其他有偿转让、受让或衍生品交易。证券发行公司及发行公司的母公司或子公司的董事等与公司有一定关系的人，对于会影响发行公司内部的投资判断的事实，处于能够亲自参与或者容易知悉的特殊地位，若在知悉该事实之后且公布之前进行该公司的有价证券交易，与一般投资者相比有极大优势。从确保投资者对证券市场的公正性和健全性的信赖出发，日本的旧《证券交易法》规定禁止公司关系者进行内幕交易[1]。

日本于 1988 年对内幕交易进行了规制，虽然已经过了 30 多年，但是直至目前为止对于内幕交易的保护法益和违法性，还没有形成完全共识[2]。在立法论中，日本法律对内幕交易规制的方式，在规定上产生过度或不足的问题，

---

[1] 河本一郎，关要监修.逐条解说·证券取引法［M］.东京：商事法务，2008：1331.

[2] 神田秀树ほか.金融商品取引法コンメンタール 4 —不公正取引规制·课征金·罚则［M］.东京：商事法务，2011：112.

与美、英等国相比也有其特异之处，被实务界、学界强烈批判❶。对此，日本经济界提出以下建议：应明确短期性形式犯罪的要件，将长期性的形式犯罪作为实质性犯罪进行禁止，并删除重要事实的兜底条款，同时建立行政当局事前商谈制度等，重新审视内幕交易规制及其运用❷。

二、《金商法》第 166 条的内容

《金商法》第 166 条对公司关系者和重要事实做出了解释，但在重要事实与交易之间并不要求因果关系，即虽然进行了与获得重要的未公开信息无关的交易，或者利用未公开信息进行了交易但并未获利，只要不属于除外事由就符合内幕交易的构成要件❸。

（一）规制对象的主体

1. 公司关系者

公司关系者是指《金商法》第 166 条第 1 款第 1 项、5 项规定的人❹，即与

---

❶ 前田雅弘.インサイダー取引規制のあり方［J］.商事法务，2010（1907）：25-26.黒沼悦郎.内部者取引規制の立法论的课题［M］.竹内昭夫先生追悼论文集：商事法の展望，东京：商事法务，2005：607-609.神田秀树ほか.金融商品取引法コンメンタール4—不公正取引規制・课征金・罚则［M］.东京：商事法务，2011：112.

❷ 日本经济团体联合会.インサイダー取引規制の明确化に关する提言—公正で、安心して投资できる市场を目指して（2003 年 12 月 16 日）［J］.商事法务，2004（1687）：37-38.神田秀树ほか.金融商品取引法コンメンタール4—不公正取引規制・课征金・罚则［M］.东京：商事法务，2011：112.

❸ 神田秀树ほか.金融商品取引法コンメンタール4—不公正取引規制・课征金・罚则［M］.东京：商事法务，2011：112.

❹ 同志社大学监查制度研究会と关西支部监查实务研究会との共同研究会.企业情报の开示制度について［J］.日本监查役协会，2009：43.

该上市公司具有一定的关系，可以通过其地位和职务掌握对投资判断产生影响的发行公司内部的未公开信息的人 ❶。但是，公司关系者并非都是内幕交易规制的对象，要成为内幕交易规制的对象关键在于是否掌握了未公开信息 ❷。再者，即使是脱离《金商法》第 166 条第 1 款规定的条件的公司关系者，如原公司关系者即失去公司关系者身份后一年以内的人，也属于规制的对象 ❸。

2. 信息受领者

依据《金商法》第 166 条各款的规定，知悉业务的重要事实的传达的人，或在收到该传达的人所属的法人的经营者，其知悉该业务相关的重要事实时，不得在该业务相关重要事实公开之前进行该上市公司的特定有价证券的相关交易。"特定有价证券"是指：①上市公司等的公司债券；②《优先出资法》规定的优先出资证券；③ 股票、新股预约权证券（外国法人发行的证券或证书中具有这些有价证券的性质且在证券交易所上市，或者在柜台买卖有价证券或者经营有价证券）❹。

收到公司相关人员重要事实传达的信息受领者，通常被认为与公司有关人员之间存在某种特别关系，该信息受领者若从事内幕交易也会成为规制的对象。其目的是防止公司相关人员规避内幕交易规制，这是对《金商法》第 166 条内幕交易规定的补充 ❺。根据该款规定，自信息受领者那里得知重要事实的人，即第二次信息受领者，与公司相关人员之间并不存在特别的关系，

---

❶　河本一郎，关要监修.逐条解说·证券取引法［M］.东京：商事法务，2008：1331.

❷　山下友信，神田秀树.金融商品取引法概说［M］.东京：有斐阁，2010：291.

❸　山下友信，神田秀树.金融商品取引法概说［M］.东京：有斐阁，2010：291.

❹　河本一郎，关要监修.逐条解说·证券取引法［M］.东京：商事法务，2008：1305.

❺　长岛·大野·常松法律事务所.アドバンス金融商品取引法［M］.东京：商事法务，2009：880.

若将第二次信息受领者也列入处罚的对象，那处罚的范围会变得不明确，除了信息受领者从属于法人，且在职务上收到重要事实的传达的情况以外，并没有将其列入规制的对象❶。这是因为在立法时，担心过分规制会产生无用的社会混乱❷。然而，第一次信息受领者并不限于自公司相关人员或者原公司相关人员，以物理意义上的方式（包含偷听与旁听等方式）直接听到重要事实的人❸。

（二）规制对象的信息——重要事实

要使内幕交易成立，行为者所获得的信息对投资者的投资判断而言必须是重要的事实❹。对投资者的投资判断而言重要的事实主要包含关于发行公司的运营、业务或者财产，对股票价格带来影响的事实信息❺。该重要事实被定义为以下几个方面：① 决定事实；② 发生事实；③ 决算信息；④ 兜底条款；⑤ 子公司的重要信息❻。

1. 决定事实

决定事实是指公司做出决定事项或做出决定之后并不进行公布的事项❼。

---

❶ 长岛·大野·常松法律事务所.アドバンス金融商品取引法［M］.东京：商事法务，2009：880.

❷ 西村あさひ法律事务所·危机管理グループ，木目田裕监修.インサイダー取引规制の实务［M］.东京：商事法务，2010：69.横畠裕介.逐条解说インサイダー取引规制と罚则［M］.东京：商事法务研究会，1989：122.

❸ 西村あさひ法律事务所·危机管理グループ，木目田裕监修.インサイダー取引规制の实务［M］.东京：商事法务，2010：69.

❹ 神山敏雄ほか.新经济刑法入门［M］.东京：成文堂，2008：180.

❺ 芝原邦尔.经济刑法研究：下［M］.东京：有斐阁，2005：662.

❻ 神山敏雄ほか.新经济刑法入门［M］.东京：成文堂，2008：180.长岛·大野·常松法律事务所.アドバンス金融商品取引法［M］.东京：商事法务，2009：880.

❼ 神山敏雄ほか.新经济刑法入门［M］.东京：成文堂，2008：180.

一般是关系到公司决策的事实 **❶**，例如，公司做出股票、可转换债券的发行、新股发行、合并、业务上的合作、新事业的开始等的决定 **❷**。即 ① 发行募集股份等或发行募集新股预约权；② 资本金额的减少；③ 资本准备金或利益准备金额的减少；④ 自己取得股票；⑤ 股票无偿分配；⑥ 股票分割；⑦ 剩余金的分红；⑧ 股票交换；⑨ 股票转移；⑩ 合并；⑪ 公司分割；⑫ 事业的全部或一部分的转让或承受；⑬ 解散；⑭ 新产品或新技术的企业化；⑮ 业务协作及其他政令规定的事项 **❸**。

在决定事实上所指的"执行业务决定的机构"，美国联邦最高法院在日本纺织品加工株式会社事件的判决中认为，不应局限于公司法上董事会的机关，只要能够做出实质性的公司决定的机构（如代表董事）就可以作为"执行业务决定的机构"。另外，"关于决定的事项"并非仅指公司所做的决定，而是包含了公司上一阶段的事前准备工作和业务进行的情况等。

2. 发生事实

发生事实是指《金商法》第 166 条第 2 款第 2 项规定的上市公司发生的事实 **❹**，即①由于灾害引起的损害或在业务执行过程中发生的损害；②主要股东的变动；③特定有价证券或期权的上市废止或者登记取消的事实；④其他政令规定的事实 **❺**。

---

❶ 芝原邦尔：经济刑法研究：下［M］. 东京：有斐阁，2005：662.

❷ 神山敏雄ほか. 新经济刑法入门［M］. 东京：成文堂，2008：180.

❸ 川村正幸. 金融商品取引法［M］. 东京：中央经济社，2009：572.

❹ 清水豊ほか. Q＆A 情报开示·インサイダー取引规制の实务［M］. 东京：金融财政事情研究会，2009：204.

❺ 川村正幸. 金融商品取引法［M］. 东京：中央经济社，2009：573.

3. 决算信息

决算信息是指该上市公司等的销售额、经常利益、纯利润或剩余金的分红与公布的近期预期值相比，该上市公司新计算出的预期值或该事业年度的决算产生差异的信息。不是所有的决算信息都是重要事实，一般是会对投资者的投资判断带来影响的为重要事实，以内阁府令规定的基准（重要基准）为准。

4. 兜底条款

兜底条款是指基于决定事实、发生事实及决算信息等对投资判断产生重要影响的具体重要事实。"除前 3 项所列事实外"，即上市公司的决定事实、发生事实及决算信息以外的事实，若属于"上市公司运营、业务或财产相关的重要事实且会对投资者的投资判断产生重大影响"，也被综合规定为重大事实❶。

5. 子公司的重要事实

上市公司子公司的决定事实是指上市公司子公司的业务执行决定机关对《金商法》第 166 条第 2 款第 5 项及《金商法施行令》第 29 条所列事项做出的决定。根据 2001 年日本对本国《证券交易法》的修改，与子公司联动的股份（特定子公司的利益分配或者决定以金钱分配作为分红的股份）相关的联动子公司的利益分配或者金钱分配，作为子公司决定的重要事实。❷

有价证券报告书等的记载内容，自 1999 年起以连结信息为主，个别信息为辅，在日本《公司法》上解禁了纯持股公司，因此，上市公司中也出现了

---

❶ 长岛·大野·常松法律事务所.アドバンス金融商品取引法［M］.东京；商事法务，2009：892.

❷ 河本一郎，关要监修.逐条解说·证券取引法［M］.东京：商事法务，2008：1348.

纯持股公司。仅因控股上市公司的信息不足等理由，将子公司的信息作为内幕交易的重要事实，知悉子公司未公开的重要事实进行母公司股票交易的行为，亦作为内幕交易行为进行规制 ❶。因此，与上市公司的决定事实不同，招股、新股预约权、资本金额减少、资本准备金或利益准备金额的减少、自己股票的取得、股票无偿分配、股份的分割、剩余金的分红、上市废止申请、柜台注册取消申请、处理有价证券的指定取消申请等都属于上市公司子公司的决定事实。

（三）重要事实的公布

"公布"是法律定义中使用的概念，并非在日常用语中所使用的意思。若重要事实被公布，会解除上述公司相关人员的交易规制，因此，重要事实是否被公布是作为判断解除交易规制的基准 ❷。

政令规定的措施有两种：①将重要事实等向两个以上的报道机关公开，经过 12 个小时（12 小时规则）即视为公布；②根据金融商品交易所和认可金融商品交易协会的规则，将重要事实通知给该金融商品交易所，然后通过电磁方法提供给公众浏览 ❸；上市公司承担着及时向投资者公开除企业秘密以外的重要事实的义务。证券交易所规定的适时披露规则要求实质上公开内幕交易规制的重要事实。为此，上市公司虽能以企业秘密为由不公开重要事实，

---

❶　小谷融 . インサイダー取引・相场操纵・虚伪记载规制のすべて［M］. 东京：中央经济社，2009：98.

❷　中曽根玲子ほか . 金融商品取引法実务ハンドブック［M］. 东京：财经详报社，2009：346.

❸　川村正幸 . 金融商品取引法［M］. 东京：中央经济社，2009：576. 松本真辅 . インサイダー取引规制：解释・事例・实务对应［M］. 东京：商事法务，2006：186-187.

但该事实有可能因发生内幕交易被证券交易所进行询问而被迫公开 ❶。

（四）特定有价证券的买卖

内幕交易对象的有价证券限定在上市公司发行的"特定有价证券"。规制对象的行为是上市公司的"特定有价证券"相关的"买卖"。"特定有价证券"是指"特定有价证券"和"相关有价证券"。"特定有价证券"是指上市公司发行以下证券：①公司债券、优先出资证券、股票或者新股预约权证券；②外国人发行具有证券性质或证书的，相当于上市有价证券、柜台买卖有价证券或办理有价证券的；③外国人发行的具有证券性质或证书的（除②外），以该有价证券为受托的有价证券信托受益证券（称之为 JDR）相当于上市有价证券、柜台买卖有价证券或者经营有价证券的；④外国人发行的具有①性质的证券或证书（除②③外）中，表示该有价证券相关权利的存托证券属于上市有价证券、柜台买卖有价证券或经营有价证券。❷

其次，"关联有价证券"是指：①只运用该上市公司等特定有价证券的投资信托、外国投资信托受益证券或投资法人、外国投资法人的投资证券、投资法人债券、外国投资证券；②该上市公司等特定有价证券的期权；③该上市公司特定有价证券的存托证券；④将该上市公司特定有价证券作为受托有价证券的有价证券信托受益证券；⑤该上市公司以外的公司发行的公司债券（除新股预约权的公司债券）中，公司债券人对该上市公司特定有价证券的享

---

❶ 同志社大学监查制度研究会と関西支部监查实务研究会との共同研究会．企业情报の开示制度について［J］．日本监查役协会，2009：45．

❷ 长岛・大野・常松法律事务所．アドバンス金融商品取引法［M］．东京：商事法务，2009：905-906．

有偿还请求权（包括称为其他公司股票偿还特别约定的公司债券）；⑥外国发行的证券、证书中具有证券性质的。❶

另外，"买卖等"指买卖其他有偿转让、受让或衍生产品交易。买卖和其他有偿的转让或受让，虽广泛包含有偿的所有权的转移，包括交换、代物偿还、实物出资、金融商品交易所外的相对交易，但是并不包含担保权的设定。由于上市公司等的新股发行，被解释为不包含"买卖等"，但是一方面，上市公司的股票的出售（包括自己股票的处分）包含在"买卖等"中。"买卖"并不限于通过买卖等成为权利义务的归属主体，被解释为包含委托他人进行买卖或指示，为他人进行买卖等行为，并且不需要买卖款项和股票的转让，买卖契约成立之时即完成"买卖等"行为。❷

（五）适用除外

若满足上述要件时，原则上会成为内幕交易规制的对象。但是，即使知悉重要的未公开的信息而进行交易，而没有损害证券市场的健全性、公正性的交易，也不适用内幕交易规制的对象❸。即①通过受让股票分配的权利和行使新股预约权取得股票；②通过行使取得特定有价证券等相关期权而进行特定有价证券等相关交易；③基于股票收购请求等的买卖等；④对公开收购的防战购买；⑤根据股东总会公布的决议取得自己股票；⑥稳定操作交易；⑦普通公司债券的买卖等；⑧公司相关人员之间的相对交

❶ 长岛・大野・常松法律事务所.アドバンス金融商品取引法［M］.东京：商事法务，2009：906.

❷ 长岛・大野・常松法律事务所.アドバンス金融商品取引法［M］.东京：商事法务，2009：906-907.

❸ 西村あさひ法律事务所・危机管理グループ，木目田裕监修.インサイダー取引规制の实务［M］.东京：商事法务，2010：20.

易；⑨根据内阁府令的规定，在知悉重要事实之前履行已缔结的合同或执行已决定的计划进行买卖等。上述行为在适用内幕交易规制的对象之外 **❶**。但是，并不认可在重要的未公开信息公布之前行使股票期权，即以低价取得，在未公开信息公布后以高价出售的股票期权 **❷**。

三、《金商法》第 157 条与欺诈交易的关系

内幕交易罪是公司相关人员在工作过程中知悉内部信息的重要事实，在重要事实公布前进行该公司的股票等的交易，不需要通过积极地行使欺骗和其他不正当手段，或者利用内部信息获得利益作为其成立要件 **❸**。

然而，问题在于内幕交易行为是否会成为《金商法》第 157 条第 1 项规定的罪行 **❹**。虽然《金商法》第 157 条第 1 项中"不正当手段、计划或技巧"是抽象的用语，但对于有价证券的内幕交易，应视为欺骗他人、使他人有产生错觉的行为，包含社会一般观念上一切不正当的行为 **❺**。本项一般认为是全面禁止通过证券交易的欺诈的行为、方法，从而确保公正交易的一般条款的规定 **❻**。因此，理论上认可该条款适用于利用欺诈手段等进行的内幕交易，在此种情况下，两者是法条竞合，虽然《金商法》第 157 条第 1 项的罪名可以

---

❶ 川村正幸.金融商品取引法［M］.东京：中央经济社，2009：577-578.
❷ 东京证券取引所のインサイダー取引に关するよくあるご质问［EB/OL］.（2014-07-04）［2021-12-01］. http://www.tse.or.jp/sr/faq/index.html.
❸ 野村稔.经济刑法の论点［M］.东京：现代法律出版，2002：76.
❹ 野村稔.经济刑法の论点［M］.东京：现代法律出版，2002：76.
❺ 河本一郎，关要监修.逐条解说·证券取引法［M］.东京：商事法务，2008：1264.
❻ 河本一郎，关要监修.逐条解说·证券取引法［M］.东京：商事法务，2008：1264.

成立，但一般情况下，被认为无法适用于该条款 **❶**。理由是对该条文的适用持消极态度 **❷**：第一，是对罪刑法定主义的疑问。尽管该条款的规定是抽象的语句，但在倾向于注重明确形式的日本法律文化下，对于该条款的违反是否会处以刑罚存在一定的疑问；第二，自该条规定的抽象犯罪构成要件上看，公诉案件的检察官，若通过适用其他不公平交易禁止规定就可以大致达到诉讼目的，对特意寻求缺乏无适用先例的《金商法》第157条的适用一般会持谨慎的态度，这在实务中是可以理解的；第三，美国SEC规则的辐射范围通过判例的逐渐扩大，是以1933年以前发展起来的民事上的"欺诈"概念作为基础的，但在日本并不存在这样的法理基础。

四、判例

下述是对相关的判例进行的探讨。

（一）日新汽船股票事件 **❸**——日本首次内幕交易事件

1. 事件概要

千代田金融有限公司董事长A从日新轮船有限公司（现西科姆）董事长B处得知，他准备通过代理人C收购澳大利亚某酒店并通过第三方增发256亿日元的收购资金。千代田金融有限公司委托代理人承担35万股的股票发

---

❶　野村稔.经济刑法の论点［M］.东京：现代法律出版，2002：76.

❷　松尾直彦.金融商品取引法［M］.东京：商事法务，2013：504.

❸　东京简裁略式命令平成2·9·26。

行，在事实公布前，收购了澳大利亚某酒店的股票❶。

2. 略式命令的要旨

东京简易法院于 1990 年 9 月 26 日做出对因涉嫌违反日本《证券交易法》而被起诉的千代田金融原社长处以罚款 20 万日元的略式命令❷。

3. 探讨

虽然该案的详细事实关系是由略式命令决定的，在判决文件上不明确，但是在该案中，下述几点可以成为"解释上的问题"。

首先，该事实称为"重要事实"，必须由"业务执行决定机关"决定，问题是该案中到底什么是"业务执行决定机关"。在该案中，股票交易的公布是在董事会决定增资的前一天进行的。若该案将董事会解释为"业务执行决定机关"，虽然交易当时这个事实并没有成为"重要事实"，但是如果能认定公司决定增资是由董事在此交易之前实质进行的，就可以认为当时已经有业务执行机关的决定了。其次，在本案中信息是从 B 经由 C 传达给 A。若信息是从 B 传到 C，C 是第一次信息受领者，而 A 成为第二次信息受领者就不会被处罚。若 C 是 A 或 B 的秘书，则 C 被视为单纯的传达人，A 是第一次信息受领者。因此在认定时，应综合考虑客观事实上传达的状况和 B 向谁传达该信息等，并进行判断。❸

然而，在该案中，A 在接受股票分配探询的阶段时，到底有无存在"有关业务等的重要事实"令人产生怀疑。❹

---

❶ 芝原邦尔.经济刑法研究：下［M］.东京：有斐阁，2005：663.

❷ 资料版商事法务 81 号 35 页（1990）。

❸ 芝原邦尔.经济刑法研究：下［M］.东京：有斐阁，2005：664.

❹ 堀口亘.マクロスのインサイダー取引事件［J］.金融·商事判例，1993（911）：46.

（二）麦克罗斯事件 ❶

1.事件概要

东证二部上市公司麦克罗斯（原谷藤机械工业）董事长 A 在公司的临时董事会上，从董事长 B 提交的报告中得知，电子设备部门约有 40 亿日元的销售额是虚构的，受此影响，目前约有 30 亿日元的营业资金不足，且不知道担当此项业务的常务董事 C 的所在地，今后的营业活动有可能会受到很大的影响。A 认为若公布这些事实，该公司的股票价格将下跌，为了防止遭受预期的损失，在重要事实公布之前，A 出售了其和妻子名义持有的该公司的股票。日本旧《证券交易法》第 190 条第 2 款第 3 项规定（当时）（相当于现《金商法》第 166 条第 2 款第 3 项），作为"重要事实"中的"决算信息"，是指关于公司的营业额、经常利益（经营项目项下的利润）或者纯利益，与公布的最近的预测值相比，公司新计算的预测值或本事业年度的决算产生了差异。关于销售额，根据省令若发生 10% 以上的变动就会被认为是重要事实。❷

2.判旨

不管董事会是否需要提前公布修正公告，还是未曾知道大概数值，在董事会最终决定公布大概数值之前，董事们有可能买卖该公司的股票。因此，根据立法宗旨，这种解释暂且不提，在董事会上报告了导致无法避免修改公布预期值的事态，并且得到了批准（相当于《证券交易法》第 190 条之 2 中

---

❶ 东京地平成 4·9·25 刑事第 6 部判决；平成 3 年特（わ）第 1504 号证券取引法违反。

❷ 芝原邦尔.经济刑法研究：下［M］.东京：有斐阁，2005：665.

所示数值的"计算")。❶

由于，①东证二部上市公司没有了预定的约 40 亿日元的应收账款，且今后约 30 亿日元的营业资金不足，导致今后需要约 30 亿日元的资金周转的事态；②被公布的销售额预期值包含着大幅度的虚构销售额的事实，其结果是现在公司没有应收账款的进款，导致需要巨额资金补贴的事实，这些都属于对投资者的投资判断产生显著影响的事实。即该事实只是日本《证券交易法》第 190 条第 2 款第 3 项规定的业绩的预料值的变化，只留下不足评价的要素（通常，第 190 条第 2 款第 3 项的事实被解释为将发生景气变动和商品销路变动时的业绩预测值的变动），很明显这不符合同款第 1 项的事实，在性质上可以说是类似于第 2 项的事实，即使对同款及其相关省令等进行调查，也被认为不符合同款的事实。再加上东证二部上市公司的年度销售额预计为 230 亿元至 290 亿日元，与谷藤公司的常规利润预计为 20 亿日元的规模相比，无论是在事实的重要性上还是对投资者判断产生的影响上，被认为是不亚于日本《证券交易法》第 190 条之第 2 款第 1 至 3 项的事实，所以可以理解为上述事实符合同条 2 款 4 项（兜底条款）的规定。❷

3. 探讨

该案法院驳回了下级法院根据日本《证券交易法》第 190 条第 2 款第 3 项重要事实做出的主要诉因和第一次预备诉因，认为符合日本《证券交易法》第 190 条第 2 款第 4 项的第二次预备诉因❸。

---

❶ 编集部 . マクロスのインサイダー取引事件判决［J］. 商事法务，1992（1306）：29.

❷ 编集部 . マクロスのインサイダー取引事件判决［J］. 商事法务，1992（1306）：29.

❸ 芝原邦尔 . 经济刑法研究：下［M］，东京：有斐阁，2005：666.

（1）销售额等预测值计算出的时期的认定

按照日本《证券交易法》第 190 条第 2 款第 3 项的适用，首先，该案规定公司重新计算出的预想值，计算主体为董事会。其次，该判决在计算出新预想值的时期是指在之前的董事会上，解释为关于修改预期值的公布不可避免的事态的报告被批准之间。❶

（2）日本《证券交易法》第 190 条之 2 第 2 款第 4 项的适用范围

在规定了日本《证券交易法》第 190 条之 2 第 2 款第 4 项的"重要事实"的具体内容的日本《证券交易法》第 190 条之 2 第 2 项的规定中，第 4 项只规定"除前 3 项所示的事实外，该公司的运营、业务或财产相关的重要事实对投资者的投资判断有显著影响"，并无明确具体的概念❷。兜底条款是对第 1 项到第 3 项规定的事项，为了防止实质性的泄露，根据立法技术的需要而设置的，由于该要件是包括性的规定，因此在实际应用、规制上难免会产生运用上的困难❸。

（三）日本商事事件

1. 事件概要

A 药品株式会社与主要从事医药品的批发和销售，且与在大阪证券交易所开设的有价证券市场上市的日本商事株式会社（以下简称日本商事），签署了药品销售交易协议。作为被告人的皮肤专科医院院长于 1993 年 10 月 12 日下午 1 点左右，自 A 药品株式会社负责人 B 处获得了带状疱疹新药药片和药

---

❶ 芝原邦尔 . 经济刑法研究：下［M］. 东京：有斐阁，2005：666.

❷ 编集部 . マクロスのインサイダー取引事件判决［J］. 商事法务，1992（1306）：29.

❸ 编集部 . マクロスのインサイダー取引事件判决［J］. 商事法务，1992（1306）：29.

剂的并用药的副作用病例发生等文件上的信息。

即 B 在履行该合同的协议时取得记载了带状疱疹新药药片和药剂的并用药的副作用病例发生等文件上的信息。根据该信息，被告人得知日本商事实质上首次开发并于同年 9 月 3 日开始销售治疗带状疱疹的新药药片，公司股价上涨，之后却出现服用此药的患者死亡的事实。这种事实是该公司的运营、业务或财产的重要事实，是会对投资者的投资判断产生重大影响的重要事实。被告人预测到若公布该重要事实，会导致该公司的股价下跌，于是决定利用信用交易将该公司的股票高价出售，股价下跌后进行反向买卖从而获得利益。虽然没有法定除外事由，但在重要事实公布前，同年 10 月 12 日下午 1 点 50 分左右，被告人在大阪证券交易所出售日本商事的股票，即在该公司公布业务等重要事实之前，其进行了该公司的上市股票的买卖。

进行第一审的大阪地方法院认为，上述副作用的发生符合日本《证券交易法》第 166 条第 2 款第 4 项"除前 3 项所列事实外，该上市公司等经营、业务或者财产相关的重要事实，对投资者的投资判断产生了显著影响"的规定，被告人也承认了违反同条第 3 款的罪行。但是原判决认为，第一审判决存在上述《证券交易法》有关规定的解释适用的错误，驳回判决发回第一审重审。❶

2. 最高法院（裁判所）的判旨

第一审判决认定的本案副作用病例的发生，从对副作用的受害者产生损害赔偿问题的可能性等意义上而言，难以否认日本《证券交易法》第 166 条第 2 款第 2 项规定的"灾害或业务造成的损害"的发生具有相应方面的事实。

---

❶ 日本最高裁判所于平成 11 年（日本年号）2 月 16 日作出的刑事判决。现收录于刑集第 53 卷第 2 号。

　　但是，根据第一审判决的认定，虽然上述相关药品，在此之前销量很高，但作为制药业者的日本商事实际上是首次开放且投入大量资金进行准备，并期待以此新药作为有力产品，来维持高股价，且如上所述，在上述药品出售后不久由于该药的副作用发生，服用此药出现患者死亡的案例。结合日本商事的规模、营业状况、该公司的药品的销售目标的大小等，以及第一审判决认定的其他情况，副作用病例的发生，使被告人怀疑日本商事作为有力产品期待的新药药品有大问题，不仅会给今后的销售带来影响，而且会进一步降低日本商事特别是作为制药业者的信用，从而预测到这些问题对该公司今后业务的开展及财产状态会产生重要影响，进而对投资者的投资判断产生显著影响。另外，该条款第2项规定是损害发生的事实，该条款第4项规定是重大影响的事实，单方面考量，这些事实不能适用于该条款第2项的规定。❶

　　作为原审，必须对第一审判决有关各种情况的认定是否恰当进行审理，判断本案副作用病例的发生是否符合同款第4项规定的业务相关的重要事实。因此，本案副作用病例的发生如果有符合同款第2项规定的损害发生的余地，则不符合同款第4项规定的重要事实。但是，这种影响判决的违法的事实是很明显的，如果不驳回原判决的话，就明显违反了正义。❷

　　3. 探讨

　　该判决最重要的论点是日本《证券交易法》第166条第2款第1项至第3项与第4项之间的关系，即关于相当于同款第1项至第3项的事实是在与第1项至第3项所规定的事实不同的侧面，符合第4项规定的"对投资者的投资判断产生显著影响的，该上市公司等的运营、业务或者财产的重要事实"时，

---

❶　最判平成11·2·16刑集第53卷2号7页。

❷　最判平成11·2·16刑集第53卷2号8页。

或许可以适用第 4 项，但是若符合第 1 项或第 3 项规定的事实，即使在与之不同的侧面也符合第 4 项规定的情况下，也应排除第 4 项的适用❶。第一审判决中关于第 2 项和第 4 项的关系，认为该案的损害符合第 2 项的规定，但却不能断定超过"轻微基准"，也不认可符合第 2 项规定的重要事实，之后才做出是否符合第 4 项规定的判断。❷

在上诉裁决中，被告人皮肤科医院院长虽然承认从 A 药品株式会社的负责人 B 处获得药品的副作用信息后，买卖日本商事股票的事实。然而，日本《证券交易法》第 166 条第 2 款第 1 项至第 4 项中，第 4 项的规定的宗旨是为了根据今后经济的发展、证券市场的发展和变化，防止内幕交易的规制出现漏洞而做出的补充、辅助性规定。第 4 项是第 1 项至第 3 项规定重要事实以外的事实的规定，虽然是与第 1 项至第 3 项的规定相对应的事实，或许可以选择适用第 1 项至第 3 项或第 4 项的规定，但在该案中就做出对投资判断产生显著影响的事实显然不符合第 4 项规定的解释。因此，为了进一步确认该案的事实是否符合第 2 项规定的损害发生的事实，日本最高裁判所将此案发回大阪地方法院重审。❸

日本最高法院关于被告获得的药品副作用的信息，"即使可以适用个别规定中列举的'损害的发生规定'，但并非可以因此判断其不符合兜底条款"，本案的新药是"投入大量资金进行准备，作为新产品的新药，对维持高股价也做出了贡献"，"新药的副作用信息进一步降低了制药业者的信用，预测了今后的业务展开会对财产状态带来重要的影响"，"副作用的发生有与作为被

---

❶ 芝原邦尔 . 经济刑法研究：下［M］. 东京：有斐阁，2005：677.

❷ 芝原邦尔 . 经济刑法研究：下［M］. 东京：有斐阁，2005：680.

❸ 野村稔 . 经济刑法の论点［M］. 东京：现代法律出版，2002：74.

评价为灾害、业务的损害的重要一面，应该对包括规定的相应性进行判断"。虽然相当于同款第 1 项至第 3 项的事实只是作为性质上量的观点而不能作为评价的事实，但以日本最高裁判所的判决作为前提，在这种情况下，并非所有事实都适用于第 4 项的规定。❶

为了应对未来的经济、证券市场的变化而出现的新情况，可以期待第 4 项规定的柔性的法律适用。❷

（四）日本纺织品加工株式会社事件

1. 事件概要

1994 年，B 染工株式会社和 C 株式会社（以下分别称为"B 公司""C 公司"）分别以约 2∶1 的比例持有已发行股份总数过半的股份。1992 年 6 月，B 公司以经营重建为目的向 A 公司派遣 F，虽然 F 就任了 A 公司的社长，但 A 公司的经营状况并没有好转。由于 A 公司的经营恶化，B 公司计划收购、合并 A 公司，作为 B 公司收购、合并的对象，中介向 A 公司介绍了株式会社 Unimat（以下简称 D 公司），自 1994 年 3 月左右，A 公司与 D 公司之间开始了收购、合并的谈判。同年 3 月 15 日，D 公司、B 公司与 A 公司签订了有效期为 3 年的保密协议。D 公司的监察及顾问律师、收购合并方面的专家的被告人，确认 D 公司的社长事先给他看过涉及本案保密协议的内容，1994 年 5 月左右，D 公司向上述被告人委托了该案收购、合并事宜所包含具体的谈判和事务手续的一切事项。

被告人于 1994 年 5 月 18 日左右向 B 公司提示了由 A 公司进行第三方

---

❶　芝原邦尔.经济刑法研究：下［M］.东京：有斐阁，2005∶681.

❷　野村稔.经济刑法の论点［M］.东京：现代法律出版，2002∶75.

分配增资，将 B 公司及 C 公司各持有的 A 公司的股份卖给 D 公司等内容的收购、合并的框架方案。1995 年 3 月 3 日，D 公司与 B 公司、C 公司签订了本次收购、合并的合同。F 在 A 公司的董事会上提出了由第三方分配增资的议题，并获得了批准决议。同日，在记者发表会上，A 公司公布了包括第三方分配增资的收购、合并的消息。被告人自 1995 年 2 月 16 日至 2 月 27 日间以熟人为名，总共收购了 A 公司 113 000 股的股份，共计获利 18 289 000 日元。❶

2. 日本最高法院的判旨

日本《证券交易法》第 166 条第 2 款第 1 项规定的"业务执行决定机关"，是指不限于日本《商法》规定的具有决定权限的机关，一般认为只要实质上能够做出与公司的决策同等意思的决定的机关就可以。因实施第三方分配增资的新股发行，日本《商法》授予构成董事会的各董事具有实质决定的权限，F 作为 A 公司的董事长，相当于"业务执行决定机关"。因此，原判决对于这一点的判断是正当的。但是，日本《证券交易法》第 166 条第 2 款第 1 项规定的"股票发行"的"决定"，在上述机构中将股票发行本身与股票发行的工作作为公司的业务来决定，虽然做出上述决定要在上述机关表决后才能实现，然而并不要求预测到股票的发行需确实实行。❷

在本案中，收购、合并的对象的公司最高负责人 F，将决定进行第三方分配增资作为该公司的方针通过 L 常务的声明而向外界公布，即使是当时 C 持有股份的转让方法的问题并未得到最终的解决，但这并不妨碍决定发行股票，因此，应认可 F 的决定等同于日本《证券交易法》第 166 条第 2 款第 1

---

❶ 最判平成 11 年 6 月 10 日刑集第 53 卷 5 号 422 页。
❷ 最判平成 11 年 6 月 10 日刑集第 53 卷 5 号 422 页。

项规定的"决定"。❶

3. 探讨

在该案中日本地方法院认为，日本《证券交易法》第 166 条第 2 款第 1 项的"业务执行决定机关"，不限于《商法》规定权限的机关，只要实质上是能够做出与公司决策同等意思的决定的机构就可以。这也是日本最高裁判所对"业务执行决定机关"的"机关"的定义。日本《证券交易法》第 166 条第 2 款第 1 项的"业务执行决定机关"的宗旨，是指对有关重要事实的事项进行实质性决定的经营会议、经营委员会、常务会、专务会关于合议体和该事项决定的事项，接受董事会委任的董事，即使是一个人，也属于机关，属于《商法》第 260 条第 2 款"执行重要业务"的事项。因此，即使没有经董事会的委任，由董事在事实上做出决定的话，也属于机关的决定。❷

一般而言，日本《证券交易法》第 166 条第 2 款第 1 项"业务执行决定机关"并不限于董事会，能够对投资判断产生影响的事实做出实质性决定的人解释为本项的机关也比较妥当❸。该判决中，F 作为 A 公司的董事长，关于实施第三者分配增资的新股发行，从《商法》规定的有决定权限的董事会构成的各董事被赋予了实质决定权限这一点上看，很明显与上述宗旨相一致。

该判决认为《证券交易法》第 166 条第 2 款第 1 项规定的"决定"，无须对"决定"所涉及的事项是否被确实实行进行预测。即该判决是以法律规定业务执行决定机关的决定作为重要事实，决定的事实能否实现不视为必要条

---

❶　最判平成 11 年 6 月 10 日刑集第 53 卷 5 号 423 页。

❷　池田修，三好干夫.（1）证券取引法 166 条 2 项 1 号にいう业务执行を决定する机关の意义、（2）证券取引法 166 条 2 项 1 号にいう株式の发行を行うことについての决定の意义［J］. ジュリスト，1999（1164）: 133.

❸　芳贺良. 日本织物加工株式のインサイダー取引事件上告审判决［J］. 金融・商事判例，2000（1090）: 57.

件❶。在该判决中，作为收购、合并目标公司最高负责人的 F，依据公司的方针做出了第三者分配增资的决定。当时，即使 C 持有股份的转让方法的问题并没有得到最终解决，也并不妨碍该公司决定发行股票，F 的决定等同于日本《证券交易法》第 166 条第 2 款第 1 项规定的"决定"❷。笔者认为本判决是合理的，也是正当的。因为，从条文上看，股票发行的决定就包括公司业务的决定。不管股票发行的决定是否属实，面向股票发行的业务通常会影响投资者的判断。

---

❶ 池田修，三好干夫.（1）证券取引法 166 条 2 项 1 号にいう业务执行を决定する机关の意义、（2）证券取引法 166 条 2 项 1 号にいう株式の发行を行うことについての决定の意义 [J]. ジュリスト，1999（1164）: 135.

❷ 最判平成 11 年 6 月 10 日刑集第 53 卷 5 号 423 页。

第二节　日本公开收购与内幕交易规制

一、公开收购制度的意义

公开收购是指面向不特定多数者，通过公告进行股票的收购要约或出售要约的劝诱，在证券交易所金融商品市场外进行股票的收购等❶。公开收购具有以下特征：①股票的收购；②股东和公开收购者作为当事人；③在证券交易市场外进行股票的收购；④公开收购者以取得支配权和经营权为目标；⑤短期内大量取得股票❷。

在公开收购中，一方面，收购者有义务公开购买期间、购买数量、购买价格等信息；另一方面，该制度旨在通过保证平等对待股东来保护投资者，使股票交易更加顺畅❸。通过收购，收购者可以高效率地进行大量股票的收购，投资者也可以得到股票出售的机会❹。与此相对应的是合并，合并必须签订合同（《日本公司法》第748条），如果目标公司的经营团队不赞成的话，合并就无法实现，但是敌对的公开收购即使是目标公司的经营团体反对，企业收

---

❶ 长岛・大野・常松法律事务所.アドバンス金融商品取引法［M］.东京：商事法务，2009：364.

❷ 清原健.详解公开買付けの实务［M］.东京：中央经济社，2009：5.

❸ 小谷融.インサイダー取引・相场操纵・虚伪记载规制のすべて［M］.东京：中央经济社，2009：98.

❹ 中村直人.M＆A取引等のための金融商品取引法［M］.东京：商事法务，2008：57.

购也有可能成功❶。公开收购除了由发行者以外的人进行以外，还有发行者自行进行的情况，如管理层收购。❷ 在发行者的上市股票的公开收购中，若上市公司在证券市场外取得本公司股票应为有偿取得，这是法律规定的义务❸。由发行者以外的人进行公开收购，通常用于通过在市场外收购其他公司的股票来进行企业收购的交易❹。

关于股票等必须提交有价证券报告书的发行者（以下简称发行者）的股票，发行者以外的人在短期大量收购的情况下，原则上应当采取公开收购的方式。理由如下：《金商法》以"在实现有价证券的发行及金融商品交易的公正、促进有价证券的流通外，通过发挥资本市场的功能形成公正的价格，实现促进国民经济的健全发展以及保护投资者权益的目的"（《金商法》第1条），对发行者的支配权或经营权产生重大影响，并对发行者的股票及其他有价证券的价格产生重大影响的股票收购，根据交易当事人之间的自由协议可以无限制地允许交易，但是，由于股东、投资者之间的信息偏差，取得发行者的支配权或者经营权所产生的上层价值分配的不公正，以及赋予股东、投资者之间出售股票机会的不平等，可能会出现无法确保股票的公正价格形成、流通顺畅以及无法确保股东、投资者之间平等的问题。通过设立公开收购制度，对一定的有价证券的收购等进行公开收购，对必须通过公开收购进行的股票的收购者，须公开有关发行者的支配、经营权的转移等信息，给予股东、

---

❶ 同志社大学监查制度研究会と关西支部监查実务研究会との共同研究会.企业情报の开示制度について［J］.东京：日本监查役协会，2009：82.

❷ アンダーソン·毛利·友常法律事务所编.Analysis 公开买付け［M］.东京：商事法务，2009：2.

❸ 长岛·大野·常松法律事务所.アドバンス金融商品取引法［M］.东京：商事法务，2009：365.

❹ 长岛·大野·常松法律事务所.アドバンス金融商品取引法［M］.东京：商事法务，2009：364.

投资者公平出售股票的机会，从而实现《金商法》保护投资者的目的。❶

二、公开收购与内幕交易的关系

《金商法》第 167 条第 1 款规定的公开收购者，即上市公司等公开收购者相关者，在履行各自的职务过程中，知悉关于公开收购实施的事实或公开收购停止的事实的，在公开收购实施或停止的事实公开之前，不得进行与公开收购相关的上市股票或上市股票的发行公司发行的股票的收购、推销的交易❷。另外，《金商法》第 167 条第 3 款规定的公开收购者相关者以外的人，收到公开收购者相关者的公开收购实施或停止的事实的传达时，作为信息受领者也属于规制的对象❸。

（一）规制对象者

1. 公开收购者等相关者与原公开收购者等相关者

"公开收购者等相关者"，指《金商法》第 27 条之 2 第 1 款规定的由金融商品交易所上市的股票、场外交易有价证券或经办有价证券等的该款规定的公开收购或政令规定的类似行为或上市股票等的第 27 条之 22 规定的公开收购的，依据该各款规定知悉关于公开收购等实施的事实或公开收购等停止的事实的，在该公开收购等实施或停止的事实公开之前，不得进行该公开收购

---

❶　アンダーソン・毛利・友常法律事务所编 .Analysis 公開買付け［M］. 东京：商事法务，2009：3.

❷　原义则ほか . 实务金融商品取引法［M］. 东京：商事法务，2008：452. 中曽根玲子ほか . 金融商品取引法实务ハンドブック［M］. 东京：财经详报社，2009：348.

❸　原义则ほか . 实务金融商品取引法［M］. 东京：商事法务，2008：453.

等相关的上市股票的购买。关于公开收购等停止的事实，不得进行该公开收购等相关的股票等的推销等。关于该公开收购等实施或停止的事实的公开收购等相关者，即使不再是公开收购者等相关者后1年之内，也是如此。

对于公开收购等相关者，即使其关系已解除，在解除关系1年之内，也要遵守《金商法》第167条的规定。这是与公司相关者内幕交易规制的规制对象并行的规定。❶

2.信息受领者

公开收购者等事实的被传达者收到关于该公开收购者等相关者或原公开收购者等相关者的公开收购等实施或停止的事实的传达的，在该公开收购等事实公开之前，不得进行该公开收购等相关的股票等的买卖❷。另外，信息受领者由于工作关系收到公开收购等事实的传达的，该信息受领者所属法人的其他经营者等，知悉该公开收购等事实的属于内幕交易规制的对象❸。这主要是为了规制第一次信息受领者，然而第二次信息受领者却不受规制❹。

（二）公开收购等事实

《金商法》第167条规定的内幕交易规制对象的内部信息，是指与公开收购的实施或停止有关的事实❺。根据《金商法》第167条第2款的规定，公开收

---

❶ 西村あさひ法律事务所·危机管理グループ，木目田裕监修.インサイダー取引规制の实务［M］.东京：商事法务，2010：360.

❷ 西村あさひ法律事务所·危机管理グループ，木目田裕监修.インサイダー取引规制の实务［M］.东京：商事法务，2010：360-361.

❸ 松本真辅.インサイダー取引规制：解释·事例·实务对应［M］.东京：商事法务，2006：235.

❹ 西村あさひ法律事务所·危机管理グループ，木目田裕监修.インサイダー取引规制の实务［M］.东京：商事法务，2010：361.

❺ アンダーソン·毛利·友常法律事务所编.Analysis公開買付け［M］.东京：商事法务，2009：334-335.

购等实施或停止的事实是指公开收购者（该公开收购者等是法人时，指业务执行决定机关）决定进行公开收购等或决定不进行该决定（限于被公开的）相关的公开收购等。但是，不包括对投资者的投资判断影响轻微，符合内阁府令规定的基准的。所谓轻微基准，是指在各年收购的股票等的数量，未达到决议权总数的 2.5%，不符合公开收购等的事实❶。

1. 业务执行决定机关的意义

《金商法》第 167 条的"业务执行决定机关"，与上述《金商法》第 166 条的探讨相同，一般认为能进行实质性地做出与公司决策的同等决策的机关❷。但是，在同样以"决定"为要素的《金商法》第 166 条第 2 款第 1 项和《金商法》第 167 条第 2 款的规定中，以下两点❸被认为有很大的差异：其一，就《金商法》第 166 条第 2 款第 1 项的决定"主体"，该条第 2 款第 1 项规定的决定事实是在现有上市公司的基础上，改变上市公司这一"基轴"是很困难的，一般认为问题在于上市公司的决定；其二，就《金商法》第 167 条第 2 款的决定"主体"，本条第 2 款的公开收购等主体既有现存公司成为公开收购者，也有实质上企图公开收购的人，可能会与形式的公开收购者不一致。

2. 实施的决定

《金商法》第 167 条第 2 款关于实施公开收购等的事实是指关于做出公开收购等的决定。所谓做出公开收购、大量购买的决定需要具体明确到目标公

---

❶ 中村直人. M＆A 取引等のための金融商品取引法［M］. 东京：商事法务，2008：254.

❷ 西村あさひ法律事务所·危机管理グループ，木目田裕监修. インサイダー取引规制の实务［M］. 东京：商事法务，2010：364.

❸ 小林史治. インサイダー取引规制における公开买付者の检讨:设立中の会社概念の再考の必要性［J］. 商事法务，2012（1958）：32.

司，但是此行为的条件、方法没有必要做出具体的规定。❶

3. 终止的决定

《金商法》第 167 条第 2 款关于停止公开收购等的事实，是指决定停止已做出了实施决定的公开收购等的事实。关于收购，如果一边观察市场动向一边反复买卖，对于什么时候决定停止收购被认为很难对其做出评价。❷

4. 轻微基准

如上文述及，《金商法》第 167 条第 2 款规定，不包括对投资者的投资判断影响轻微，符合内阁府令规定基准的 ❸。该行为对投资者的投资判断带来的影响轻微，就大量购买的行为，在历年基础上各年收购的股票等数目不超过作为该股票等发行者的公司的总股东等的表决权的 2.5% 的情形下，不属于公开收购等事实 ❹。"各年"是指各历年。

"总股东的决议权"是指《金商法》第 32 条第 5 款规定的决议权，除股东大会决议事项全部不能行使决议权的股份（完全无决议权股份）之外，《公司法》第 879 条第 3 款被认为具有决议权的股份（互持股份）的决议权 ❺。这个不超过 2.5% 的基准是：①顺利进行的政策投资等，通常认为只需

---

❶ 西村あさひ法律事务所・危机管理グループ，木目田裕监修. インサイダー取引规制の实务［M］. 东京：商事法务，2010：364.

❷ 西村あさひ法律事务所・危机管理グループ，木目田裕监修. インサイダー取引规制の实务［M］. 东京：商事法务，2010：364. 三浦州夫・吉川纯. 株式の公开买付け・买集めとインサイダー取引规制：上［J］. 商事法务，2004（1718）：30-31.

❸ 松本真辅. インサイダー取引规制：解释・事例・实务对应［M］. 东京：商事法务，2006：173.

❹ 西村あさひ法律事务所・危机管理グループ，木目田裕监修. インサイダー取引规制の实务［M］. 东京：商事法务，2010：365. 神田秀树ほか. 金融商品取引法コンメンタール 4 —不公正取引规制・课征金・罚则［M］. 东京：商事法务，2011：168.

❺ 松本真辅. インサイダー取引规制：解释・事例・实务对应［M］. 东京：商事法务，2006：238.

要各年（历年）有 2.5% 的决议权；②即使过了两年，各年（历年）都未满 2.5% 的大量购买行为，取得合计也不会超过 5%，这主要是为了防止背离上述立法的宗旨 ❶。

（三）股票等的收购等、推销等

《金商法》第 167 条第 1 款、3 款规定公开收购者等相关者，知悉关于公开收购等停止的事实的，不得进行目标股票等的出售等。这是因为公布公开收购等实施的事实之后目标股票的股票价格会上涨，若此时公布公开收购等停止的事实，通常目标股票的股票价格会下跌，公开收购者等相关者知悉公开收购等停止的事实，在事实公布之前通过抛售该股票避免损失，因在信用交易中抛售，在事实公布之后股价下跌的阶段，公开收购者等相关者通过回购和结算而获得利益，所以必须对这种行为进行规制。❷

（四）公开收购等事实的公布

公开购买者等相关者等，知悉公开收购等实施的事实或公开收购等停止的事实的，在公开收购等实施或停止的事实的公布之前，不得进行股票等的买卖。该公开收购等事实的公布，是指在《金商法》上公开收购等事实符合以下任何一款的公布 ❸：①该公开收购者等采取置于多数人可知状态的政令规定的措施；②公开收购开始公告或者撤回公开收购的公告或者公布；③公开

---

❶ 西村あさひ法律事务所・危机管理グループ，木目田裕监修 . インサイダー取引规制の实务［M］. 东京：商事法务，2010：365.

❷ 松本真辅 . インサイダー取引规制：解释・事例・实务对应［M］. 东京：商事法务，2006：239.

❸ アンダーソン・毛利・友常法律事务所编 .Analysis 公开买付け［M］. 东京：商事法务，2009：336.

收购申请书提供给公众浏览。若是将自己股票的公开收购的消息向金融商品交易所发出了通知，以电磁的方法提供给公众浏览就算作已经公开❶。因这是披露关于公开收购的投资者投资判断所需的信息的公开收购者等相关者的义务，可以称为向投资者公开、平等地披露了信息，所以在该条款上规定了公开收购等事实的公布方法❷。

与此相对，就决定收购的公布，通过收购股票持有比例超过 5% 时，虽然产生了大量持有报告书的提交义务，实际上即使有超过 5% 的收购，且大量持有报告书供公众浏览，但该公众浏览不包含在书面上公开的措施中。但是，只要购买者不采取上述①的公布措施，自收购者处收到关于收购决定信息的被传达者就会成为《金商法》第 167 条规定的内幕交易规制的对象，但股票发行公司若收到这样的传达，连自己的股票都无法进行收购被指出不合常理。❸

（五）禁止的行为

禁止的行为指有关该公开收购等的发行者发行的股票等的收购等（知悉公开收购等的实施的事实的）或者推销等（知悉停止事实的）的行为，《金商法》第 167 条规定所禁止的❹。

---

❶ 小谷融 . インサイダー取引・相场操纵・虚伪记载规制のすべて［M］.东京：中央经济社，2009：125.

❷ 松本真辅 . インサイダー取引规制：解释・事例・实务对応［M］.东京：商事法务，2006：250.

❸ 西村あさひ法律事务所・危机管理グループ，木目田裕监修 . インサイダー取引规制の实务［M］.东京：商事法务，2010：366-367.

❹ アンダーソン・毛利・友常法律事务所编 .Analysis 公开买付け［M］.东京：商事法务，2009：337.

1. 就公开收购等规制对象的交易，规制对象的有价证券是指"特定股票等"和"关联股票等"，《金商法》第 167 条规定总称为"股票等"。"特定股票等"是指根据《金商法施行令》第 33 条和《金商法》第 167 条第 1 款规定的上市等股票或上市股票等发行公司发行的股票或附新股预约权公司（属于获得新规配售权公司）债券以及其他政令规定的有价证券。"关联股票等"是指"具有该特定股票等相关期权的有价证券及其他政令规定的有价证券"。❶

2. 所谓股票等的"收购等"，是指特定股票等或者关联股票等的收购及其他有偿的承受等交易。另外，"推销等"是指特定股票等或相关股票等的出售及其他有偿转让等交易。

（六）适用除外

股票等交易形式复杂多样，形式上明显与公开收购等事实的存在无关的交易等，由于不损害证券市场的健全性、公正性，排除在内幕交易规制适用之外。《金商法》第 167 条第 5 款规定了以下适用除外的事项：①通过行使股份分配权利取得股票；②通过行使新股预约权取得股票；③股票等相关期权的获得者通过行使该期权进行股票等相关收购等或出售等的情形；④通过行使股票购买请求权等法令上的义务而进行收购或推销等；⑤支援购买；⑥对抗购买；⑦稳定操作交易；⑧与证券交易市场无关的熟人间的相对交易；⑨作为知悉公开收购者等公开收购等事实前缔结的该公开收购等相关股票等的收购等或推销等的合同履行，或知悉公开收购者等公

---

❶　清原健. 详解公开买付けの实务［M］. 东京：中央经济社，2009：329.

开收购等事实前决定的该公开收购等相关股票等的收购等或推销等的计划的实施，进行收购等或推销等的情形，以及与此相当的基于特别事情的交易等其他交易的情形。❶

下述就支援购买与对抗购买进行探讨。

1.支援购买

基于公开收购者等的请求（该公开收购者是公司的情形下，限于董事会的决定；该公司为委员会设置公司时，包括执行官的决定）进行该公开收购等相关上市等股票等（包括上市等股票等交易相关的期权）的收购等的情形（限于以向该公开收购者等出售该上市公司的股票等为目的对该上市股票等进行收购等情形），不适用于《金商法》第167条第1款、3款规定的内幕交易规制。公开收购者等对自己股票的购买等，并不属于《金商法》第167条第1款、3款内幕交易规制的对象，这是因为将公开收购者等对自己收购等视为"支援收购"，所以将其排除在内幕交易规制的适用对象之外。❷

2.对抗购买

为对抗公开收购等，基于该公开收购等相关的上市公司的股票的发行公司的董事会或者执行官所做决定的请求，进行该上市公司股票等（包括上市公司股票等交易相关的期权）的收购等情形，不适用于《金商法》第167条第1款、3款规定的内幕交易规制❸。

---

❶ 西村あさひ法律事务所・危机管理グループ，木目田裕监修.インサイダー取引规制の实务［M］.东京：商事法务，2010：368-370.

❷ 西村あさひ法律事务所・危机管理グループ，木目田裕监修.インサイダー取引规制の实务［M］.东京：商事法务，2010：372-373.

❸ 长岛・大野・常松法律事务所编.アドバンス金融商品取引法［M］.东京：商事法务，2009：930.

因此，不经过董事会的决定，例如，董事长向客户请求事实上的防御购买也不算违法。因此，在与公开收购等事实有关的情况下，在未公开的公开收购等事实还没有发生的情况下，没有必要特意履行法定的防御购买要求的手续，事实上可以满足防战购买的要求。❶

三、村上基金事件的判决

（一）事件概要

被告人株式会社 MAC 资产管理（以下简称被告公司），作为投资顾问业者，除了在关东财务局进行登记，还需接受内阁总理大臣投资一任契约的业务的许可，与投资事业工会等签订投资一任契约并进行与该契约有关的业务。被告人 B（以下简称被告人）是被告公司的董事和实际经营者，被告人于 2004 年 11 月 8 日在履行职务过程中，自活力门（以下简称 F）有限公司董事长兼首席执行官 E 和董事兼首席财务官 G 那里，收到该公司决定以公开收购的方式，实施收购东京证券交易所第二部上市的株式会社日本放送（以下简称 C）的 5% 以上的股票的消息。被告人企图在事实公开前收购该股票以获得利益，明知无法定的除外事由，在该事实公布前的同年 11 月 9 日至 2005 年 1 月 26 日之间，被告人通过瑞士信贷第一波士顿证券公司等、东京都中央区日本桥兜町"番地略"的东京证券交易所市场第二部等，以合计 9 952 162

---

❶ 西村あさひ法律事务所・危机管理グループ，木目田裕监修 . インサイダー取引规制の实务［M］. 东京：商事法务，2010：373.

084 日元的价格收购了 C 的股票，合计 933 100 股。东京地方法院的一审判决对上述事实进行认定，做出了被告人有罪的判决。❶

（二）控诉审裁决的宗旨

实施公开收购者做出了该"决定"是否符合日本《证券交易法》第 167 条第 2 款规定的"决定"，依照确保证券市场公平性和健全性的信赖的内幕交易规制的理念，该"决定"是否影响投资者的投资判断，主要看该"决定"涉及投资人的"决定"的公开收购等是否有恰当的讨论状况、目标企业的特定状况、目标企业的财务内容等的调查状况、公开收购等实际实施的内部计划状况和对外的交涉状况等综合讨论后再进行个别具体的判断，"决定"的有无可行性和程度也应该在这样的综合判断中进行讨论。❷

要符合日本《证券交易法》第 167 条第 2 款的"决定"，不需要对有关决定的内容（指公开收购等，按该案件而言，指大量的股票收购行为）进行确切的预测，关键看该决定的实现的可能性❸，即主观和客观上只要有相应的根据证明该决定具有实现的可能性，就符合日本《证券交易法》第 167 条第 2 款的规定❹。

---

❶　东京高平成 21·2·3 刑集第 62 卷 1 号［J］. 判例タイムズ，2009（1299）：102.
❷　东京高平成 21·2·3 刑集第 62 卷 1 号［J］. 判例タイムズ，2009（1299）：102-103.
❸　东京高平成 21·2·3 刑集第 62 卷 1 号［J］. 判例タイムズ，2009（1299）：103.
❹　东京高平成 21·2·3 刑集第 62 卷 1 号［J］. 判例タイムズ，2009（1299）：103.

（三）日本最高法院的裁决

日本最高法院作出如下判决，驳回了被告人的上诉❶。

1. 业务执行决定机关的适当性

根据记录，除 F 委托 E 及 G 执行企业收购的资金筹措工作，E 及 G 以外的 F 的两名董事都是非常勤（独立董事在日本习惯称为非常勤），鉴于 E 及 G 经营判断的信赖，F 委托 E 及 G 执行用于企业收购的资金筹措等工作，E 和 G 可以对 C 进行 5% 以上股份的收购，这实质上等同于 F 是做出决策的意思机关（指 E 和 G 做出的决策等于 F 公司做出决策的意思机关），即日本《证券交易法》第 167 条第 2 款规定的"业务执行决定的机关"。据此，原判决的判断是正当的。❷

2. 公开收购等决定的相应性

日本《证券交易法》第 167 条第 1 款规定了"公开收购等"的意义，该条第 2 款规定，法人业务执行机关的决定机关实施公开收购等决定属于同条 1 款规定的"公开收购等实施相关事实"，但是，作为对投资者投资影响较轻的，内阁府令规定的基准除外。该条客观、具体地规定了禁止利用公开收购等及实施相关事实的范围，然而没有对影响投资者的投资判断的要件做出规定。从明确规制范围并预测可能性的角度出发，如果有该条第 2 款决定的事实，通常规制对象限定为仅凭此就能影响投资判断的行为，而不问对个别投资判断的具体影响及程度。因此，公开收购等的实现可能性完全或者几乎不

---

❶　最判平成 23·6·6 刑集第 65 卷 4 号。

❷　最判平成 23·6·6 刑集第 65 卷 4 号。

存在，由于一般投资者的投资判断不可能对投资市场造成影响，除可能不具有本条第 2 款"关于进行公开收购等的决定"的实质外，为了做出上述"决定"，在上述的机关中意图实现公开收购等，如果能决定将公开收购等或面向其工作等作为公司业务等进行就足矣，不需要对公开收购等的实现的可能性进行具体认定❶是适当的。❷

该案的公开收购等的实现可能性的情况并非完全或者几乎不存在，很明显足以认可上述"决定"。综上所述，虽然原判决认为无论是从主观上或是客观上都具有相应的根据证明有实现的可能性，这与上述"决定"对应性的必要要件并不一致。然而，该案的决定符合同条第 2 款的"公开收购等的决定"的结论是正确的。❸

（四）探讨

1. 决定的判断基准和实现可能性

是否符合《金商法》第 166 条、167 条的"决定事实"，其处罚根据在于保护一般投资者对证券市场的公正性、健全性的信赖。自此上看，如果知道该"决定事实"，应该根据是否影响一般人的投资判断来判断❹。

但是，问题在于什么样的状况下做出的"决定事实"会影响投资判断❺。

---

❶ 最判平成 11 年 6 月 10 日刑集 53 卷 5 号 415 页。

❷ 最判平成 23·6·6 刑集第 65 卷 4 号［EB/OL］.（2011-06-06）［2021-12-01］. http：//www.courts.go.jp/hanrei/pdf/20110608110039.pdf.

❸ 最判平成 23·6·6 刑集第 65 卷 4 号［EB/OL］.（2011-06-06）［2021-12-01］. http：//www.courts.go.jp/hanrei/pdf/20110608110039.pdf.

❹ 西田典之. 村上ファンド事件最高裁決定について［J］.刑事法ジャーナル，2012（33）：62.

❺ 西田典之. 村上ファンド事件最高裁決定について［J］.刑事法ジャーナル，2012（33）：62.

在控诉审判决中，公开收购决定的时期成了争论的焦点 ❶。一审判决关于"决定"，认为"不需要对该公开收购等的确实执行进行预测" ❷，做出了"除完全没有实现可能性的情况，否则实现可能性的高低并非会成为问题" ❸ 的判决。关于控诉审判决的内容，要求同时满足以下两个要件：①内部（主观上）能够视为与公司的决策实质上同等的决策机关，根据相应的证据判断有实现的可能；②从是否影响投资者的投资判断的观点上看，即使从第三者的角度上看（客观上），也可以说有实现的可能性 ❹。由于一般人无法对"决定事实"的实现可能性等进行判断，如果一味追求投资判断有影响的"决定事实"，在实现可能性的原则上，日本裁判所可以不必将其纳入判断范围 ❺。

"日本最高法院认为，如果询问决定事项的实现可能性的话，因为对参与决定的人以外的人来说很难明白实现可能性的高低，规制范围反而变得不明确，然而，本来实现可能性很高却相信很低而进行了交易的人，因为缺乏对构成要件的相关事实的认识，在主观上无故意动机，即使要求提供实现的可能性，行为者也不会因相反预测而受到处罚。另外，若客观上有一定的实现的可能性，该行为因为与构成要件一致，规制范围也不会变得不明确。相反，本来实现可能性很低却相信很高而进行了交易的人，因与构成要件的行为不一致，所以不会因此受到处罚。即使行为者因做出相反的预测而没有受到处罚，也不足以成为问题。" ❻

---

❶　芳賀良.村上ファンド・インサイダー取引事件控诉审判决：商法 10［J］.法学教室，2009（354）：25.

❷　东京高平成 21・2・3 刑集第 62 卷 1 号［J］.判例タイムズ，2009（1299）：102.

❸　东京高平成 21・2・3 刑集第 62 卷 1 号［J］.判例タイムズ，2009（1299）：102.

❹　芳賀良.村上ファンド・インサイダー取引事件控诉审判决（商法 10）［J］.法学教室，2009（354）：25.

❺　西田典之.村上ファンド事件最高裁决定について［J］.刑事法ジャーナル，2012（33）：62.

❻　黒沼悦郎.村上ファンド事件最高裁决定の検討［J］.商事法务，2011（1945）：9.

上述形式的判断手法，因会严重影响正当的交易和公司活动受到强烈的批判 ❶。"因为为了实现该意图，将实现意图的工作等作为公司的业务来进行，若无具体的内容就很难达到'决定'的阶段。另外，通过构筑所谓的信息隔离墙等适当的信息管理措施，一方面认为若利用信托就可以消除通融，另一方面如果不明确赏罚标准，正当的交易也使之广泛萎缩，危害反而变得更大。" ❷

2. 关于故意

"关于'决定'除了作为客观构成条件的'决定'的存在之外，为了满足作为主观构成要件的'故意'，被告人必须认识到做出了'决定'（日本《刑法》第 38 条第 1 款）" ❸。在这一点上，"像控诉审判决那样，综合考虑各种情况来判断是否做出了'决定'，被告人在做出"决定'时是否认识并考虑到各种情况，是故意成立与否的关键所在。另外，控诉审判决将认识到'相应的实现可能性'存在作为故意的要素，从而认可其故意。" ❹

就这一点来说，根据该行为者对决定的认识水平，对实现可能性的判断应该是不同的，从第三者的眼光来看（从客观角度来看），在没有实现可能性或者连识别到实现可能性都不可能发生的情况下，因为内幕交易产生了不符合实际情况的风险，即使有经验的专业投资者认识到有可能进行交易，就将该决定的行为者认定为"故意"是否适当，也会令人产生疑问 ❺。

---

❶ 西田典之. 村上ファンド事件最高裁決定について［J］. 刑事法ジャーナル，2012（33）：62.

❷ 神田秀樹ほか. 金商法実务ケースブック＝I判例編［M］. 東京：商事法務，2008：385.

❸ 金融商品取引法研究会. 金融商品取引法性の現代的課題［M］. 東京：日本証券経済研究所，2010：289-290.

❹ 金融商品取引法研究会. 金融商品取引法性の現代的課題［M］. 東京：日本証券経済研究所，2010：290.

❺ 丹羽繁夫. ニッポン放送株式インサイダー取引事件控诉審判決の批判的検討［J］. NBL，2009（913）：58.

3. 被告人的违法性的认识的推断

控诉审判决虽然就"决定"和"传达"的"故意"进行了认定，但是没有对犯罪事实本身进行明确的认定。这主要是作为量刑的判断，只是推断了被告人行为的违法性的认识的有无，尚未对被告人应承担的罪行范围进行认定。在刑法学上，"就应该成为罪行的违法性，将行为者的责任要件构成与行为者的主观的'故意'分离进行考虑，自此上看，若有客观的违法性就足以满足行为者的责任要件的构成。因此，依据行为者的违法性的认识的有无以及程度，认定犯罪行为范围的方法不能称为妥当。并且，认定'故意'是成立犯罪的责任要件，需要对作为认识和预见的对象、依据行为的违法性的犯罪事实进行认定"❶。

（五）该判决的影响

该案的控诉审判决明确的判断基准，是日本最高法院对日本纺织品加工事件判决的判定基准的实质化，或是该案最高法院判决明确的判断基准的改变，还有探讨的余地❷。该案的最高法院在判决中指出，由于不当扩大内幕交易的处罚范围，甚至可能对正当的证券交易造成广泛的影响❸。该决定的解释涉及日本《证券交易法》第166条第2款第1项、5项的决定事实，被认为其弊害很大❹。

在实务中，作为认定决定自身的具体性和实现决定相关事项的意图的要

---

❶ 丹羽繁夫.ニッポン放送株式インサイダー取引事件控诉审判决の批判的検討［J］.NBL，2009（913）：59.

❷ 山下貴司.インサイダー取引規制における公開買付け等を行うことについての決定の意义：いわゆる村上ファンドインサイダー取引事件控诉审判决の検討［J］.研修，2009（732）：25.

❸ 黒沼悦郎.村上ファンド事件最高裁決定の検討［J］.商事法务，2011（1945）：11.

❹ 黒沼悦郎.村上ファンド事件最高裁決定の検討［J］.商事法务，2011（1945）：11.

素，正如该判决中指出的，直到"决定"做出为止前的关于实施公开收购等是否适当的探讨状况、对象企业的特定状况、对象企业的财务状况的调查情况、实施公开收购等，在对内部的计划状况和对外谈判状况搜集完毕之后，若尽可能努力举证决定事项的实现可能性，证明该判决所认定的程度的实现可能性，在实务中并没有那么困难❶。就日本《证券交易法》第166条2款1项和166条2款规定的"决定"的意义，如原判决认定一样，"不问实现可能性的高低"，这是否会扩大内幕交易规制违反的成立范围，令人质疑❷。

日本最高法院没有对公开收购等可能性进行认定就做出判断。日本最高法院从日本证券市场的投机性质上出发，肯定了如果对一般投资者的投资判断有心理影响的类型事实符合决定事实，并通过大幅度扩大内幕交易规制的范围，意图在于提高规制的实效性。一般认为该判断基本上是妥当的❸。然而，以日本最高法院的判决为前提，应更加明确公开收购的实施可能性低的情况下也可能影响投资判断的类型❹。

---

❶ 山下貴司. インサイダー取引規制における公開買付け等を行うことについての決定の意义: いわゆる村上ファンドインサイダー取引事件控訴審判決の検討 [J]. 研修, 2009 (732): 26.

❷ 金融商品取引法研究会. 金融商品取引法性の现代的課題 [M]. 东京: 日本証券経済研究所, 2010: 311.

❸ 西田典之. 村上ファンド事件最高裁決定について [J]. 刑事法ジャーナル, 2012 (33): 62.

❹ 芳賀良. 公開買付け等の实施に関する事实の決定時期: 最一決平成23年·6·6の意义— [J]. 金融·商事判例, 2011 (1371): 1.

第三节　日本防范内幕交易的规制

一、概述

该规定作为防止内幕交易的补充制度，主要规定上市公司等董事、主要股东对买卖报告书有提出义务以及对短线交易的收益有提供义务❶。这个短线交易收益的提供制度是为了防止内幕交易，在1948年《证券交易法》制定时就已经对此做出了规定，1988年立法上禁止内幕交易之后也保留了该制度❷。《金商法》第164条第1款的宗旨是防止内部者基于内部信息等进行交易❸。就《金商法》第164条第1款的成立，无论是判例或是一般说法通常都解释为，不以董事、主要股东实际上利用了内部信息作为必要要件，而是这些人通过短线交易获得收益时，"一律应将所获得的收益提供给公司的规定"❹。

例如，东京高等法院在1992年5月27日养命酒事件的判决中认为：①日本《证券交易法》第189条第1款是防止公司董事或者主要股东非法利用

---

❶ 长岛・大野・常松法律事务所.アドバンス金融商品取引法［M］.东京：商事法务，2009：937.

❷ 黑沼悦郎.金融商品取引法入门［M］.东京：日本经济新闻出版社，2007：140.

❸ 三浦章生.一问一答金融商品取引法の实务［M］.东京：经济法令研究会，2008：488.

❹ 三浦章生.一问一答金融商品取引法の实务［M］.东京：经济法令研究会，2008：489.

秘密信息的规定，但其仅是明确了该条的立法宗旨，秘密信息的非法利用不是该条的请求权的必要要件；②根据日本《证券交易法》第189条第1款的规定，公司的董事或者主要股东的收益提供义务是日本《证券交易法》创设的特别义务，既然与民法损害赔偿义务在制度上不同，那么股份发行公司的损害的发生不是同条的必要要件；③日本《证券交易法》第189条第1款的规定的宗旨，目的是间接防止内幕交易。该法院做出该条不违反日本《宪法》第29条第1款的规定的判断。❶

另外，在日本最高法院大法庭2003年2月13日的判决❷中，认为《金商法》第164条第1款一般是预防上市公司等董事或者主要股东非法利用秘密信息的规定（客观适用要件规定），上市公司等董事或者主要股东通过同款规定的有价证券等短线交易获利时，除非有上述例外的情况，在该交易中交易者是否非法利用秘密信息，或是一般投资者的利益是否受到现实的损害，该上市公司等应向该董事或者主要股东要求返还该收益。日本最高法院大法庭判决的理由是，因上市公司等董事、主要股东处于特别的地位，能够很容易知道该上市公司等未公开的重要信息，不论是否知道未公开的重要事实，该董事、主要股东在该上市公司等股东在6个月以内通过买卖股票获利的，必须向该上市公司等提供该收益，目的是防止该董事、主要股东违反内幕交易的规制❸。

内幕交易的法理由美国联邦法院和SEC在理论和实务上的运用发展而来，

❶ 平成4·5·27东京高裁第2民事部判决［J］.金融·商事判例，1992（904）：8.

❷ 最大判平成14·2·13民集56卷2号331页。

❸ 长岛·大野·常松法律事务所.アドバンス金融商品取引法［M］.东京：商事法务，2009：937.

日本的《金商法》第 166 条及同法第 167 条导入了美国的该法理❶。因为公司重要的内部信息是公司的财产，所以擅自利用公司内部信息获取个人利益构成非法交易的行为。这种观点的基础是内部者非法利用公司内部信息获得的收益本来是属于公司的，内部者应该将获得的收益归还给公司❷。上述观点最能说明美国《证券交易法》第 16 条（b）款（董事等买卖返还收益的义务的规定）及将其导入的日本《证券交易法》第 189 条的规定❸。

二、特定有价证券等的买卖报告书

《金商法》第 163 条第 1 款规定，上市公司等的董事以及主要股东为自己的利益，进行该上市公司等的特定有价证券或者关联有价证券（特定有价证券等）的收购或推销等情形，依照内阁府令规定，上述交易等相关的报告书等，必须于交易日所属月份的下月 15 号之前提交给内阁总理大臣❹。这是为了担保后述的董事、主要股东的短线交易利益的提供义务的实效性而设置的❺。

（一）报告义务对象的买卖等

"上市公司等"是指《金商法》第 2 条第 1 款第 5 项、7 项或第 9 项所列的有价证券（公司债券、优先出资证券、股票、新股预约权证券，政令

❶　渡辺征二郎. インサイダー取引［M］. 东京: 中央经济社, 1989: 前言.
❷　渡辺征二郎. インサイダー取引［M］. 东京: 中央经济社, 1989: 109.
❸　渡辺征二郎. インサイダー取引［M］. 东京: 中央经济社, 1989: 109.
❹　三浦章生. 一问一答金融商品取引法の实务［M］. 东京: 经济法令研究会, 2008: 480.
❺　长岛·大野·常松法律事务所. アドバンス金融商品取引法［M］. 东京: 商事法务, 2009: 938.

规定的除外）中，金融商品交易所上市的、场外交易有价证券、符合经办有价证券的以及政令规定（《金商法施行令》第 27 条之 2）的其他有价证券发行者❶。

收购等或者推销等情形，是指该董事或者主要股东为信托的受托人（委托人或者受益人），对该上市公司等特定有价证券等进行的收购等或推销等，包括内阁府令规定的情形，就董事或者主要股东被指定为受益人的运用方法的信托，依照该上市公司等的董事或者主要股东的指示，受托人决定为该上市公司等进行的特定有价证券等的收购等或者推销等的情形。实际上，这视为董事或者主要股东为了自己的利益进行交易的行为❷。

（二）负有报告义务者

"主要股东"是指以自己或者他人名义持有所有股东等的 10% 以上的决议权的股东❸，"所有股东等的决议权"是指所有股东、所有社员、所有会员或者所有出资者的决议权，在股份公司，除股东大会可做出决议的全部事项不能行使决议权的股份决议权外，还包括日本《公司法》第 879 条第 3 款规定的视为具有决议权的股份的决议权❹。另外，信托业者持有信托财产的股

---

❶ 神田秀树ほか. 金融商品取引法コンメンタール 4 —不公正取引规制・课征金・罚则［M］. 东京：商事法务，2011：71.

❷ 河本一郎，关要监修. 逐条解说・证券取引法［M］. 东京：商事法务，2008：1308. 神田秀树ほか. 金融商品取引法コンメンタール 4 —不公正取引规制・课征金・罚则［M］. 东京：商事法务，2011：71.

❸ 西村あさひ法律事务所・危机管理グループ，木目田裕监修. インサイダー取引规制の实务［M］. 东京：商事法务，2010：435.

❹ 西村あさひ法律事务所・危机管理グループ，木目田裕监修. インサイダー取引规制の实务［M］. 东京：商事法务，2010：435.

票，有价证券关联业者进行承兑或者出售的业务而取得的股份，金融证券公司在其业务中所持有的股票的决议权，自持有的对象中除外❶。

三、董事、主要股东短线交易的收益提供义务

（一）《金商法》第 164 条的立法宗旨

《金商法》第 164 条第 1 款规定，为防止上市公司等的董事或者主要股东不当利用通过其职务或地位获取的秘密信息，就该上市公司等的特定有价证券等，为自己的利益进行相关收购之后 6 个月内进行推销等的，或进行推销等之后 6 个月内进行收购等而获得利益的情形下，该上市公司等可以要求其将收益提供给上市公司等❷。内部者持有什么样的信息，内部人的主观意图是怎样的，信息是否被公开，这些都不是必要要件，对于与内幕交易无关的交易者，依据该条第 1 款的规定，都可以被要求提供收益，因此，本条第 1 款的规定主要是间接地防止内幕交易❸。若出现公司怠慢提供请求的情形，依照《金商法》第 164 条第 2 款类似股东代表诉讼制度的规定，发行公司的股东可以代位发行公司提出请求❹。但是，该项的短线交易收益的提供义务，是根据《金商法》规定的特别义务，与民法第 709 条的损害赔偿义务在制度

---

❶　长岛・大野・常松法律事务所.アドバンス金融商品取引法［M］.东京：商事法务，2009：938.

❷　河本一郎，要要监修.逐条解说・证券取引法［M］.东京：商事法务，2008：1312.

❸　西村あさひ法律事务所・危机管理グループ，木目田裕监修.インサイダー取引规制の实务［M］.东京：商事法务，2010：434.

❹　川村正幸.金融商品取引法［M］.东京：中央经济社，2009：582.

上有着本质的区别 **❶**。

（二）《金商法》第 164 条的目的与手段

《金商法》第 164 条第 1 款有 "为防止上市公司等董事或者主要股东不当利用通过其职务或地位获取秘密信息" 的规定。这个规定是否应将不当利用信息作为提供请求时必要要件事实，有学者对其进行了探讨。单从文字表述上看似乎应作为必要要件的事实，但据多数学者的意见，认为不应该将其作为必要要件的事实。其理由是作为必要要件事实的存在情形存在举证上的困难。另外，如果被告未对不当利用秘密信息进行举证，那么被告是否可以免除《金商法》第 164 条的适用？因此不问被告是否具有不当利用秘密信息的理由，所以依据多数学者的意见是不可免除本条的适用。该条 1 款开头的文字表述不过是为了明确设置短线交易收益提供制度的理由而规定的。**❷**

（三）规制对象者

根据《金商法》第 164 条第 1 款的规定，以 "上市公司等经营者或主要股东" 作为规制的申请对象 **❸**。虽然《金商法》第 21 条第 1 款第 1 项中的 "经营者"，是指 "董事、会计参与、监事、执行官或者其他相当者"，但是《金商法》第 163 条至 167 条的条款并没有对 "经营者" 做出定义，属一般委托

---

❶ 西村あさひ法律事务所`危机管理グループ，木目田裕监修．インサイダー取引规制の实务［M］．东京：商事法务，2010：434．

❷ 川村正幸．金融商品取引法［M］．东京：中央经济社，2009：583．

❸ 西村あさひ法律事务所`危机管理グループ，木目田裕监修．インサイダー取引规制の实务［M］．东京：商事法务，2010：435．

解释❶。而股份公司的经营者是指董事、会计参与、监事或者执行官，且不包括非属于日本《公司法》上的经营者的执行董事、顾问、咨询人员等❷。

"主要股东"是以自己或者他人的名义持有全部股东等决议权的10%以上的决议权（除内阁府令规定的据推测可对公司的财务及业务方针的决定产生重要影响的事实的情形）的股东。"全股东等表决权是指全部股东、全部社员、全部会员、全部合伙人或全部出资人的表决权。另外，信托业者作为信托财产持有的股票，有价证券关联企业收购有价证券或者出售或劝诱特定投资者推销的业务取得的股份，就证券金融公司对其业务所持有的股份，考虑到取得或者持有的形态的其他事业，自股东持有的股份中除外。"❸

（四）股东代位诉讼

股东代位诉讼是指上市公司等对上市公司等提出利益返还之日起60日内，上市公司等不提出收益返还要求的情形时，股东可以代替上市公司等提出要求❹。

（五）《金商法》第 164 条适用除外

短线交易收益的返还请求，就主要股东进行收购等或推销等时，在最初的收购等或者推销等与之相反的行为的收购等或者推销等任意一个时期，不

---

❶ 松本真辅．インサイダー取引規制：解釈・事例・実務対応 [M]．东京：商事法务，2006：44．

❷ 西村あさひ法律事務所・危机管理グループ，木目田裕监修．インサイダー取引規制の実務 [M]．东京：商事法务，2010：435．

❸ 西村あさひ法律事務所・危机管理グループ，木目田裕监修．インサイダー取引規制の実務 [M]．东京：商事法务，2010：435-436．

❹ 三浦章生．一問一答金融商品取引法の実務 [M]．东京：经济法令研究会，2008：489．

是主要股东的情形（董事不适用此条款，董事在收购等或推销等任意一个时期，可以适用短线交易收益返还规定），或者考虑董事等或主要股东进行的收购等或推销等的形态和其他因素，内阁府令做出规定的，不适用此规定。

（六）短线交易收益的计算方法

1.6 个月以内进行一次收购等及推销等时

从推销等单价中扣除收购等单价的金额，乘以交易一致数量计算出的金额中，扣除相当于该交易一致数量部分的手续费（含消费税）的金额，可以计算出收益金额❶。

2.6 个月以内进行多次收购等及推销等时

最早时期进行的收购和最早时期进行的推销按顺序组合，若是在同一天，一般认为收购自单价最低时起，推销自最高单价时起，分别对交易数量一致的部分依次进行组合，将组合起来的剩余部分作为组合的对象，按照上述"1"的方法，可以计算出收益金额❷。

（七）《金商法》第 164 条的适用界限

该条最初源于美国 1934 年《证券交易法》16 条（b）款的规定。根据该条的规定，董事和主要股东无论怎样都证明不了自己是非法使用了内部信息，都无法避免该规定的适用。该规定虽无须证明内部信息的不正当利用就可以要求内部者返还在股票交易当中所获得的收益，乍一看似乎很强劲，但

---

❶ 河本一郎，关要监修.逐条解说·证券取引法［M］.东京：商事法务，2008：1317.

❷ 河本一郎，关要监修.逐条解说·证券取引法［M］.东京：商事法务，2008：1317-1318.

实际上为了规制内幕交易，从下述的两点理由，就可以看出此条适用界限缺乏实效性。❶

其一，该规定仅适用于董事或者主要股东进行的股票交易，当然不适用公司使用人和一般股东，且也不适用自公司董事和主要股东处收到内部信息，根据该信息进行股票交易获得收益的人。

其二，由于公司的董事和主要股东与公司有共同的利益关系，所以通常不能期待公司要求董事和主要股东返还短线交易的收益。在此种情况下，虽然股东可以代替公司向公司的董事和主要股东请求将短线交易的收益返还给公司，但是该规定的目的是使上述人员将短期买卖的收益返还给公司，对于一般股东而言其所获得的好处甚少，所以其并不会有效地激励一般股东去行使此请求。这只不过是象征性的一种规定。

四、上市公司等的董事等的禁止行为

（一）董事、主要股东卖空的禁止

《金商法》第 165 条规定，上市公司等的董事或者主要股东不得超过所持有的金额、数量推销该上市公司等特定的有价证券等❷。总之，禁止上市公司等的董事、主要股东卖空股票❸。

---

❶ 关根攻.インサイダー取引规制の综合解说［M］.东京：日本经济新闻社，1989：82-83.

❷ 三浦章生.一问一答金融商品取引法の实务［M］.东京：经济法令研究会，2008：491.

❸ 松本真辅.インサイダー取引规制：解释・事例・实务对应［M］.东京：商事法务，2006：308.

该规定主要以间接防止内幕交易为目的，董事、主要股东等与公司有密切关系的人（如果想与公司切断关系，卖掉持有股票就可以）如果超过持有份额还要卖出公司股份时，因为获得股价下跌原因的特别信息的可能性很高，不得对自己所属的公司股票做出卖空行为❶。上市公司等的经营者或主要股东不得进行以下行为：①该上市公司等的特定有价证券等的推销及政令规定的其他交易，与该特定交易相关特定有价证券的数额（特定有价证券的推销指与该推销相关的特定有价证券的数额，其他交易中指内阁府令规定的数额）超过其所持有的该上市公司等的同种特定有价证券的由内阁府令规定的数额；②与该上市公司等的特定有价证券相关的推销等（不包括特定交易）中，作为计算接受金钱数额基础的特定有价证券的由内阁府令规定的数量超过其所持有的该上市公司等的同种特定有价证券的由内阁府令规定的数量❷。

（二）特定工会等与财产相关的特定有价证券等的处理

《金商法》第 165 条第 2 款规定，基于 2006 年的修改，新增了特定工会等的特定有价证券的处理规定❸。所谓不具有法人资格的基金（民法上的工会、投资事业工会、有限责任事业工会等）持有的股份，尽管有以基金的名义行使决议权等股东的权利，但是由于股东名册上没有法人格，所以不能成为股东，其持有股份的比例即使在 10% 以上，也不符合主要股东的条件，

---

❶ 三浦章生 . 一问一答金融商品取引法的实务［M］. 东京：经济法令研究会，2008：491. 河本一郎，关要监修 . 逐条解说·证券取引法［M］. 东京：商事法务，2008：1318-1319.

❷ 松本真辅 . インサイダー取引规制：解释·事例·实务对应［M］. 东京：商事法务，2006：308.

❸ 三浦章生 . 一问一答金融商品取引法的实务［M］. 东京：经济法令研究会，2008：492；松本真辅 . インサイダー取引规制：解释·事例·实务对应［M］. 东京：商事法务，2006：311.

因此不属于《金商法》第 163 条至 165 条规制的对象范围 **❶**。但是，"属于工会等的上市公司等的特定有价证券等的决议权一般认为由各工会会员依据共享份额持有，即使工会等的财产超过总股东等的决议权的 10%，主要股东的规制也不适用工会等自身持有的股份。因此，工会等的财产属于总股东等的决议权的 10% 以上的情况，主要股东适用同样的规制" **❷**。

特定工会等（民法上的工会、投资事业有限责任工会、有限责任事业工会等，与该工会等财产有关的股份决议权占上市公司等总股东等的决议权的比例在 10% 以上）的工会会员，就特定工会等的财产进行上市公司等的特定有价证券等的交易等的情形，有关交易的报告书必须在下个月 15 日之前向内阁总理大臣提交。该交易等为金融商品交易业者等，委托交易所交易许可业者进行交易时，通过这些业者提交有关交易的报告书。**❸**

为了防止特定工会等工会成员利用其地位获取秘密信息，就该上市公司等的特定有价证券等，在进行相关收购后 6 个月以内进行推销等，或者在进行推销等后 6 个月以内进行收购等，则该特定工会等的财产产生收益的，该上市公司等可以向该特定工会等请求返还其所获得的收益。

---

❶　三浦章生 . 一问一答金融商品取引法の实务［M］. 东京：经济法令研究会，2008：492.

❷　松本真辅 . インサイダー取引规制：解释・事例・实务对应［M］. 东京：商事法务，2006：311. 三浦章生 . 一问一答金融商品取引法の实务［M］. 东京：经济法令研究会，2008：492-493.

❸　原义则ほか . 实务金融商品取引法［M］. 东京：商事法务，2008：457；三浦章生 . 一问一答金融商品取引法の实务［M］. 东京：经济法令研究会，2008：493-494.

（三）探讨

就该条的规定而言，《金商法》第 162 条尽管是一般的规定，但是作为内幕交易的规制，将禁止卖空的条文也列入其中，是因为卖空的主体持有未公开的信息的可能性极高。该禁止卖空的规制，未公开信息的利用不作为必要要件的规制，与短线交易收益返还规定的情形相同，是间接防止内幕交易的规制❶。该条类似于参照美国 1934 年《证券交易法》第 16 条（a）款及同条（b）款及《金商法》第 163 条和《金商法》第 164 条的规定，该条是参照美国《证券交易法》第 16 条（c）款的规定❷。

---

❶ 山下友信，神田秀树. 金融商品取引法概说［M］. 东京：有斐阁，2010：317.

❷ 证券取引法制研究会. 逐条解说证券取引法［M］. 商事法务研究会，1975：740. 神田秀树ほか. 金融商品取引法コンメンタール 4 —不公正取引规制・课征金・罚则［M］. 东京：商事法务，2011：75.

第四节　日本内幕交易规制的动向

一、围绕内幕交易规制的法律修改与判例动向

通过对《金商法》的修改，就内幕交易规制上导入课征金制度，提高法定刑罚与课征金缴纳的基准并且扩大规制适用对象等，其目的主要是强化规制 ❶。

（一）围绕内幕交易规制的法律修改的动向

1. 2007 年 9 月施行的日本《证券交易法》的修改（伴随《金商法》施行的修改）

就内幕交易规制的适用除外情形，虽也有在知悉重要事实之前作为履行缔结的契约进行交易等的情形。上述情形的具体内容，即在知悉重要事实之前就信用衍生产品交易签订合同的人，作为该合同的履行，将当事人之间收受金钱、转移有价证券的，及由交易方持股定时、定额收购的情形也纳入规制的范围。并且，在日本旧《证券交易法》中，为了间接防止内幕交易，就

---

❶　清水豊ほか.Q & A 情報開示・インサイダー取引規制の実务［M］.东京：金融财政事情研究会，2009：231.

上市公司等董事及主要股东（持有 10% 以上的表决权的股东）的股票等交易，虽然在规定了提交买卖报告书的义务的同时，还规定了 6 个月以内进行交易所获得的收益向上市公司提供的义务，但是在该次修改中，持有上市公司等表决权的 10% 以上的民法上的团体等情形，也与主要股东一样承担上述义务。❶

2. 2008 年 12 月施行的《金商法》的修改

首先，就内幕交易的课征金的缴纳，以"重要事实公布后的第二天收盘"为基准，但是在该次法的修改中，将"重要事实公布后的第二天收盘"的基准修改为"重要事实公布之后两周的最高值或最低值"作为基准，实质上提高了课征金的缴纳基准❷。

其次，包括内幕交易在内的不公平交易的课征金，虽然只有出现在为自己的利益进行违法行为的情形时才令违反者缴纳课征金，但在为他人的利益的违法行为中，也将其判断为通过违法行为实现自己的利益。因此，如下情形出现时，被认为是具有经济同一性的人：①内阁府令规定的违反者与其他持有总股东等过半决议权的公司有密切关系的人；②内阁府令规定的违反者和生计一致者以及其他违反者的特殊关系者。依据内阁府令，违反者与生计一致者和其他违反者作为特殊关系者进行违法行为时，将违法者视为自己的利益进行违法行为来计算应缴纳的课征金；另外，金融商品交易业者等为顾客的利益进行违法行为时，手续费、报酬等的金额也列入课征金的对象；③

---

❶　清水豊ほか.Q & A 情报开示・インサイダー取引规制の实务［M］.东京：金融财政事情研究会，2009：232.

❷　清水豊ほか.Q & A 情报开示・インサイダー取引规制の实务［M］.东京：金融财政事情研究会，2009：232.

导入了课征金的减算制度。即在证券交易等委员会的调查之前，违反者报告了自己有关于内幕交易规制等的违法行为时，课征金的金额减半征收 ❶❷。

（二）近期围绕内幕交易规制的判例的动向

近年来，发生了诸如村上基金事件引起社会广泛关注的刑事案件，同时，证券公司职员和广播局、监查法人职员的内幕交易也引起了人们的关注 ❸。由于内幕交易规定为刑事犯罪，如果符合《金商法》规定的一定类型的，其主要特征是公司相关人员利用获得的内部信息以获取利益为目的、不考虑该交易利益取得与内部信息取得之间的因果关系就会被认定为违法 ❹。另外，就量刑而言，将法定刑 3 年以下的有期徒刑或 300 万日元以下的罚款或者并科，提高到 5 年以下的有期徒刑或 500 万日元以下的罚款或者并科，对内幕交易有重罚化的倾向 ❺。

---

❶ 西村あさひ法律事务所 . 最新金融レギュレーション［M］. 东京：商事法务，2009：386.

❷ 清水豊ほか .Q＆A 情報開示・インサイダー取引規制の実务［M］. 东京：金融财政事情研究会，2009：232-233.

❸ 西村あさひ法律事务所・危机管理グループ，木目田裕监修 . インサイダー取引規制の实务［M］. 东京：商事法务，2010：468.

❹ 西村あさひ法律事务所 . 最新金融レギュレーション［M］. 东京：商事法务，2009：395.

❺ 松本真辅 . インサイダー取引規制：解释・事例・实务对应［M］. 东京：商事法务，2006：6-7.

二、自己股票的取得与内幕交易规制

上市公司通常持有很多未公开的重要事实，由于对信息管理不彻底，因此就自己股票的取得，一般被认为容易发生违反内幕交易规制的情形 **❶**。

（一）自己股票的收购和重要事实

1. 重要事实的合理性

当初《商法》在缓和自己股票的取得的规定时，就指出必须强化规制日本《证券交易法》上的内幕交易。证券交易审议会公平交易特别部会报告中指出，"就自己股票的取得，鉴于公司的董事、职员是基于公司的利益，依据公司持有的信息进行交易，自此必须进一步强调内幕交易规制的重要性。公司利用公司的内部信息取得自己股票，或者公司有关人员等获得公司取得自己股票的相关信息后，是为了自己的利益取得该公司的股票。这将无法准确了解这是否将一般投资者置于极其不利的立场。如果放任不管，有可能会损害投资者对证券市场的信赖"。在此基础上，"因自己股票取得的决定与公司的财产有关，对投资者的投资判断会产生显著的影响。另外，在现行法上考虑到新股等的发行、资本的减少、利益的分红等的决定是重要的事实，将这些决定作为内幕交易规制上的重要事实来考虑是适当的，与该次《商法》修改案相对应，应依法令将其规定为重要事实"，以上述情况为背景，在旧

---

❶ 西村あさひ法律事务所.最新金融レギュレーション［M］.东京：商事法务，2009：389-390.

《证券交易法》中，将自己股票取得的决定规定为"重要事实"❶。

自己股票取得的主要方法如下：①根据《公司法》第 156 条进行股东大会决议后，再根据该法第 157 条关于董事会决议的规定，具体由收购负责人进行取得的；②依照章程规定自市场取得或者依照《金商法》第 27 条之 2 第 6 项规定的通过董事会决议之后依公开收购手法，具体由收购负责人进行取得的。上述①和②的机关决定是规定授权范围的，在实际取得方面，负责人（例如董事长）一边考虑市场状况一边决定取得具体条件的事实，是自己股票取得的一部分本来就属于重要的事实，该负责人如果没有公布该决定而进行自己股票取得的行为，虽符合内幕交易规制的条件，但由于负责人每次实施具体的收购都必须进行公开的话会很麻烦，如果公布上述①的股东大会决议与②的董事会决议，即使此后负责人没有将取得的具体决定进行公布而进行自己的股票取得，也不适用于内幕交易规制❷。

2. 应该公布的内容

在取得自己的股票时，该上市公司除①通过股东大会决议或董事会决议预先规定总框架（《公司法》第 156 条第 1 款）外，②还应个别具体地规定之后依据董事会决议等实际取得自己股票时，取得的股票数、每股交付的金钱内容等、交付的金钱的总额、股票转让的申请日期等，上述各事实均属于《金商法》第 166 条第 2 款第 1 项之 2 的"重要事实"❸。因此，如果不公布自己股票取得的

---

❶ 编集部 . 金库株と证券取引法改正：インサイダー取引规制［J］. 别册商事法务，2002（251）：72.

❷ 西村あさひ法律事务所・危机管理グループ，木目田裕监修 . インサイダー取引规制の实务［M］. 东京：商事法务，2010：388.

❸ 清水豊ほか . Q ＆ A 情报开示・インサイダー取引规制の实务［M］. 东京：金融财政事情研究会，2009:324.

决定就进行自己股票的取得，满足内幕交易规制的条件，依据《金商法》第166条第6款第4项之2的规定，仅与自己股票取得决定的重要事实有关联，才能将自己股票的取得作为例外适用的情形 ❶。

就其理由而言，虽然上述①及②的任何事实都应该事先公布，若将②具体的取得预定日、取得预定数等事前公布的话，由于股价上涨使得该上市公司很难顺利地取得自己的股票。《金商法》规定，上述①进行公布后，该上市公司依照该股东大会决议或董事会决议取得自己股票时，上述②的规定即使没有进行公布也不适用内幕交易的相关规制 ❷。着眼于难以实现自己股票取得决定的可能性的政策适用的除外规定，基本上认为上述①的说明是妥当的见解 ❸。

（二）自己股票的收购取得

1. 市场内收购取得自己股票

自己股票取得时，若有自己股票取得的决定以外的未公开的重要事实，虽应适用内幕交易规制，但是内幕交易规制既然以行为者个人为基准来判断的话，如果和决定取得自己股票的管理人员之间设置了信息隔离墙，就不会出现追究违反内幕交易规制的问题。但是，通常做出自己股票取得的具体决

---

❶ 神田秀树ほか. 金融商品取引法コンメンタール4—不公正取引规制·课征金·罚则［M］. 东京：商事法务，2011：145-146.

❷ 清水豊ほか. Q & A 情报开示·インサイダー取引规制の实务［M］. 东京：金融财政事情研究会，2009：324.

❸ 清水豊ほか. Q & A 情报开示·インサイダー取引规制の实务［M］. 东京：金融财政事情研究会，2009：324.

定的董事，很少不会知道自己股票取得的决定以外的重要事实，实际上被认为很难依据所设置的信息隔离墙来规避规制的适用。❶

2. 公开收购取得自己股票

根据 1994 年日本《证券交易法》的修改，设置了自己股票公开收购制度（发行者公开收购制度）。知悉重要事实后提交公开收购申报书之前，发行公司若已经知悉重要事实，却不公开进行公开收购的话，可以称为违反内幕交易规制。对于这种违反内幕交易规制的收购者，根据《金商法》的规定，处 5 年以下有期徒刑或者 500 万日元以下罚金，或两者并科处罚。❷

在提交公开收购申请书后知悉了重要事实的情况下，在公开收购中作为执行与上市公司等业务相关的重要事实之前决定的该上市公司等的特定有价证券等相关交易的计划进行交易的情况下，其他以此为准的作为内阁府令中明确表示是基于上述情况的交易的情况，属于不适用内幕交易规制的情况，不视为违反《金商法》第 166 条第 1 款的规定 ❸，即在提交公开收购申请书后产生重要事实的情况下，如果立即公布事实，则在与申请公开收购的股东之间的关系上，购买股票的发行公司不会发生内幕交易的问题 ❹。

在有未公开的重要事实的情况下提交公开收购申请书，假设以向股东公开收购的应募来进行交易，对于在该重要事实公布之前进行的应募，发行公

---

❶ 西村あさひ法律事务所・危机管理グループ，木目田裕监修 . インサイダー取引规制の实务［M］. 东京：商事法务，2010：389-391.

❷ 清原健 . 详解公开买付けの实务［M］. 东京：中央经济社，2009：345.

❸ 清原健 . 详解公开买付けの实务［M］. 东京：中央经济社，2009：346.

❹ 西村あさひ法律事务所・危机管理グループ，木目田裕监修 . インサイダー取引规制の实务［M］. 东京：商事法务，2010：394.

司属于违反内幕交易的规制。在此点上,《金商法》第 27 条之 12 第 1 款规定,虽然应募规定为"收购等要约的承诺"或"推销等的要约",但是公开收购者的推销等要约的劝诱,也有解释为实质性上等同于收购要约之说,即公开收购的应募等同于"对收购等要约的承诺",应募时交易就成立了,不能完全否认发行公司违反内幕交易规制。但依据解释论,既然应募股东能够撤回应募,就没有必要将其解释为在应募时交易会成立。因为应募总数超过预定购买股数的情形时,从原则上只有部分应募才会成立交易等上看,至少应募时只要能撤回,且公开收购归根到底是推销等要约的劝诱,应募应只限于推销等要约,因此将其解释为应募不会成立交易等是适当的。❶

(三)其他重要事实

1. 规制适用除外

如上文所述,就适用于取得自己股票的内幕交易规制的除外情形,除了上述一(2)的①公布事实以外,关于自己股票取得决定以外的"重要事实"(《金商法》第 166 条第 1 款)也有必要将其公布。因此,在该上市公司做出取得自己股票的决定,参与股票取得手续的董事或员工等知悉取得自己股份以外的"重要事实",在该"重要事实"未公开期间为了该上市公司的利益取得自己股票时,有可能违反内幕交易的规制。❷

---

❶ 西村あさひ法律事务所・危机管理グループ,木目田裕监修. インサイダー取引规制の实务 [M]. 东京:商事法务,2010:394-395.

❷ 清水豊ほか. Q & A 情报开示・インサイダー取引规制の实务 [M]. 东京:金融财政事情研究会,2009:325.

2. 避免违反的手段

为了使自己股票的取得不与内幕交易规制相抵触，最好的方法是，在该上市公司知悉 "重要事实" 之前，采用信托方式（委托信托银行等基于信托契约取得自己股票）与投资一任方式（委托投资运用业者基于投资一任合同取得自己股份）。然而，在认识到未公开的重要事实的同时委托取得自己股票的情形下，不能否定其一定没有违反内幕交易的规制。另外，委托取得自己股票时虽然没有认识到未公开的重要事实，但是委托取得自己股票后，该上市公司的董事等知悉了未公开的重要事实的情况下不停止收购，之后也由信托银行等和投资运营商进行购买，如果对此放任不管，该上市公司的董事等是否违反内幕交易规制（是否会成为违反内幕交易规制的不真正不作为犯），这也是个问题。❶

就上文述及的问题，金融厅及证券交易等监视委员会做出了如下的见解："①信托合同或者投资一任合同的签订、变更，并不是该上市公司知悉重要事实而做出的行为；②该上市公司签订合同后不进行订单相关指示形式的合同时，或者即使在该上市公司签订合同后发出订单相关指示的情况下，发出指示的部门也与重要事实隔绝，并且，该部门从知悉重要事实的人独立发出指示的时间点，在没有根据重要事实进行指示的情况下，一般认为不属于公司相关人员知道重要事实进行交易等情况，所以基本上不会违反内幕交易的规制"❷❸。

---

❶ 西村あさひ法律事務所.最新金融レギュレーション［M］.东京：商事法务，2009：390.

❷ 証券取引等監視委員会.インサイダー取引規制に関するQ&A［EB/OL］.（2008-11-25）［2021-06-10］. http：//www.fsa.go.jp/news/20/syouken/20081125-1/01.pdf.

❸ 西村あさひ法律事務所.最新金融レギュレーション［M］.东京：商事法务，2009：390-391.清水豊ほか.Q＆A情報開示・インサイダー取引規制の実務［M］.东京：金融財政事情研究会，2009：325-326.

三、不动产投资信托（REIT）与内幕交易规制

（一）REIT 的概要

日本《证券投资信托法》（以下简称《投信法》）是 1926 年制定的，规定了与投资信托和投资法人相关的法律法规，其目的是将大量的投资者的资金一次性地投资于有价证券。之后，在 1942 年，该法设置了对委托者的受益者的忠实义务，1998 年该法将基金设定的批准制变更为申报制。2000 年该法允许创设房地产投资法人（J-REIT），从而将投资对象扩大到房地产业等。❶

不动产投资信托（REIT）是 Real Estate Investment Trust 的简称，虽然因各国的法制的差异其形态也有所不同，但其主要是利用投资信托或公司的形态，以不动产以及不动产信托受益权为主要投资对象，自投资者募集的资金作为不动产投资基金的运用资金❷。

日本的不动产投资基金，自日本的不动产泡沫崩溃以后，由于不良债权问题等影响导致流动性欠缺，为了振兴低迷的房地产市场，在 2000 年 11 月对投资信托及投资法人的相关法律进行修改，使不动产和投资基金的结合成为可能，之后经过 10 年时间，作为使用不动产的资产运用型的金融商品 REIT 被固定下来❸。

---

❶ 金融審議会. 投資信託・投資法人法制の見直しに関するワーキング・グループ：最終報告［EB/OL］.（2013-12-7）［2021-06-10］. http：//www.fsa.go.jp/singi/singi_kinyu/tosin/20121212-1/01.pdf.

❷ 新家寛，上野元. REIT のすべて［M］. 东京：民事法研究会，2012：2.

❸ 新家寛，上野元. REIT のすべて［M］. 东京：民事法研究会，2012：2.

J-REIT 的投资份额，虽然是被证实能稳定地产生现金流的不动产这个原资产的商品，但事实上该商品对于金融、资本市场的影响很大。另外，J-REIT 的投资份额，自投资法人的运营来看，在人员、经验技术、投资对象物件的提供等方面，虽然资产运用公司的母公司等（以下简称赞助商）发挥着很大的作用，且对于赞助商企业的依赖也有信用补充等优点，然而令人担忧的是，赞助商企业和投资者的利益未必一致。为了进一步提高投资法人制度的投资者的可靠性，包括对这些利益相反的进行适当规制，有必要采取措施确保投资法人的运营和交易的透明性。❶

（二）REIT 以及 J–REIT 的收购和产业重组与内幕交易

内幕交易的对象是指特定有价证券等的买卖以及其他有偿的转让或者受让，或者是与特定有价证券有关的衍生品交易，即"特定有价证券"交易。特定有价证券是指：①上市公司等的公司债券；②《优先出资法》规定的优先出资证券；③股票或新股预约权证券（不包括政令规定的）以及政令规定的其他有价证券。❷

公司等相关人员的内幕交易规制的成立，虽与特定有价证券及相关有价证券（《金商法》第 163 条第 1 款、166 条第 1 款）相关，但不动产投资法人 J-REIT 的投资证券被认为不符合上述证券。根据《金商法施行令》第 27 条之 4 第 2 项规定，"将资产作为对该上市公司特定有价证券的投资而运用的投资

---

❶ 金融审议会.投资信託·投资法人法制の见直しに关するワーキング·グループ：最终报告［EB/OL］.（2013-12-07）［2021-06-10］.http：//www.fsa.go.jp/singi/singi_kinyu/tosin/20121212-1/01.pdf.

❷ 神田秀树ほか.金融商品取引法コンメンタール：不公正取引·课征金·罚则［M］.东京：商事法务，2011：120-121.

法人"的投资证券中，以投资不动产为目的的 J-REIT 的投资证券不属于上述证券❶。因此，特定有价证券的定义不包含投资证券。另外，J-REIT 也不属于《金商法》第 167 条规定的特定股票（"有关该公开收购的上市股票或者上市股票的发行者公司发行的股票或者新股预约权附有公司债券其他政令规定的有价证券"）投资证券的范畴，因此，也不属于公开收购有关人员等的内幕交易规制的对象❷。

但是，在有关 REIT 的有价证券报告书等的公开文件中，一般而言，由于不存在内幕交易规制等相关法令上的禁止规定而产生的风险，投资法人、资产运用公司的董事等进行类似内幕交易的情形时，会对投资证券的一般信赖造成侵害，市场价格下跌和投资证券的流动性下降等可能带来不良影响。不过，即使是 REIT，能够接近影响投资判断的重要信息的人，获得内部的特别信息，在该信息公布前进行交易的话，可能会显著损害投资者对证券市场的信赖。并且，在现行的《金商法》下，即使投资份额不属于内幕交易规制的对象，也有可能关于《金商法》第 157 条的禁止规定。❸

综上，考虑投资法人特有的情况，为了使投资者更加信赖 REIT 的运营和交易的透明性，上市投资法人投资证券交易适用内幕交易的规制比较适当。

---

❶ 新家宽，上野元. REIT のすべて［M］. 东京：民事法研究会，2012：390.

❷ 新家宽，上野元. REIT のすべて［M］. 东京：民事法研究会，2012：390.

❸ 西村あさひ法律事务所. 最新金融レギュレーション［M］. 东京：商事法务，2009：393.

第三章　日本内幕交易规制的法律施行
——课征金制度

日本在导入课征金制度之前，违反《金商法》的刑罚外的法律手段包括：①监督官厅对证券公司营业执照的取消（现在指注册登记的取消）和业务停止的行政处分；②裁决的禁止令和停止命令；③因提交虚假有价证券申报书和操纵市场的行为遭受损害的私人的损害赔偿请求的制度❶。对于违反内幕交易受到金融厅的行政处分，只包括证券公司立即停止相关业务的命令，证券外务员立即终止相关行为的行政处分，对于其他违反者不加以任何制裁❷。但是，在上述规定中，法院的禁止令制度在现实中无法施行；另外，对受损失的投资者进行损害赔偿的制度，对投资者而言很难举证，因此，现实中并没有使用该制度❸。导入课征金制度之前，在违反证券法的领域内并没有考虑刑罚以外的制裁的效果来决定是否应该进行刑事诉讼，从这个角度而言，刑罚未必作为"最后的手段"❹。为规制担保的实效性，以抑制违反行为为目的，对违反者给予金钱处罚的行政措施，2004 年通过对当时旧《证券交易法》的修

---

❶　芝原邦尔 . 经济刑法研究：上［M］. 东京：有斐阁，2005：111.

❷　佐伯仁志 . 制裁论［M］. 东京：有斐阁，2009：275.

❸　芝原邦尔 . 经济刑法研究：上［M］. 东京：有斐阁，2005：111-112.

❹　芝原邦尔 . 经济刑法研究：上［M］. 东京：有斐阁，2005：112.

改，于 2005 年导入了课征金制度。《金商法》上课征金的对象是发行信息披露违反、继续信息披露违反、内幕交易等。证券交易等监视委员会对内幕交易违反者，可以向内阁总理大臣及金融厅长官请求发布课征金缴纳命令，也可以向检察官提出刑事诉讼。对于内幕交易的违反行为，在行政审理时相当于课征金的要件的事实若被充分地证实，就可以令违反行为者缴纳课征金。课征金制度将刑事罚的谦抑性、补充性原则分开进行考虑，一方面作为有力担保个别违法行为的法律执行的有效手段；另一方面指的是课征金有别于行政处分，为保证适当手续原理的行政手续而设置了审判手续，与通常的行政处分（不利处分）的关系，作为适当担保的行政手续设置了该审判手续 **❶**。

与此相对的，在美国，作为证券法的施行手段，以司法程序的司法执行（包括民事制裁）为基准，美国证券交易委员会通过行政程序下达行政命令 **❷**。即在 SEC 的法律施行的手段中，不仅有行政处罚的性质，也有民事救济的性质。然而，日本课征金是被纳入国库，这与《金商法》的目的在于"国民经济的健康发展"以及"投资者的保护"不符。因此，自"保护投资者"的角度出发，很有必要导入美国联邦证券法上的民事制裁金制度。在内幕交易违反的事件中，违反者在很多情况下都需要缴纳课征金，并且即使是被提起公诉的刑事案件，最终审判的结果也大多是缓期执行的判决。因此，作为对内幕交易的一种抑制手段，有必要重新审视课征金这一制度。下述对课征金制度进行探讨。

---

❶ 桥本博之.改正证券取引法の理论的研究（1）证券取引法における课征金制度の导入［J］.商事法务，2004（1707）：5.

❷ 桥本博之.改正证券取引法の理论的研究（1）证券取引法における课征金制度の导入［J］.商事法务，2004（1707）：4.

第一节　日本课征金制度的概要

一、概述

（一）课征金制度的导入

课征金制度导入之前，日本证券法制对于轻度的违反行为也设置了刑事罚。虽说是证券违反行为，但实际上违法行为的程度有很大差别，如果针对每种证券违反行为都适用刑事制裁的话，可能过于严厉，所以有必要抑制运用刑事制裁，其结果是对于没有达到刑事罚程度的违反行为没有进行任何处分而被搁置。另外，对于证券公司等的业务停止的行政处分也会损害与违反行为无关的投资者的便利性的问题，应该限定在违反行政处分的范围之内，但因为只有行政处分的手段，有时会出现与违反行为的实际情况并不匹配的抑制力。根据各种各样的违法行为的程度和方式，为了能够通过最合适的手段进行法律执行，有必要谋求手段的多样化，比如施加金钱处罚制度和违反行为的停止、纠正命令等 ❶。受金融审议会金融分科会第一部会的报告《面向

---

❶　金融審議会金融分科会第一部報告.市場機能を中核とする金融システムに向けて［EB/OL］.（2003-12-24）［2021-06-10］. http://www.fsa.go.jp/singi/singi_kinyu/siryou/kinyu/dai1/f-20031224_sir/02.pdf.

以市场功能为核心的金融系统》（2003 年 12 月 24 日）的建议："鉴于与其他刑事罚的均衡性，以及刑事罚本身的谦抑主义运用，应该建立以违反《证券交易法》的不公平交易规制、信息披露规制的违反、证券公司行为为对象的新的课征金制度，"之后，日本在 2004 年通过对本国《证券交易法》的修改，于 2005 年导入了课征金制度。❶

2004 年课征金制度导入初期，课征金的对象范围限定在：①有价证券的募集、出售时的信息披露文件的虚假记载（发行信息披露违反）；②谣言的流传、伪计；③操纵市场；④内幕交易❷。这四种违反行为都直接危害证券市场的公正性和投资者的信赖，这在旧《证券交易法》中也属于性质特别恶劣的违反行为，在课征金制度导入之初就被列入课征金的对象❸。对于这些违法行为，在课征金制度导入之前，是刑事罚的对象，但是，因为课征金是与刑事罚的宗旨、效果等不同的制度，所以不管是否会受到刑事罚，相当于课征金要件的事实在行政审判时被充分证明，就要令违反者缴纳课征金❹。但是，对于这些违反行为，除了课征金之外还有刑事罚的规定，课征金制度是否会与日本《宪法》第 39 条规定的双重处罚的规定相抵触。对此有人指出❺，因为课征金是行政处分，不具有着眼于反社会性和反道德性的行为而受到制裁的性

---

❶ 金融审议会金融分科会第一部报告.市场机能を中核とする金融システムに向けて［EB/OL］.（2003-12-24）［2021-06-10］.http://www.fsa.go.jp/singi/singi_kinyu/siryou/kinyu/dai1/f-20031224_sir/02.pdf.

❷ 长岛・大野・常松法律事务所.アドバンス金融商品取引法［M］.东京：商事法务，2009：1005.

❸ 冈田大ほか.市场监视机能の强化のための证券取引法改正の解说—课征金制度の导入と民事责任规定の见直し—［J］.商事法务，2004（1705）：45.

❹ 三井秀范ほか.课征金制度と民事赔偿责任：条解证券取引法［M］.东京：金融财政事情研究会，2006：13.

❺ 高桥康文.平成 16 年证券取引法改正のすべて［M］.东京：第一法规，2005：24.

质，与刑事罚的宗旨、目的、性质、内容等有差异，所以不违反双重处罚禁止的规定。

二、课征金的性质

（一）课征金的标准

课征金是日本令违反行为人向国库缴纳金钱的制度，作为与刑事罚的罚款相类似的制度，其关键在于行为人是否违反了日本《宪法》第 39 条的双重处罚规定[1]。关于这一点，如上所述，课征金不具有着眼于行为的反社会性和反道德性而制裁的性质，与刑事罚的宗旨、目的、性质、内容等有差异，所以与禁止双重处罚的规定不相抵触。其根据是 1931 年日本最高法院的判决[2]。该判决对法人税的逃税行为以罚款与追征税的关系，作了如下描述。

"法[3]第 48 条一款中的逃税人，'因欺诈及其他不正当行为而言'的文字可以看出，着眼于偷税者的不正当行为的反社会性或反道德性，作为与之相反的制裁，法第 43 条的追征税，如仅因少申报、不申报而违反纳税义务的事实，除非有该条规定不得已的事由，否则该违反的法人将受到处罚。由此，防止因过少申报、不申报而违反纳税义务的发生，应解释为以实现纳税为主旨的行政措施。"[4] 另外，"鉴于追征税的性质，将日本《宪法》第 39 条的规

---

[1]　山下友信，神田秀树 . 金融商品取引法概说［M］. 东京：有斐阁，2010：446.

[2]　最大判昭和 33・4・30 民集 12 卷 6 号 938 页。

[3]　《法人税法》48 条。

[4]　最大判昭和 33・4・30 民集 12 卷 6 号 938 页。

定解释为不包含禁止刑罚的罚款和追征税并用的宗旨，该解释是相当的，但所论违宪的主张不能采用"❶。即根据该判例已经确立，以抑制违法行为为目的的行政上的、金钱上的不利益处分，即使不能否认有制裁的意义，与着眼于违反行为的反社会性或反道德性，作为制裁而课以刑罚的法律性质不同，即使与刑事罚并科，也并不违反禁止双重处罚的规定 ❷。

另外，在 1998 年，日本最高法院判决 ❸ 引用上述判决，做出独占禁止法上的刑罚罚款与课征金的并科不违反日本《宪法》第 39 条规定的判决，即认定课征金不违反禁止双重处罚的规定。因此，有观点指出 ❹，1998 年日本最高法院的判决，自未赋予行政上的不利益处分的归还利益性质上看，虽认为没有必要将课征金的水准停留在利益相当额上，但为了不使违反行为之前的违反者处于不利的状况，课征金不具有制裁的性质，由此可见，或许其所考虑的是如何更切实地避免产生双重处罚的疑虑。

对于《金商法》的课征金，在 2008 年修改时，对于是否应该局限于利益金额这一点进行了探讨，"为了不让违反行为成为'获利'，利益相当额被定为课征金的水准。关于这一点，从进一步确保规制的有效性的观点上看，有人指出，这是理所当然的，但不必局限于利益。另一方面，也有人指出，课征金既不是反社会性、反道德性的问题，就不应该完全与利益相脱离"❺。结果是维持了以利益金额为基本的想法，并对计算方法重新进行了审视，实质上

---

❶ 最大判昭和 33・4・30 民集 12 卷 6 号 938 页。

❷ 松尾直彦．金融商品取引法［M］．东京：商事法务，2014：620.

❸ 最判平 10・10・13［J］．判例时报，1999（1662）：83.

❹ 川口恭弘．金融商品取引法上の课征金制度［J］．同志社法学，2005，61（2）：281-282.

❺ 山下友信，神田秀树．金融商品取引法概说［M］．东京：有斐阁，2010：448.

提高了课征金额的水准❶。一般认为，课征金基于利益的归还从而抑制违反行为，加上当初的性质，课征金已经具有制裁的要素❷。

（二）课征金的适用类型

就课征金的要件而言，课征金有以下四种适用类型：第一，对于课征金的标准，依照违反行为的种类，以一般、抽象的经济利益的相当额为基准的法定的计算方法；第二，对于违反对象行为的类型，限定于类型上可以计算违反行为带来的经济利益相当额；第三，从计算违法行为造成的经济收益相当于一种类型的要件的观点来看，除了刑罚法规的构成要件相应的行为之外，还增加了违反者进行一定行为的必要条件；第四，对于对象的违反者，也限定于固定的假定进行违反行为，且处于通过违反行为获得经济利益地位的人。从上述要件来看，课征金具有形式上规定的特征。❸

三、课征金额的计算

（一）课征金的缴纳命令的对象者和计算方法

1. 概要

课征金缴纳命令的对象者是指违反《金商法》第 167 条第 1 款、3 款的

---

❶ 山下友信，神田秀树.金融商品取引法概说［M］.东京：有斐阁，2010：448.

❷ 神田秀树ほか.金融商品取引法コンメンタール4—不公正取引规制·课征金·罚则［M］.东京：商事法务，2011：208.

❸ 松尾直彦.金融商品取引法［M］.东京：商事法务，2014：621-622.

规定和《金商法》第 166 条第 1 款的规定进行交易的人，或者违反《金商法》第 167 条第 1 款、3 款规定的，《金商法》第 167 条第 1 款规定的特定股票或有关股票的收购或者同条 1 款规定的相关出售股票的人。违反这些规定进行的交易，限定在有关业务的重要事实或者与公开收购的实施有关的事实，或者公开收购的中止事实的发表日之前 6 个月内的交易 ❶。

2008 年《金商法》的修改，就为自己利益以外的违法行为做了规定。首先，持有总股东等过半决议权的公司或将生计统一的人等经济上具有同一性的人进行违法行为时，视为自己利益的违法行为而列入课征金的对象中 ❷。其次，根据金融商品交易商的客户和基金的利益进行交易时，由于通过违反行为，违反者可以维持与客户的合约，因此以支付给业者的手续费、报酬及其他等价的费用为基准计算课征金 ❸。上述自己利益以外的违法行为视为自己利益的违法行为，列入课征金的对象。

因此，也有人指出 ❹，这样将来自他人获得的利益的派生收益作为课征金的话虽然有合理性，但问题在于是否违反课征金的宗旨。从抑制违反行为的实效性角度看，限定在经济的同一性的人和金融商品交易从业人员或者金融登记机关，一般认为并不违反课征金的宗旨。

2. 课征金的计算方法

2004 年导入课征金时的计算方法是"重要事实公布前 6 个月以内的推销、收购的价格和重要事实的公布次日的最终价格的差额"。然而，通过 2008《金

---

❶ 松尾直彦 . 金融商品取引法 ［M］. 东京：商事法务，2014：581.

❷ 山下友信，神田秀树 . 金融商品取引法概说 ［M］. 东京：有斐阁，2010：449-450.

❸ 池田唯一ほか . 逐条解说 2008 年金融商品取引法改正 ［M］. 东京：商事法务，2008：102.

❹ 山下友信，神田秀树 . 金融商品取引法概说 ［M］. 东京：有斐阁，2010：449.

商法》的修改，将课征金的计算方法修改为"重要事实等公布前 6 个月内的推销额（收购）的价格与重要事实公布后 2 周的最低值（最高值）的价格的差额"。❶

但是，基于违反内幕交易规定的课征金的计算方法，因为是根据公布重要事实后 2 周内利益最大化时的行情为基准计算课征金额，有人指出❷，由于课征金额可能比违法行为者实际获得的利益还要大，课征金是否背离了当初剥夺利益的立法宗旨。在这一点上，美国对内幕交易的违反者，采取的是剥夺其取得利益的 3 倍的民事制裁金的制度，因此，自抑制违法行为的观点上看，日本的课征金制度并未背离剥夺利益相当额的立法宗旨❸。

（二）课征金的加算制度和减算制度

1. 加算制度

因违反了《金商法》的规定被视作课征金缴纳命令对象的人，在以前受到了课征金缴纳命令而再次违反的情况下，就会被认为：第一次的缴纳课征金水准上不足以抑制违反者，所以需要更强力度❹。因此，通过 2008 年《金商法》的修改，对重复违反行为的人新设了课征金的加算制度❺，即如果违反者在过去 5 年内受过课征金缴纳命令，那么课征金额将会是法定金额的 1.5倍❻。一般认为《金商法》上的课征金的加算制度的加算比例，参考了《独占

---

❶　松尾直彦 . 金融商品取引法［M］. 东京：商事法务，2014：582.

❷　山下友信，神田秀树 . 金融商品取引法概说［M］. 东京：有斐阁，2010：449.

❸　Wang W K S, Steinberg M I. Insider Trading［M］. 3rd ed. New York: Oxford University Press, 2010：664.

❹　大来志郎，铃木谦辅 . 课征金制度の见直し［J］. 商事法务，2005（1840）：38.

❺　大来志郎，铃木谦辅 . 课征金制度の见直し［J］. 商事法务，2005（1840）：38.

❻　川村正幸 . 金融商品取引法［M］. 东京：中央经济社，2009：688.

禁止法》上的制度 ❶。

"重复"的认定是指在过去 5 年内受过课征金缴纳命令等，其主要反映了如下几点：第一，违反后 5 年以内再次违反的，从类型上看，继续进行违反行为的可能性很高，在外形上被认为具有常习性；第二，若有金融商品交易业的登记拒绝条件和外务员的注册取消处分等过去违反经历的情况，追溯的时间是 5 年。❷

2. 减算制度

在发现应在缴纳课征金行为之前主动向当局申报的可以减轻处罚，并相应减算课征金额。

《金商法》上的课征金减算制度主要是防止企业自身发生自律性的违反行为，鼓励企业建立能及早发现违反行为的合规体制 ❸，即在企业自身发现公司内部的违反行为并公布其内容的情况下，如果与证券交易监视委员会发现违法行为时，对该企业缴纳课征金额内容相同的话，作为企业积极构筑合规体制相应减少课征金额 ❹。

---

❶ 神田秀树ほか.金融商品取引法コンメンタール 4 —不公正取引规制・课征金・罚则［M］.东京：商事务务，2011：408.

❷ 池田唯一ほか.逐条解说 2008 年金融商品取引法改正［M］.东京：商事务务，2008：403.

❸ 神田秀树ほか.金融商品取引法コンメンタール：不公正取引・课征金・罚则［M］.东京：商事务务，2011：409.

❹ 池田唯一ほか.逐条解说 2008 年金融商品取引法改正［M］.东京：商事务务，2008：111.

四、审理程序和课征金缴纳命令

（一）审理程序

课征金缴纳命令的程序如下。

1. 调查劝告

证券交易监视委员会负责调查工作，对于调查结果，认为课征金的对象存在违反行为时，向内阁总理大臣和金融厅长官进行劝告。

证券交易监视委员会隶属于金融厅，由委员长及两名委员组成。委员长及委员经众参两院同意后，由内阁总理大臣任命。证券交易监视委员会根据日本的《金融商品交易法》《关于投资信托及投资法人的法律》《关于公司债券、股份等转账的法律》以及《关于防止犯罪收益转移的法律》的规定，处理属于权限的事项。根据这些法律的规定，证券交易监视委员会在进行检查、报告或者资料提交的命令、问询或者征求意见或犯罪案件的调查时，为确保金融商品交易的公正，或者为确保投资者的保护以及其他公益而进行的行政处分及其他措施，可根据其结果向内阁总理大臣及金融厅长官进行上报。证券交易监视委员会根据证券交易检查的结果，在必要时，可以向内阁总理大臣、金融厅长官或者财务大臣提出建议。

2. 审理程序

将审理程序开始决定书的复印件送达被审理人，开始审理程序。决定开始审理程序的决定书中应记载审理的时间地点、违反的事实、课征金缴纳数额及其计算基础。被审理人认可违反事实及应缴纳课征金额的辩解主张不需要进行审理。审理官在经过审理程序后，必须制作关于审理案件的决定案，并提交给内阁总理大臣。内阁总理大臣根据审理官制作的决定案下达课征金缴纳命令。

在审理程序中，被审理人自收到审理程序开始决定书的复印件时，必须立即向审理官提交答辩书，被审理人或其代理人可于期出庭，进行意见陈述及各种证据调查的申请（参考人审问、鉴定、审判官的介入检查、证据文件及物件的提交）❶。

3. 审理员制作决定案，决定缴纳命令

审理官在经过审理程序后，必须制作关于审理案件的决定案，并提交给内阁总理大臣。内阁总理大臣根据决定案，在认为存在违反事实时必须下达课征金缴纳命令。

4. 没有违反事实主旨的决定

内阁总理大臣在经过审理后，认为没有违反事实时，必须做出明确其内容的决定。2012 年 10 月 23 日，金融厅做出自与株式会社 SJI 的契约缔结交涉者的信息受领者的内幕交易事件没有违反事实内容的决定❷。虽然证券交易等监视委员会的劝告在审理中产生争议的案件随处可见，但迄今为止，因违反内幕交易规定而被认定为没有违反事实也仅有这个事件。

---

❶ 松本真辅 . インサイダー取引规制：解释・事例・实务对应［M］. 东京：商事法务，2006：279.

❷ 平成 23 年度（判）30. 株式会社 SJI との契約締結交渉者からの情報受領者による内部者取引事件に対する违反事実がない旨の決定について［EB/OL］.（2012-10-23）［2021-06-10］. http：//www.fsa.go.jp/news/24/syouken/20121023-3.html .

五、课征金的缴纳

自内阁总理大臣下达课征金缴纳命令的决定书复印件发出之日起 2 个月之内为课征金的缴纳期间。内阁总理大臣对于在缴纳期限内不缴纳课征金的从业人员，应通过督促令指定期限督促缴纳。依据《金商法》第 185 条之 14 第 1 款的规定，受督促者未在指定期限前缴纳的，基于内阁总理大臣的命令强制执行。根据日本《民事执行法》（1979 法律第 4 号）及其他关于强制执行手续的法令的规定，执行课征金缴纳命令。

另外，对于破产手续中的课征金债权的处理，在与日本《破产法》适用的关系中，被看作课征金的请求权，视为次后处理的请求权。有人指出，处理此类破产程序相当于试图抑制违反行为，让违反者缴纳课征金，主要目的是保护投资者的利益。[1]

六、通过行政诉讼解决争议

对课征金缴纳命令的决定不服的，被审理人可以提起撤销该缴纳命令决定的诉讼。该诉讼必须在知道处分之日起 30 天内提起，并且这个 30 日是不变期间，原则上不能延长或缩短[2]。

---

[1]　三井秀范ほか.课征金制度と民事赔偿责任：条解证券取引法［M］.东京：金融财政事情研究会，2006：145.

[2]　十市崇ほか.金融商品取引法违反への实务对应—虚伪记载・インサイダー取引を中心として［M］.东京：商事法务，2011：132.

取消课征金缴纳命令的诉讼属于日本《行政案件诉讼法》上撤销处分的诉讼，该撤销处分的诉讼，原则上必须在知道行政案件诉讼法上处分之日起6个月以内提出，但作为日本《行政案件诉讼法》的特例，可以缩短期间。缩短的理由如下：第一，课征金缴纳命令采取比通常的处分手续更为慎重的手续，这是考虑受到处分的人能否提起诉讼，可以在短时间内进行判断；第二，为了确保证券市场的信赖性，尽早确定有无违反事实，是为了确保法律的稳定性。❶

七、与《独占禁止法》上课征金制度的比较

（一）《独占禁止法》上课征金制度的宗旨与目的

《独占禁止法》上的课征金，是以对违反行为者课以金钱上的不利利益，从而抑制违反行为为目的的行政上的措施❷。"2005年同法修改的课征金，是行政上的措施，同时也是令违反行为者缴纳超过谈合的不正当利益的金额，是具有制裁性质的行政上的制裁（行政制裁金）。"❸以前，同法在立法、修改时设定课征金的计算基准时，违反行为者是否通过该行为获得的不正当利益或经济利益是重要的要素❹。自此可以得知，课征金的目的是以剥夺不正当利

---

❶ 三井秀范ほか.课征金制度と民事赔偿责任：条解证券取引法［M］.东京：金融财政事情研究会，2006：147.

❷ 根岸哲.注释独占禁止法［M］.东京：有斐阁，2009：149.

❸ 村上政博.独占禁止法［M］.东京：弘文堂，2012：399.

❹ 根岸哲.注释独占禁止法［M］.东京：有斐阁，2009：149-150.

益或经济收益为目的的制度。

对此，2005 年 4 月 1 日导入的《金商法》上的课征金制度，如上所述，以每种违反类型一般、抽象地估算的经济利益相当额为基准。

（二）简明性和迅速性的要求

《独占禁止法》中的课征金制度是行政措施。该法的课征金制度是"以简明且迅速的处理为目标，其计算方式一般在某种程度上以固定的基准进行"。"在作为违法行为对象的相关商品的持续期间内的销售额，以违反行为每一项规定的法定计算率为基础计算出的收益，作为课征金额"❶。

这一点，在 2004 年导入的《金商法》上的课征金制度，是与《独占禁止法》上的课征金相同的行政措施，《金商法》上的课征金的计算方法与《独占禁止法》相同。

（三）课征金与刑事罚的关系

《独占禁止法》上的课征金制度，与《金商法》上的课征金制度一样，是以抑制违反行为为目的的行政措施。在这一点上，与着眼于谈合的反社会性或者反道德性的刑事罚的宗旨、目的、程序等不同，即使课征金和刑事罚（罚金）并科，也不违反《宪法》第 39 条的双重处罚的禁止规定。即使是课征金具有制裁效果，然而其未将违反行为者的主观意愿作为必要要件，也不以报复为目的，不注重行为的反社会性或者反道德性，因此，刑事罚与课

---

❶ 村上政博. 独占禁止法［M］. 东京：弘文堂，2012：400.

征金上制裁的主旨、目的截然不同。针对同时被处以课征金和刑事罚时，有可能导致刑罚均衡，且从行政处分比例原则的观点上看，会产生过大制裁的"制裁的程度"的问题，因此，设置了以扣除刑罚罚款金额的二分之一为内容的调整规定。❶

就《金商法》上的课征金和刑事罚的调整关系而言，在同一事件中有罚款或没收、追缴的情况下，可以变更课征金额。若罚款额比课征金少时，课征金会扣除罚款部分。同样，如果被没收、追缴，则从最初计算出的课征金额中减去该没收、追缴的相当额 ❷。然而，与《独占禁止法》不同，《金商法》并没有设置以扣除刑罚罚款金额的二分之一内容的调整规定 ❸。

（四）课征金和不当利益返还请求、损害赔偿请求

课征金制度是在行政措施中，令违反行为者向国库缴纳一定金额的金钱的制度，而对不法行为的损害赔偿请求，是以填补由于违反行为产生的损害或者被害者的救济为目的的制度，两者的宗旨、目的、条件、效果不同。因此，"即使受害者提起损害赔偿请求诉讼，或者在投标谈判时被发包人提出作为损害赔偿额预定的违约金的请求，与课征金的重复也不会成为问题"。很明显，两者之间并没有设置调整规定。❹

《金商法》对受到金融商品交易损害的投资者设置了若干损害赔偿责任的

---

❶　根岸哲.注释独占禁止法［M］.东京：有斐阁，2009：150-151.

❷　神田秀树ほか.金融商品取引法コンメンタール4—不公正取引规制・课征金・罚则［M］.东京：商事法务，2011：419.

❸　白石忠志.独占禁止法［M］.东京：有斐阁，2009：582.

❹　根岸哲.注释独占禁止法［M］.东京：有斐阁，2009：152.

规定。然而，和《独占禁止法》一样，其并没有设置课征金和民事赔偿责任的调整规定。

（五）课征金和裁量性

对于《独占禁止法》上的课征金的计算和缴纳，原则上不允许公正交易委员会裁量 ❶，即课征金的计算和缴纳在原则上排除行政裁量。主要的理由是如果认可行政厅的裁量的话，不能与刑事罚有所区别而会产生双重处罚的问题，并且有可能加大事实认定和举证的负担，产生有损课征金制度的机动性从而无法达成抑制目的 ❷。

对于《金商法》上的课征金的计算和缴纳，和《独占禁止法》一样，原则上不允许行政厅裁量，其理由如上所述。像这样无行政裁量运用的结果，在被揭发的内幕交易案件中，课征金只是数万日元、数十万日元的情况较多。另一方面，为了取得这种额度的课征金，行政当局的人员要花费数个月进行调查，从这一点上看，有可能降低行政当局的调查能力的效率。❸

---

❶　根岸哲 . 注释独占禁止法［M］. 东京：有斐阁，2009：152.

❷　神田秀树ほか . 金融商品取引法コンメンタール 4 —不公正取引规制・课征金・罚则［M］. 东京：商事法务，2011：210.

❸　西村高等法务研究所 . 金融商品取引法と企业战略：资本市场との対话と实务対応［M］. 东京：商事法务，2008：254-255.

第二节　日本课征金事例的分析

日本从 2005 年开始实施课征金制度，但在 2008 年《金商法》修改法实施前，课征金对象扩大的情况下，课征金的事例逐渐增加，2012 年有 37 件，2013 年有 46 件。2008 年《金商法》修改施行之后，课征金的事例进一步增加，现课征金已成为法律施行的核心手段❶。下述对日本内幕交易的课征金事例进行分析。

一、日本内幕交易情况（2005—2012 年）

（一）违反行为的重要事实

对于内幕交易所涉及的重要事实的违反行为课征金劝告案的不同年度的件数，自 2005 年 4 月课征金制度导入以后，到 2012 年 6 月 15 日，合计 131 件（缴纳命令对象者）。从重要事实的违反行为的统计来看，具有以下两个特征：一是与违反行为相关的重要事实的多样化和公开收购等事实有关的内幕交易正在增加。如课征金制度导入以来，对于从未有过劝告的重要事实（剩

---

❶　山下友信，神田秀树 . 金融商品取引法概说［M］. 东京：有斐阁，2010：454.

余金的分红、损害的发生）也进行了劝告；二是与公开收购等事实相关的内幕交易的劝告是劝告事项中最多的。❶

近年来与公开收购有关的内幕交易在不断增加。有观点认为，公开收购作为企业的重组手段，比较容易利用；另外，就企业的公开收购而言，在公开收购过程中企业内外参与的人很多，公开收购价格通常高于股票价格，容易激励获得信息的人想利用公开收购获得收益❷。

（二）违反行为者的属性

内幕交易的违反行为者，是与公司有关人员及公开收购者等有关人员，从有关人员收到重要事实传达的第一次信息受领者。2009 年以后信息受领者违反内幕交易件数超过了有关人员违反内幕交易件数。2011 年度，有关人员违反内幕交易的件数是 3 件（公司有关人员 2 件，公开收购等有关人员 1 件），而信息受领者违反内幕交易的件数是 12 件，占劝告案整体的比例超过8 成。❸

对于上述内容，需要说明如下几点问题❹：一是由于针对内幕交易违反的举报、课征金劝告件数的增加，以上市公司内部信息管理体制正在逐步完善

---

❶ 证券取引等监视委员会. 金融商品取引法における课征金事例集［EB/OL］.（2012-07-01）［2021-06-10］. http://www.fsa.go.jp/sesc/news/c_2013/2013/20130808-2/01.pdf.

❷ 岛影正树. 课征金事例集の公表とインサイダー取引の倾向について［J］. 会計・监查ジャーナル, 2010（663）: 101.

❸ 证券取引等监视委员会. 金融商品取引法における课征金事例集［EB/OL］.（2012-07-01）［2021-06-10］. http://www.fsa.go.jp/sesc/news/c_2013/2013/20130808-2/01.pdf.

❹ 小谷融ほか. 金融商品取引法における课征金事例の分析: I インサイダー取引编［M］. 东京: 商事法务, 2012: 43-44.

等为背景，对接触到公司内部信息的人进行内幕交易的自律性逐渐加强；二是获得内部信息的人在不经意间向其他公司泄露信息的情况也在增加。

（三）内幕交易中信息传达者的属性

在 2011 年，为了防止内幕交易，处于积极推进构筑内部管理态势的上市公司等董事及在工作中能够知悉该公司业务中重要事项地位的职员（部长职），因不经意地将公司的内部信息传达给公司外部的人违反内幕交易的事例逐渐增多 ❶。

其背景是因为在日本 2013 年《金商法》修改前，并未像美国《证券交易法》第 10 条（b）项及规则 10b-5 一样，对于信息受领者设置刑罚规定。分析认为，由于课征金制度主要是令违反行为者缴纳一定金额的罚款，这也片面导致近年来信息传达者的内幕交易增加。

（四）违法行为中使用借名账户

在公布重要事实之日或公开收购等实施或停止相关事实的公布日之前的 6 个月内，一般情况下，违反者为了"自己的利益"进行内幕交易时，令其缴纳课征金。一般认为，使用借名账户进行内幕交易的人员主要是公司有关人员、公开收购者和其信息受领者，而这些人员恶意地违反内幕交易的情形比较多 ❷。

---

❶ 证券取引等监视委员会. 金融商品取引法における课征金事例集［EB/OL］.（2012-07-01）［2021-06-10］. http：//www.fsa.go.jp/sesc/news/c_2013/2013/20130808-2/01.pdf.

❷ 小谷融ほか. 金融商品取引法における课征金事例の分析：I インサイダー取引编［M］.东京：商事法务，2012：45.

该交易为避免发现以自己名义开户的内幕交易，虽然从亲属和熟人那里借到既有的账户的情况比较多，但也出现过违反行为者指示熟人新开设证券账户进行内幕交易的情况❶。

二、事例的分析

（一）公司相关人员

首先来看吉尔斯株式会社董事的内幕交易。

1.事件概要

被告人是东京证券交易所上市的吉尔斯株式会社（以下简称"吉尔斯"）的董事，在履行职务过程中，①尽管知悉吉尔斯业务执行机关于 2009 年 8 月 5 日做出与谷歌爱尔兰有限责任公司及其关联者（以下简称"Google"）进行业务上的合作的决定事实，并且没有法定除外事由，被告人在 2010 年 8 月 12 日事实公布之前，即同年 7 月 28 日，为了个人利益，仍以 2 389 480 日元购买了合计 183 股吉尔斯的股票。②尽管知悉吉尔斯于 2011 年 1 月 26 日收到 Google 单方面通知，停止提供两家公司间所涉及的不动产检索服务的业务合作，这是吉尔斯运营、业务或者财产的重要事实，会对投资者的投资判断产生显著的影响，并且没有法定除外事由，但是被告人却于同年 1 月 27 日晚 10 点在该事实公布前同日上午 9 点左右，为了个人利益，将吉尔斯的合计 183

---

❶ 证券取引等监视委员会.金融商品取引法における课征金事例集［EB/OL］.（2012-07-01）［2021-06-10］. http://www.fsa.go.jp/sesc/news/c_2013/2013/20130808-2/01.pdf.

股的股票以 1 065 060 日元的售价进行了出售。❶

　　2. 金融厅缴纳命令决定 ❷

　　该案中，金融厅长官命令被审理人缴纳 134 万日元的课征金。其计算课征金的基础事实如下。

　　上述①事实相关的课征金额

　　A. 根据《金商法》第 175 条第 1 款第 2 项的规定，关于该有价证券的买入等业务相关重要事实公布后 2 周内的最高价格乘以该有价证券的买入的数量所得金额。

　　（18,190 円 / 股 × 183 股　　）　 —（12,880 円 / 股 × 4 股　 ＋ 13,000 円 / 股 × 3 股　 ＋ 13,010 円 / 股 × 21 股　 ＋ 13,050 円 / 股 × 5 股　 ＋ 13,070 円 / 股 × 150 股）= 939,290 円

　　B. 根据《金商法》第 176 条 2 款的规定，上述 A 所计算的金额不满 1 万日元尾数的，舍去该尾数，为 930 000 日元。

　　上述②的事实相关的课征金额：

　　A. 根据《金商法》第 175 条第 1 款第 2 项的规定，关于该有价证券的卖出业务相关重要事实公布后 2 周内的最低价格乘以卖出该有价证券等的数量所得金额。

　　（5,820 円 / 股 × 183 股）—（3,530 円 / 股 × 183 股）= 419,070 円

　　B. 根据《金商法》第 176 条 2 款的规定，上述 A 所计算的金额不满 1 万

---

❶ 平成 24 年（判）19. 株式会社ジアース役員による内部者取引に対する課征金納付命令の決定について［EB/OL］.（2012-09-01）［2021-06-10］. http：//www.fsa.go.jp/news/24/syouken/20120914-1.html.

❷ 平成 24 年（判）19. 株式会社ジアース役員による内部者取引に対する課征金納付命令の決定について［EB/OL］.（2012-09-01）［2021-06-10］. http：//www.fsa.go.jp/news/24/syouken/20120914-1.html.

日元尾数的，舍去该尾数，为 410 000 円。

3. 探讨

该案的违反行为者是接触到与公司经营相关的重要内部信息的董事。上市公司等董事知悉未公开的重要事实，交易该上市公司的有价证券等，与一般投资者相比极为不公平❶。本来，该违反行为属于违反《金商法》第 166 条的刑罚规定，应被提起公诉。但是，就刑罚的发动，原本就有刑法中的谦抑主义，而且检察官根据起诉便利主义决定是否起诉，如果罪状不太重的话，也有可能不被起诉❷。不仅如此，日本《刑事诉讼法》要求对犯罪行为进行严格的证明，本来就难于取证或者为此而造成的劳力明显过大，因此，即使有相当的嫌疑也会放弃刑罚的发动❸。对于该案的违反行为，就是自这样的考量中选择了课征金，并进行了课征金的劝告，最终通过行政审理证明课征金必要要件的事实，令违反行为者缴纳课征金。

（二）公开收购等

关于公开收购，我们先来看关于都筑电气株式会社职员的信息受领者的内幕交易。

1. 事件概要

被告人于 2010 年 6 月中旬左右，从都筑电气株式会社以下简称"都筑电气"）的职员 B 在履行职务过程中知悉：都筑电气在东京都港区西新桥二丁目

---

❶　神田秀树ほか．金融商品取引法コンメンタール 4 —不公正取引規制・課征金・罰則［M］．东京：商事法务，2011：112.

❷　山下友信，神田秀树．金融商品取引法概说［M］．东京：有斐阁，2010：445.

❸　山下友信，神田秀树．金融商品取引法概说［M］．东京：有斐阁，2010：445.

5 番 3 号设有总店以制造、销售半导体元件、集成电路及电子元件、电动机及控制设备为目的发行的股票在东京证券交易所市场第二部上市（2010 年 11 月 26 日上市终止），其业务执行决定机关做出对都筑电气进行公开收购的决定。被审理人在收到有关实施公开收购的相关事实的同时，没有法定的除外事由，在 2010 年 7 月 17 日上述事实公布之前的同月 13 日，经 C 证券株式会社 D 分行，在东京证券交易所，以 E 的名义，为了自己及亲属（亲姐）E 的利益，以 2 216 700 日元收购了都筑电气的合计 9 000 股份。❶

　　2. 金融厅缴纳命令决定 ❷

　　在该案中，金融厅长官命令被审理人缴纳 141 万日元课征金额。其计算课征金的基础事实如下。

　　①根据《金商法》第 175 条第 1 款第 2 项的规定，关于该有价证券的买入业务等相关重要事实公布后 2 周内的最高价格乘以该有价证券的买入等的数量所得金额。

　　（403 円 / 股 ×9,000 股）－（244 円 / 股 ×1,900 股＋245 円 / 股 ×300 股＋247 円 / 股 ×6,800 股）＝1 410 300 円

　　②根据《金商法》第 176 条第 2 款的规定，上述①所计算的金额不满 1 万日元的尾数的，舍去该尾数。

---

❶ 平成 23（判）11. 都筑电气株式会社社员からの情报受领者による内部者取引に対する课征金纳付命令の决定について［EB/OL］.（2011-07-29）［2021-06-10］. http: //www.fsa.go.jp/news/23/syouken/20110729-2.html.

❷ 平成 23（判）11. 都筑电气株式会社社员からの情报受领者による内部者取引に対する课征金纳付命令の决定について［EB/OL］.（2011-07-29）［2021-06-10］. http: //www.fsa.go.jp/news/23/syouken/20110729-2.html.

3. 探讨

在 2008 年《金商法》的修改中，从抑制违反行为的观点来看，对于为了个人利益以外的违反行为（例如，根据近亲属等的交易）也被列入课征金的对象。因违反行为者使用亲属的证券账户，利用自己及亲属的资金共同收购都筑电气的股票，所以该案是课征金适用对象的案件。

其判断的理由如下：首先，是"违反行为者向亲属传达了实施公开收购这一事实，并邀请他们出资收购都筑电气的股票。违法行为者将收购的时机、收购股数、收购单价等告知亲属，亲属因此用其名义的证券账户进行了该案的收购。如上所述，违反者和亲属是利用双方的行为共同进行所涉案件收购的行为，所以利用亲属的资金收购可以认定为违反者自身进行的收购"；其次，根据《金商法》，违反者本人"为了自己的利益而进行交易"是课征金的必要要件，但是，根据《金商法》第 175 条第 11 款第 2 项及课征金府令第 1 条之 23 第 4 款第 1 项的规定，基于亲属利益的交易也被视为违反者本人的利益所进行的买卖。综上所述，"包含亲属资金收购在内，全部都是违反者利益的交易，应令违反者缴纳对应该案收购的课征金"。❶

（三）信息受领者

下述事件是埃尔皮达内存株式会社（以下简称埃尔皮达）的合同签订交涉方的职员的信息受领者的内幕交易。

---

❶ 证券取引等监视委员会. 金融商品取引法における课征金事例集［EB/OL］.（2012-07-01）［2021-06-10］. http://www.fsa.go.jp/sesc/news/c_2013/2013/20130808-2/01.pdf.

1. 事件概要

被告人是日本咨询公司（以下简称被审理人），是 A 基金及 B 基金（以下两者合并使用"该案基金"）等资产的运用者，被审理人 C1 于 2011 年 7 月 5 日，收到 D 证券株式会社调查部门的分析师 D1 的传达，即 D1 在履行职务过程中知悉埃尔皮达的业务执行机关，将股票及可转换公司债券型新股预约权公司债券（以下简称"CB"）的募集事项传达给 C1，虽然没有法定的除外事由，但是在该事件重要事实于 2011 年 7 月 11 日公布前的同月 6 日，作为本基金的资产的运用，被审理人 C1 为了维护客户基金的利益，在东京证券交易所，通过 E 证券株式会社将合计 32 600 股的埃尔皮达的股票以 30 414 986 日元的价格出售。❶

2. 金融厅的判断

（1）当时不仅证券公司的负责人，并且被审理人 C1 的同事 C4、C5 也认识到了这样的调查制度的存在及其内容。C1 在当时，有近 20 年在附属的证券公司等担任分析师和基金经理的经历，因为曾经在 J 社（运用过该调查制度）工作过，当然应该认识到这种制度的存在及其内容，故此不能采用与之相反的 C1 的供述。❷

（2）该案基于当时埃尔皮达需要股权融资的情况，以及过去反复进行股

---

❶ 平成 24（判）29. エルピーダメモリ株式会社の契約締結交渉先の社員からの情報受領者による内部者取引に対する課徴金納付命令の決定について［EB/OL］.（2013-04-19）［2021-06-10］. http：//www.fsa. go.jp/news/24/syouken/20130419-2.html.

❷ 平成 24（判）29. エルピーダメモリ株式会社の契約締結交渉先の社員からの情報受領者による内部者取引に対する課徴金納付命令の決定について［EB/OL］.（2013-04-19）［2021-06-10］. http：//www.fsa. go.jp/news/24/syouken/20130419-2.html.

权融资的事实，C1 可以说是根据在该案午餐会议中，确认了从该案外部资料中得知埃尔皮达的记载被消除的事实，并预测了埃尔皮达近日实施股权融资的可能性。事实上，在该次交易之前，以 C1 为顾问负责人的埃尔皮达股票的交易频率和交易量并没有那么多。但是在该次午餐会的第二天，作为顾问负责人 C1，已将该案基金持有的埃尔皮达股票全部出售。这正是为了避免股价因股权融资而下跌的风险，合理地证实了上述 C1 的预测。❶

（3）该案通过午餐会议发放该案外部资料，促使 D1 向 C1 传达了埃尔皮达很有可能近日实施股权融资的事实。❷ 金融厅根据上述的事实，做出 C1 自 D1 处收到该案重要的事实的判断。

3. 金融厅缴纳命令的决定 ❸

该案中，金融厅长官裁决被审理人缴纳的课征金额为 12 万日元。

其计算课征金的基础的事实，无论哪一个都得到了证据的确认，被审理人因违反行为所应缴纳的课征金额为下述（1）及（2）的合计额（122 275 日元），根据《金商法》第 176 条第 2 款的规定，舍弃不满 1 万日元的尾数，为 12 万日元。

---

❶　平成 24（判）29. エルピーダメモリ株式会社の契約締結交渉先の社員からの情報受領者による内部者取引に対する課征金納付命令の決定について［EB/OL］.（2013-04-19）[2021-06-10]. http://www.fsa.go.jp/news/24/syouken/20130419-2.html.

❷　平成 24（判）29. エルピーダメモリ株式会社の契約締結交渉先の社員からの情報受領者による内部者取引に対する課征金納付命令の決定について［EB/OL］.（2013-04-19）[2021-06-10]. http://www.fsa.go.jp/news/24/syouken/20130419-2.html.

❸　平成 24（判）29. エルピーダメモリ株式会社の契約締結交渉先の社員からの情報受領者による内部者取引に対する課征金納付命令の決定について［EB/OL］.（2013-04-19）[2021-06-10]. http://www.fsa.go.jp/news/24/syouken/20130419-2.html.

（1）A 基金的运用财产

根据《金商法》第 175 条第 1 款第 3 项及课征金府令第 1 条之 21 第 1 款第 1 项的规定，在 A 所列金额上乘以 B 所列金额除以 C 所列金额之外所得金额，为 86 625 日元。

A. 关于作为运用财产的运用而进行计算对象交易的月份，违反者作为该运用财产的运用的代价支付或者应支付的运用报酬的总额（课征金府令第 1 条之 21 第 1 款第 1 号）为 62 073 784 日元。

B. 从进行计算对象交易之日起而进行计算对象交易的月末日（以下称为"基准日"）至此期间，作为该运用财产的计算对象交易的股票的总额中最高的金额（课征金府令第 1 条之 21 第 1 款第 1 号）为 82 146 900 日元。

C. 依据基准日该运用财产的总额（课征金府令第 1 条之 21 第 1 款第 1 号）为 58 864 796 167 日元。

（2）B 基金的运用财产

根据《金商法》第 175 条第 1 款第 3 项及课征金府令第 1 条之 21 第 1 款第 1 项的规定，在 A 所列金额上乘以 B 所列金额除以 C 所列金额之外所得金额为 35 650 日元。

A. 关于作为运用财产的运用而进行计算对象交易的月份，违反者作为该运用财产的运用的代价支付或者应支付的运用报酬的总额（课征金府令第 1 条之 21 第 1 款第 1 项）为 33 132 481 日元。

B. 从进行算定对象交易之日起而进行算定对象交易的月末日（以下称为"基准日"）至此期间，作为该运用财产的算定对象交易的股票的总额中最高的金额（课征金府令第 1 条之 21 第 1 款第 1 项）为 23 527 900 日元。

C. 依据基准日该运用财产的总额（课征金府令第 1 条之 21 第 1 款第 1 项）为 21 866 025 539 日元。

3. 探讨

2012 年以来，随着利用公开收购作为企业的收购、合并的手段的增加，企业内外参与的当事者也比较多；另外，在公开收购时股票的金额一般会超过票面金额，以此为背景，违反《金商法》第 167 条的事例正在显著增加。虽然以上市公司信息管理等内部管理体制正在逐步趋向完善，对公司有关人员以及公开收购者等相关人员进行内幕交易的自律性逐渐渗透，但是第一次信息受领者的违反事例却显著增加。❶

收到公司有关人员重要事实传达的信息受领者，根据《金商法》第 167 条规定属于内幕交易的规制对象。对于信息受领者，内幕交易规制的对象限定于公司相关人员的第一次信息受领者。但是，在第一次信息受领者属于法人的情形时，属于该法人的其他职员即使不是第一次信息受领者，在"知悉了与该职务相关的重要事实"时也可能成为规制的对象。另外，是否属于第一次信息受领者一般是通过实质进行判断，在故意通过第三者接受了重要事实的传达的情况下，即使形式上是第二次信息受领者，实际上也可以作为第一次信息受领者成为规制的对象。❷

该案的信息受领者是日本顾问合同会社，不是第一次信息受领者。但是，该公司故意通过 C1 等第三者接受重要事实传达的情况下，即使在形式上是第

---

❶　十市崇ほか. 金融商品取引法違反への実務対応—虚偽記載・インサイダー取引を中心として［M］. 东京：商事法务，2011：46.

❷　西村あさひ法律事務所・危机管理グループ，木目田裕监修. インサイダー取引規制の実务［M］. 东京：商事法务，2010：13.

二次信息受领者，但实际上也作为第一次信息受领者成为《金商法》第 167
条规制的对象。

（四）兜底条款的违反

下面简要概述一下日本风力开发株式会社董事提供的信息受领者的内幕
交易。

1. 事件概要

被告人于 2010 年 6 月 6 日从日本风力开发株式会社（以下简称"日本
风力开发"）的董事 B 处得知，该公司因会计监察人的调动，导致推迟提交
2010 年 3 月期的有价证券报告书。该公司股份有可能被指定为监理股份的事
实，是日本风力开发的运营、业务或者财产的重要事实，会对投资者的投资
判断产生重大影响，被审理人接收到该事实的传达的同时，在没有法定除外
事由的情况下，于 2010 年 6 月 14 日前的 6 月 8 日，经由 C 证券株式会社 D
分店，在东京证券交易所，为了自己的利益，将日本风力开发的 50 股的股票
以 9 187 900 日元出售。❶

2. 金融厅缴纳命令的决定 ❷

在该案中，金融厅长官命令被审理人缴纳 653 万日元的课征金额。其计

---

❶　平成 23（判）27. 日本風力開発株式会社役員からの情報受領者による内部者取引に対する課征 金
納付命令の決定について［EB/OL］.（2012-03-05）［2021-06-10］. http：//www.fsa.go.jp/news/23/
syouken/20120305-3.html.

❷　平成 23（判）27. 日本風力開発株式会社役員からの情報受領者による内部者取引に対する課征 金
納付命令の決定について［EB/OL］.（2012-03-05）［2021-06-10］. http：//www.fsa.go.jp/news/23/
syouken/20120305-3.html.

算课征金的基础事实如下。

①根据《金商法》第 175 条第 1 款第 2 项的规定，关于该有价证券的卖出业务相关重要事实公布后 2 周内的最低价格乘以卖出该有价证券等的数量所得金额。

（183 600 円/股 ×33 股＋183 700 円/股 ×1 股＋183 800 円/股 ×5 股＋184 000 円/股 ×3 股＋184 100 円/股 ×4 股＋184 500 円/股 ×4 股）－（53 000 円/股 ×50 股）＝6 537 900 円

②根据《金商法》第 176 条第 2 款的规定，上述①所计算的金额不满 1 万日元的尾数的，舍去该尾数，为 6 530 000 円。

3. 探讨

在该案中，由于公司的会计监察人的解任，导致公司推迟提交有价证券报告书。该公司股份被指定为监理股份的事实是关于公司的运营、业务或者财产的重要事实，对投资者的投资判断产生显著的影响。如果普通的投资者知悉上述的事实，会将该公司的股票进行出售[1]。金融厅认为，上述事实是《金商法》第 166 条第 2 款第 4 项规定的"该上市公司等的运营、业务或者财产相关的重要事实"中"对投资者的投资判断带来显著影响的事实"，即应适用该条的兜底条款。

对于上市公司等的重要事实，《金商法》第 166 条第 2 款第 1 项到第 3 项有具体的规定。但是，要预先确定复杂多样的经营活动的企业的内部信息是很困难的，《金商法》第 166 条第 2 款第 1 项到第 3 项所规定以外的事实，对

---

[1]　证券取引等监视委员会. 金融商品取引法における课征金事例集［EB/OL］.（2012-07-01）［2021-06-10］. http://www.fsa.go.jp/sesc/news/c_2013/2013/20130808-2/01.pdf.

投资者的投资判断带来显著影响也是重要的事实。对于人事的重要事实，可以解释为包含在"该上市公司等的运营、业务或者财产相关的重要事实"中。因此，该案适用同条第 2 款第 4 项的兜底条款是适当的。❶

（五）公司自己股票的购买

下面是关于株式会社小松制作所的股票的内幕交易的事件。

1. 事件概要

被告是以机械生产及其零部件的制造的上市公司。被告的执行董事 A 在履行职务过程中于 2005 年 6 月 23 日左右，知悉子公司——荷兰小松金融有限公司（以下"KFN"）的业务执行机关做出 KFN 解散决定的重要事实，被告和 B 信托银行株式会社（以下简称"B 信托银行"）于 2005 年 7 月 4 日，依据"取得自己股票的金钱信托"合同，虽然没有法定除外事由，由 B 信托银行在该重要事实公布前的 2005 年 7 月 4 日至 7 月 13 日，经东京所在的 C 证券株式会社及 D 证券株式会社，在东京证券交易所，为了被审理人的利益，以 1 177 461 000 日元收购了被审理人的合计 1 316 000 股的股票。❷

2. 金融厅缴纳命令的决定 ❸

在该案中，金融厅长官命令被审理人缴纳 43 787 000 日元的课征金。

---

❶ 松本真辅．インサイダー取引规制：解释・事例・实务对应［M］．东京：商事法务，2006：139-141.

❷ 平成 18（判）9．株式会社小松製作所の株券に系る证券取引法违反に对する课征金纳付命令の决定について［EB/OL］．（2007-03-30）［2021-06-10］．http://www.fsa.go.jp/news/18/syouken/20070330-7.html.

❸ 平成 18（判）9．株式会社小松製作所の株券に系る证券取引法违反に对する课征金纳付命令の决定について［EB/OL］．（2007-03-30）［2021-06-10］．http://www.fsa.go.jp/news/18/syouken/20070330-7.html.

3. 探讨

在上市公司的子公司的业务执行决定期间做出对子公司进行解散等事项的决定，或者做出不执行该决定（仅限于公布的事项）的事项，原则上属于重要事实。

根据新闻报道❶，执行董事 A 认为子公司处于停业状态，子公司的解散对制造所的业绩不会造成影响，子公司的解散不属于法定重要事实而购买了股票。但是，符合内幕交易的构成要件，并不一定要认识到某一事实符合《金商法》上的"重要事实"这一法律概念，该案的被审理人的执行董事 A，由于事实的认识错误"不小心进行了内幕交易"，即被告"虽然利用重要事实以获取利益为目的，但并不清楚该事实公开前利用该事实进行有价证券的交易等也是法定的违反行为"。❷

（六）小结

如上文所述，对各个违反内幕交易的类型的个别案例都进行了介绍。首先，《金商法》上的课征金制度，是为了抑制内幕交易等违反行为，对违反行为者课以一定数额的金钱负担，以确保实效性规制的行政措施。上述各事例中，违反行为者利用知悉重要事实以获取利益为目的，并在重要事实公布之前进行证券的交易，是法定内幕交易的违反行为，也是属于违反《金商法》的犯罪行为。这些违反行为，在导入课征金制度之前，被视为刑罚的对象。因是刑

---

❶　平成 19 年 5 月 28 日日本经济新闻朝刊 19 页。

❷　东崎贤治.课征金事例集が教える重要事实の范围と决定时期［J］.ビジネス法务，2008，8（10）:35-36.

罚的对象，根据日本《刑事诉讼法》规定由检察官提起公诉。然而，就课征金而言，不管是否被刑罚，若在行政裁决时，相当于那个必要要件的事实被充分地证明，就要根据课征金缴纳命令令违反行为者缴纳课征金 ❶，即不论违反行为者主观故意或者过失都能令违反者缴纳课征金，以此确保规制的有效性。这一点，在上述各事例中都能反映出来。

其次，基于上述各事例的分析可以得知，若违反行为者承认违法行为时，当局就不会对课征金额进行裁量，而会依据法令的形式计算课征金额的特征。为了确保规制的有效性，违反行为者进行的交易行为都会被独立地评估，令违反者缴纳确定违法所得利益部分的课征金。

---

❶ 三井秀范ほか.课征金制度と民事赔偿责任：条解证券取引法［M］.东京：金融财政事情研究会，2006：13.

第三节　日本课征金制度与刑事罚

一、概述

刑法的主要功能在于法益保护。如果有行为对法益造成侵害或危害，在以民事和行政法律手段等的制裁手段达到目的时，应该尽量避免刑事制裁[1]。如果将恶性程度较低的内幕交易作为刑事案件来处理，则被认为违反了刑法适用的谦抑性原则，但如果放任该违法行为，则因内幕交易而获得的利益仍留在违反者手中，又违反公正的原则[2]。

日本金融审议会金融分科会第一部会的报告"面向以市场功能为核心的金融系统"认为，作为对违反行为的金钱负担，有可能大幅度提高罚款的提议，但考虑到与其他刑事罚的均衡，以及刑事罚本身的谦抑性的运用，提出应通过提高罚款额度来设立以违反日本《证券交易法》的不公正交易规定等为对象的新的课征金制度，对此，根据 2004 年的日本《证券交易法》的修改，导入了课征金制度。

---

[1]　芝原邦尔.经济刑法研究：下［M］.东京：有斐阁，2005：726.
[2]　东崎贤治.课征金事例集が教える重要事实の范围と决定时期［J］.ビジネス法务，2008，8（10）：35.

以监督内幕交易为目的，由证券交易监视委员会进行日常交易审查，证券交易监视委员会根据交易审查及一般提供的信息怀疑有内幕交易时，可以对证券公司等进行检查和对违法案件进行调查❶。证券交易监视委员会根据该违反行为的检查与调查的结果，在掌握了内幕交易的存在证据的情况下，可以向内阁总理大臣及金融厅长官请求课征金缴纳命令的劝告，向检察官进行刑事追诉的告发❷。刑事追诉的犯罪行为被告发时，由具有起诉权限的检察官进行公诉。但是，检察官"根据犯罪嫌疑人的性格、年龄、境遇、犯罪的轻重及情形以及犯罪后的状况，认为没有必要进行追诉时，可以不提起公诉"。❸因此，若内幕交易被提起公诉，被认定有罪，将被处以有期徒刑或罚款，或者二者的并科❹。

二、内幕交易违反的刑事责任

违反内幕交易规制承担刑事责任的，根据《金商法》第 166 条第 1 款或者第 3 款或《金商法》第 167 条第 1 款或者第 3 款的规定，处 5 年以下有期徒刑或 500 万日元以下的罚金，或者并科（《金商法》第 197 条之 2 第 13项）。另外，法人的代表人或法人或者自然人的代理人、使用人等其他从业人员，对该法人或自然人的业务或财产实施上述规定的违反行为时，除处罚该

---

❶ 伊佐次启二. ケースでわかる金融商品取引法［M］. 东京：自由国民社，2009：257.

❷ 伊佐次启二. ケースでわかる金融商品取引法［M］. 东京：自由国民社，2009：257.

❸ 《刑事诉讼法》第 248 条。

❹ 东崎贤治. 课征金事例集が教える重要事実の范围と决定时期［J］. ビジネス法务，2008，8（10）：35.

行为人外，对该法人处 5 亿日元以下的罚金刑 ❶。

第一，通过内幕交易获得的财产，作为该财产的代价取得的财产或者该财产为期权等其他权利时，因行使该权利而取得的财产，原则上应做没收处理（《金商法》第 198 条之 2 第 1 款）❷。该条的宗旨是，若犯罪者保持因违反内幕交易规制等犯罪而获得的利益，很明显违反正义，因此，可以期待通过实质上令犯罪者丧失该行为来抑制犯罪的效果 ❸。但是，根据取得利益的情况、损害赔偿的履行情况及其他情况，没收该财产的全部或一部分不适当时，可以不没收 ❹。应该没收的财产因出售、消费等原因未能没收的，则追缴该价款。在导入内幕交易规制之初并没有特别的没收、追缴规定，而是根据刑法总则的任意没收、追缴规定进行。通过 1998 年的日本《证券交易法》的修改新设了《金商法》第 198 条之 2 的规定 ❺。

第二，违反内幕交易规制，原则上是每笔交易（一个违反行为）都属违法，多次交易（多次违反行为）时数罪合并（日本《刑法》第 45 条前段）。但是，即使是多次交易，由于在日期、场所的接近、方法的类似、机会的统一、意思的延续以及与其他各交易之间的密切关系，可以作为一项综合性犯罪而成立一个违法行为。就《金商法》第 166 条第 1 款的公司有关人员违反内幕交易规制的犯罪包括该款各项列举的公司有关人员，关于其职务知悉的重要事实，认识到该重要事实没有以法令规定的方法公布，进行该公司发行

---

❶　西村あさひ法律事务所.最新金融レギュレーション［M］.东京：商事法务，2009：380.

❷　松本真辅.インサイダー取引规制：解释・事例・实务对应［M］.东京：商事法务，2006：265.

❸　河本一郎・关要监修.逐条解说证券取引法［M］.东京：商事法务，2008：1524.

❹　松本真辅.インサイダー取引规制：解释・事例・实务对应［M］.东京：商事法务，2006：265.

❺　松本真辅.インサイダー取引规制：解释・事例・实务对应［M］.东京：商事法务，2006：265.

的有价证券的交易等。就《金商法》第 166 条第 3 款的信息受领者违反内幕交易规制的犯罪包括自己从公司有关人员处接收到重要事实的传达，该重要事实是该公司有关人员关于该职务等知悉的事实，认识、识别到该重要事实没有以法令规定的方法公布，进行该公司发行的有价证券的交易等。❶

第三，违反内幕交易规制的犯罪，在知悉重要事实并公布前进行交易等已经既遂，该交易的结果是否获得利益不影响犯罪的成立❷。另一方面，如果知道重要事实而进行交易却未能达到约定的目的，则因不是交易而被评价为未遂，但由于没有处罚未遂的规定，所以如果进行了交易未达到约定的目的，则不属于处罚对象（参照《刑法》第 44 条）❸。在违反内幕交易规制的犯罪中，与特定有价证券等有关的或者与股票有关的交易、推销等，虽是实施行为，交易等的契约成立时犯罪既遂成立❹。

第四，违反内幕交易规制的犯罪，因是《金商法》第 166 条第 1 款或第 3 款，或者《金商法》第 167 条第 1 款或第 3 款规定的公司有关人员或者公开收购相关人员的"身份犯"，如果没有上述身份的人，不能成为违反内幕交易规制的犯罪的主犯，但是可以作为共犯进行处罚❺。

但是，违反内幕交易规制的规定与违反《金商法》第 157 条的禁止不正

❶ 松本真辅.インサイダー取引规制：解释・事例・实务对应［M］.东京：商事法务，2006：262-267.

❷ 清水豊ほか.Ｑ＆Ａ情报开示・インサイダー取引规制の实务［M］.东京：金融财政事情研究会，2009：226.

❸ 清水豊ほか.Ｑ＆Ａ情报开示・インサイダー取引规制の实务［M］.东京：金融财政事情研究会，2009：226.

❹ 松本真辅.インサイダー取引规制：解释・事例・实务对应［M］.东京：商事法务，2006：268.

❺ 西村あさひ法律事务所・危机管理グループ，木目田裕监修.インサイダー取引规制の实务［M］.东京：商事法务，2010：404.

当交易行为的规定、违反《金商法》第 159 条的操纵市场等禁止的规定，处 10 年以下有期徒刑或者 1 000 万日元以下的罚金相比，量刑显得比较轻。这是因为违反内幕交易规制的，从确保规制的实效性的角度出发，以行为形式违反处以刑罚。但是，如果实质上违反了《金商法》第 157 条等规定的情形，则会与内幕交易规制的违反构成想象的竞合，会受到更严重的处罚。❶

三、刑事罚的没收、追缴与课征金的关系

根据日本《刑法》第 19 条的规定，因以下所列举的物品都可以没收：①构成犯罪行为的物品；②提供给犯罪行为使用的物品；③因犯罪行为产生的或者由此取得的物品或因犯罪行为的报酬而取得的物品；④上述所列物品的代价而取得的物品（日本《刑法》第 19 条第 1 款）。另外，日本《刑法》第 19 条第 1 款第 3 项或第 4 项所列物品的全部或部分不能没收时，可以追缴其价额（日本《刑法》第 19 条之 2）。因此，日本《刑法》第 19 条第 1 款及第 19 条之 2 规定，罪犯或犯罪者通过犯罪行为而取得的物品属于没收、追缴的对象。

通过内幕交易取得的财产或者该财产为期权等其他权利时，因行使该权利，而取得的财产原则上没收（《金商法》第 198 条之 2）。日本《刑法》第 19 条是任意没收的规定，而该条在必要没收这一点上也形成了特别规则。在内幕交易中，出售股票的行为满足构成要件时，属于通过该交易的犯罪行为

---

❶ 河本一郎，大武泰南 . 金融商品取引法読本［M］. 东京：有斐阁，2008：473.

而取得的财产。出售通过犯罪行为取得的财产的行为不构成犯罪时，该出售取得的财产属于该交易的犯罪行为取得的财产的代价。对于行使通过该交易的违反行为取得的期权和其他权利而取得的财产，即使在行使期权等时有权利人应支付的款项，通过行使权利取得的全部财产（例如有价证券）也属于没收的对象。❶

在课征金缴纳命令的时点，已经通过刑事裁决确定没收、追缴相应金额的情形下，责令扣除该没收、追缴相应金额的课征金缴纳命令❷。在决定课征金缴纳命令时，该案件被提起公诉仍在未决的情况下，在审判中被责令没收、追缴相应金额时，由于不公正交易产生的不正当收益将被没收、追缴而被剥夺，因此，课征金额变更为没收、追缴后的金额。在决定了课征金缴纳命令后，课征金缴纳期限前，就同一案件对该决定的人提起公诉时，内阁总理大臣在就该事件的判决确定之前，必须停止决定的效力（是指虽对课征金做出了决定，但若该案被提起刑事公诉时，应当先停止执行课征金的决定）。据此，在判决中已被确定没收、追缴相应金额的，也需要变更课征金额。❸

但是，在被公诉前课征金已缴纳完毕的，应先将缴纳的课征金退还一次，再返还缴纳的课征金，此后在确定缴纳金额后再进行缴纳，则行政手续反而会更加繁杂，因此，公诉时不停止缴纳课征金命令的效力❹。这种情况下，事后因刑事裁决确定之后，如果课征金额有变更的话，则应返还❺。

---

❶ 神田秀树ほか.金融商品取引法コンメンタール 4 —不公正取引规制·课征金·罚则［M］.东京：商事法务，2011：587-589.

❷ 松本真辅.インサイダー取引规制：解释·事例·实务对应［M］.东京：商事法务，2006：277.

❸ 山下友信，神田秀树.金融商品取引法概说［M］.东京：有斐阁，2010：452-453.

❹ 松本真辅.インサイダー取引规制：解释·事例·实务对应［M］.东京：商事法务，2006：278.

❺ 山下友信，神田秀树.金融商品取引法概说［M］.东京：有斐阁，2010：453.

四、刑事罚与课征金的异同

刑事罚和课征金两者的构成要件大致相同，所以理论上在很多内幕交易成立的情况下刑事罚和课征金缴纳命令都适用。在实务上，证券交易等监视委员会对于刑事追诉和课征金是择一选择适用。下述就刑事罚和课征金的异同进行探讨。❶

（一）证明的程度

在刑事审判中，通过严格的证明（有证据能力，经过适当的证据调查的证明方式）（日本《刑事诉讼法》第317条），向裁判官提供对于违反行为所涉及的事实存在不容怀疑的确信程度的证据是必要的❷。课征金的审理程序虽然需要民事裁决要求的证明的程度，但与刑事法院要求的证明的程度"超出合理的嫌疑能够证明事实的程度"相比，属于相当低的证明程度。理由是刑事审判是对于违反行为者进行刑事罚的重大不利处分，定罪需要高度的证明，而课征金不能称为严重的不利处分。

然而，受到课征金缴纳命令的违反行为者不仅会受到课征金的不利影响，而且如果公布了其勤务方的法人的名称，会降低该法人的口碑，同时由于违反行为者违反公司内部规定被惩戒解雇等会对相关人员带来重大的影响，与通常的私人民事诉讼相比影响也比较大。因此，不能向无辜者进行课

---

❶　伊佐次啓二.ケースでわかる金融商品取引法［M］.东京：自由国民社，2009：258.

❷　西村あさひ法律事务所·危机管理グループ，木目田裕监修.インサイダー取引规制の实务［M］.东京：商事法务，2010：420.

征金缴纳命令的劝告和做出开始审理程序的决定，证据的讨论很有必要慎重地进行。❶

（二）调查的效率

上述刑事审判程序中所要求的证明程度的不同，将影响证券交易等监视委员会在犯则调查和课征金调查中的效率❷。

犯则调查是一种在存在犯罪规则的嫌疑的情况下，以刑事告发为目标，收集犯罪嫌疑人的证据的一种搜查程序，具有部分刑事程序的性质❸。其占据了从刑事告发到刑事搜查、刑事审判的刑事程序的一环，所以我们可以认为刑事审判中的精密司法和刑事搜查一样，在犯则调查中，有着必然要把案件的细节都以充分的证据进行证明一样的极为高度缜密的要求。虽然案件的复杂性等也有所不同，但是证券交易等监视委员会的犯则调查要花费相当长的时间，需要慎重地收集证据，因此，立案所需的手续很烦琐。与此相对，在课征金调查中，只要能收集到相对简易的证据就足够了，与犯则调查相比效率高，立案所需的手续也较少。❹

---

❶ 十市崇ほか.金融商品取引法違反への実務対応—虚偽記載·インサイダー取引を中心として［M］.東京：商事法務，2011：195-196.

❷ 西村あさひ法律事務所·危機管理グループ，木目田裕監修.インサイダー取引規制の実務［M］.東京：商事法務，2010：420.

❸ 村上政博.独占禁止法［M］.東京：弘文堂，2012：493.

❹ 西村あさひ法律事務所·危機管理グループ，木目田裕監修.インサイダー取引規制の実務［M］.東京：商事法務，2010：421.

（三）取缔当局裁量的有无

鉴于刑事罚的重大性和维持公审的成本，且根据刑事罚的谦抑性、补充性的原则，检察官对于案件的恶劣性、重大性，认定其是否有起诉价值，且对足以证明有罪的充分证据的事件进行筛选、立案、起诉。对此，在课征金制度中，证券交易等监视委员会根据课征金调查的结果，认为存有违反内幕交易行为的，不管案件的恶劣性质如何，基本上一定要向内阁总理大臣及金融厅长官请求发出课征金缴纳命令的劝告。而事实上证券交易等监视委员会经常会否定自己的裁量权的立场。❶

（四）主观要件（故意）的要求与否

违反内幕交易规制是故意犯罪，即违反行为者是故意进行内幕交易。但一般课征金的行政处分与刑事罚不同，与故意、过失无关，所以行为人的主观要件是不需要的 ❷。"但是，从理论上来说，在对是否适用刑事罚和课征金进行探讨时，两者的主观要件可能会产生差异。例如，认识到有存在适用排除事由的情形，而实际上不存在此情形的情况。适用排除事由并非单纯构成要件符合性阻碍事由，其不存在可能成为积极的构成要件要素，只要没有认识到适用排除事由的不存在，就不能认为是故意进行内幕交易，但在这种情况

---

❶　西村あさひ法律事務所・危机管理グループ，木目田裕监修.インサイダー取引规制の实务［M］.东京：商事法务，2010：421-422.

❷　西村あさひ法律事務所・危机管理グループ，木目田裕监修.インサイダー取引规制の实务［M］.东京：商事法务，2010：423.

下，无法改变知悉未公开的重要事实，因此可以满足课征金的必要要件。"❶

（五）"自己的利益"要件的条件

在《金商法》的规定中，不论是否为了自己的利益，如果违反了内幕交易的禁止要件，就会成为刑事罚的对象。与此相对，在课征金制度中，如上所述，在2008年《金商法》修改中，从抑制违法行为的观点来看，为了自己的利益，对于其他违反行为也作为课征金的对象。课征金的要件基本上是以"自己的利益"进行内幕交易为前提，如果以他人的利益进行内幕交易，除非该"他人"属于密切关系者、特殊关系者、金融商品交易业者等相关的顾客或者权利人时，否则该"他人"不属于课征金的对象。❷

---

❶ 西村あさひ法律事务所・危机管理グループ，木目田裕监修．インサイダー取引规制の实务［M］．东京：商事法务，2010：423.

❷ 西村あさひ法律事务所・危机管理グループ，木目田裕监修．インサイダー取引规制の实务［M］．东京：商事法务，2010：424.

第四节　日本课征金制度与民事赔偿责任

一、概述

由于金融商品存在风险，价格变动不可避免，所以即使投资者在交易金融商品时因市场变化而遭受经济损失，也不过是价格变动的必然结果，不能称为损失和损害。因此，根据金融商品交易属于"自己责任的原则"，不能将损失作为损害向金融商品业者索赔。但金融商品交易业者在知识和经验不足的投资者没有充分理解的情况下，对其进行明示、默示的欺骗性说明行为，由此导致相关金融商品交易受害的事例不断发生。在这种情况下，不是投资者没能很好地理解金融商品的内容和危险性就根据自主判断进行交易，而是金融商品交易业者实施了明示、默示的欺骗性说明的行为，所以被认为没有适用自己责任原则的余地。[1]

因此，在《金商法》上为救济因信息披露不完备而造成的损失，就虚假披露文件，作为依照民事程序对违反行为者的责任追究的方法，在第16条的未交付招股说明书等违反者承担赔偿责任、第17条的不实招股说明书的使用

---

[1]　日本弁护士連合会消費者問題対策委員会. 金融商品取引被害救済の手引［M］. 东京：民事法研究会，2008：3-4.

者责任、第 18 条至第 20 条的不实有价证券申报书的申报人等责任、第 21 条的发行市场中不实有价证券申报书等有关人员的责任、第 22 条的流通市场中不实有价证券申报书等有关人员的责任、第 24 条之 4 的提出虚假的有价证券申报书的有关人员的责任、第 27 条之 20 及第 27 条之 21 的不实公开收购开始公告者等责任等，设置一些损害赔偿责任规定 ❶。这是因为，投资者在金融商品交易中因金融商品交易业者的不正当劝诱、业务行为而遭受损失、损害的情况下，可以向金融商品交易业者请求损害赔偿，这是民事法制上认可的权利 ❷。然而，就违反内幕交易规制的民事责任，由于在《金商法》上没有特别的规定，所以会根据日本《民法》等一般法的规定进行判决，但实际上很难根据日本《民法》第 709 条追究民事赔偿责任。

二、《金商法》上民事责任规定整体利用的现状

（一）作为强化市场监督功能的一环，重新审视民事责任规定

《金商法》上的民事责任规定的不实披露的违反行为是对信息披露义务的违反。《金商法》通过这些不实披露的民事责任的规定，实现抑制不实披露的立法宗旨。但是，由于这些民事责任规定难以举证，从现状上看不能说立法的宗旨得到了实现。对于违反《金商法》的行为，没有通过民事诉讼程序追

---

❶ 三井秀范ほか.课征金制度と民事赔偿责任：条解证券取引法［M］.东京：金融财政事情研究会，2006：30.

❷ 日本弁护士连合会消费者问题对策委员会.金融商品取引被害救济の手引［M］.东京：民事法研究会，2008：4.

究责任的理由如下：①原本就很难发现不实披露等违反行为；②难以证明原告的损失金额，特别是与不实披露有因果关系的损害及金额；③日本没有集团诉讼制度❶。

2003年12月，在金融审议会金融分科会第一部报告书中，提出了强化市场监视功能的民事责任规定的建议，受此建议启发，在《金商法》上设置了关于在流通市场中发行公司不实披露的责任规定（《金商法》第21条之2）❷。通过该设置规定了流通市场上发行公司的责任规定、无过失责任、因果关系及损害金额的推定❸。

（二）损害额算定的观点

在证券发行市场存在不实披露情形的，投资者可以向发行者提出取消合同、恢复现状的请求。另外，对于在流通市场中不实披露情形的，作为投资者损害救济的观点，有取得时差额说、市场价格下跌说以及自身取得损害说三种类型。❹

日本《民法》第709条规定，因故意或过失而侵犯他人权利的人，承担赔偿由此产生的损害的责任，即被告人的不法行为的成立，需证明被审理人的行为和原告的损害之间具有相当的因果关系。根据日本《民法》第709条

---

❶　三井秀范ほか.课征金制度と民事赔偿责任：条解证券取引法［M］.东京：金融财政事情研究会，2006：31.

❷　冈田大ほか.市场监视机能の强化のための证券取引法改正の解说—课征金制度の导入と民事责任规定の见直し—［J］.商事法务，2004（1705）：50.

❸　三井秀范ほか.课征金制度と民事赔偿责任：条解证券取引法［M］.东京：金融财政事情研究会，2006：32-33.

❹　今川嘉文.投资取引诉讼の理论と实务［M］.东京：中央经济社，2011：312.

规定请求赔偿损失时，原告应主张加害者的故意、过失、加害行为和损害之间的因果关系（相当因果关系）、损害及损害金额。这里所说的损害的算定方法是假定没有不实披露的加害行为时的财产状态与现实的财产状态的差额，即基于上述差额所说的算定方法。既然对不实披露的加害行为的损害认定采用差额说，无论是证券交易与否，都必须建立一定的假设来算定损失额，不仅不能否定其中附带某种不确定性，而且如果根据不实披露主张证券取得者遭受损失的话，很难假设有无存在因果关系或损害金额。❶

（三）《金商法》第 21 条之 2 的构造

如上所述，基于不实披露主张证券的所得者遭受损失的，很难对因果关系进行证明和对损害金额进行算定。因此，根据《金商法》第 21 条之 2 第 2 款的规定，在一定条件下免除了原告对受害者的损失额及因果关系要件的举证❷。基于该条款的因果关系及损害金额的推定是法律上的事实推定，将应由原告承担的举证责任转换给被告❸。由于公司的不实披露，投资者以更高的价格购买股票，从而给投资者造成损失。因该不实披露，如果市场上有不正当的股价形成的事实，那么该有价证券的取得和损害之间可以认定为存在一定的因果关系❹。

---

❶ 岡田大ほか. 市場監視機能の強化のための証券取引法改正の解説—課征金制度の導入と民事責任規定の見直し—[J]. 商事法务，2004（1705）：52.

❷ 三井秀范ほか. 课征金制度と民事賠償責任：条解証券取引法 [M]. 东京：金融財政事情研究会，2006：36.

❸ 三井秀范ほか. 课征金制度と民事賠償責任：条解証券取引法 [M]. 东京：金融財政事情研究会，2006：37.

❹ 今川嘉文. 投資取引訴訟の理論と実务 [M]. 东京：中央経済社，2011：314.

在《金商法》上，"重要事项存在虚假记载或应记载的重要事项，为不使人产生误解所需的必要的重要事实有所欠缺时"，承担民事责任的规定（《金商法》第21条之2第1项）。因此，对于"关于重要事项"的相应性的判断，"根据该不实记载的客观内容进行判定是理所当然的，由于不实记载的实施或发现而引起的现实的有价证券价格变动的存在及程度也作为重要性的认定要素，应作为与认定对投资者投资判断的影响的现实相符的事实关系来参酌"❶。

三、内幕交易规制违反的民事责任

关于内幕交易的民事责任的探讨，一般来说，《金商法》第166条和第167条是形式性的处罚规定，即使违反了该规定，也不会立即产生民事责任。另外，禁止不公正交易的《金商法》第157条是翻译自美国SEC的规则10b-5的规定，不能成为受害者救济民事责任的直接依据规定。但是，违反《金商法》第157条的行为，通常符合日本《民法》第709条的违法性要求，因这种行为而被侵害利益的投资者（内幕交易的受害者）可以基于不法行为请求损害赔偿。由于需要受害者主张、证明内部者的故意或过失、损害以及两者之间的因果关系，在相对交易的情形时肯定违法行为的成立，但是在证券交易所的交易中，很难确定交易的当事人，而且证券价格形成是由复杂的因素决定的，所以证明当事人之间的因果关系几乎是不可能的。❷

---

❶ 森·濱田松本法律事务所.金融商品取引法—资本市场と开示编［M］.东京：商事法务，2008：536.
❷ 日本弁护士连合会消费者问题对策委员会.金融商品取引被害救济の手引［M］.东京：民事法研究会，2008：316-317.

对此，日本在导入内幕交易规制之前，证券交易审议会于 1988 年 2 月 24 日汇总的题为《关于内幕交易规制的存在方式》的报告书中建议，"内幕交易者对交易方应履行的损害赔偿也应采取有效性措施，关于与交易所交易相关的损害赔偿方式，认为有必要对原告的资格、诉讼程序等进行慎重的讨论，因此有必要将其作为中长期性的课题来处理"。到现在为止，《金商法》上并没有设置对其他投资者的民事责任的特别规定。❶

（一）内幕交易的民事责任行为类型

1. 内幕交易行为者对其他投资者的责任

由于违反内幕交易规制的民事责任在《金商法》上没有特别的规定，所以对违反者的处罚遵从日本《民法》等一般法的规定❷。因此，如果内幕交易是在市场外的相对交易中进行的，并且内幕交易行为者在信用原则上承认重要事实等告知义务，则该交易的对方不仅可以基于不履行债务（日本《民法》第 415 条），也可以基于违法行为提起损害赔偿请求（日本《民法》第 709 条）❸。

2. 内幕交易行为者对上市公司等的责任

公司与董事及财务审计人员的关系适用委托相关规定（日本《公司法》第 330 条）。因此，董事及这些人对公司负有作为受任者的善良管理者的注意执行业务的义务（善管注意义务）（日本《民法》第 644 条）。另外，公司董事还负有遵守法令、章程以及股东大会决议，忠实执行公司职务的义务（忠

---

❶ 小谷融. インサイダー取引・相场操纵・虚伪记载规制のすべて［M］. 东京：中央经济社，2009：193.

❷ 松本真辅. インサイダー取引规制：解释・事例・实务对应［M］. 东京：商事法务，2006：281.

❸ 松本真辅. インサイダー取引规制：解释・事例・实务对应［M］. 东京：商事法务，2006：281-282.

诚义务）（日本《公司法》第 355 条）。虽然董事的善管注意义务的意义不一定明确，但一般来说，董事负有客观注意履行该职务的义务，在欠缺注意时一般评价为有抽象的轻过失。❶

如果董事只是个人进行了内幕交易，并不会直接给公司造成损失，因此不会因违反善管注意义务和忠诚义务而承担责任。但是，由于董事关于公司业务或财产进行了内幕交易而公司被处以罚款时，也有可能因违反善管注意义务和忠诚义务而向公司承担损害赔偿责任。❷

3. 对上市公司等投资者的责任

虽然信息公布是以提供信息为主要目的而进行的，但也存在通过对违法行为进行制裁而将信息公布，间接抑制违法行为的情况 ❸。为了使上市公司等不法行为成立，需要证明怠于公布重要事实等是违法的行为，但重要事实等的公布是根据证券交易所的规则等进行的，很难以其延迟就立即评价其行为是违法 ❹。然而，例如，为了使作为公司信息披露的负责人的董事长或社长将其持有股份进行抛售，全体董事故意延迟披露债务不履行信息等的情况下，可以认为是性质恶劣的违法行为 ❺。

---

❶　石山卓磨.最新判例にみる会社役员の义务と责任［M］.东京：中央经济社，2010：57.

❷　松本真辅.インサイダー取引规制：解释・事例・实务对应［M］.东京：商事法务，2006：282.

❸　宇贺克也.规制缓和社会における制裁の役割 II 制裁の在り方：行政制裁［J］.ジュリスト，2002（1228）：60.

❹　松本真辅.インサイダー取引规制：解释・事例・实务对应［M］.东京：商事法务，2006：283-284.

❺　松本真辅.インサイダー取引规制：解释・事例・实务对应［M］.东京：商事法务，2006：284.

（二）否认内幕交易救济的事例——日本生产线事件

事件概要如下。

1988 年 12 月 19 日，原告 A 在东京证券交易所通过证券公司以 32 982 000 日元的价格购买了日本生产线株式会社的 494 000 股的股票。同月 23 日，日本生产线株式会社和山下新日本汽船株式会社发表了两公司对等合并的声明。与此同时，发表了该次合并中日本生产线株式会社将以 8 成、山下新日本汽船株式会社将以 5 成的比例大幅减资的声明。之后，日本生产线株式会社的股价持续下跌。

以损害保险为业的 B 是日本生产线株式会社的大股东。公司的合并及资本的减少，都属于需股东大会进行特别决议的事项，通常应该事先和大股东们商量取得同意后再发表。另外，B 自 1969 年 11 月 11 日取得新股后一次都未进行出售，一直持有该股票，但从合并发表前仅仅 4 天，B 就将该股票出售上看，B 应该是根据日本生产线株式会社的大股东地位而事前得知这个合并的信息，即所谓内部信息。因此，B 事先知悉该次合并的信息，为了避免在该信息公布后遭受损失，B 在合并信息发布前 4 天将其持有的日本生产线株式会社的股票以高价出售，合并信息公布后决定以低价回购。从 B 的行为可以看出，他认识到购买了上述股票的一般投资者会遭受股价暴跌的损失，但为了个人利益，他进行了故意的违法行为（内幕交易）。A 因此遭受了现在的股价和购买价格的差额之间的损失，要求 B 赔偿损失。东京地方法院认为，根据原告 A 从证券公司取得日本生产线股票的事实上看，不能推定出被告 B

的出售行为和原告的购买行为成立，驳回了原告的损害赔偿请求。❶

根据该判决的逻辑，因内幕交易而遭受损失的投资者很难向做出违法行为的内部者要求损失赔偿。因为在证券交易所的交易中，原告很难证明被审理人的出售和其遭受损害之间的因果关系。有观点认为，即使是通过公开市场进行内幕交易的，也像美国的判例一样，应给予"同时交易者"救济❷，或将内幕交易视为不作为的违法行为的一种类型，即使是在证券市场交易的情况下，若有内幕交易的行为，虽没有发生"侵权"的结果，但也可以认定为具有因果关系❸。

四、课征金制度和投资者的救济

在《金商法》上没有设置内幕交易违法行为的民事责任规定的现状下，可以说不可能追究违法行为者的民事责任。虽说课征金制度是与民事责任制度的宗旨、目的不同的行政上的确保义务履行的制度，但也有人指出，如果《金商法》的目的是"保护投资者"，那么将课征金纳入国库，会给投资者带来负面影响❹。对于这一点，作为日本课征金制度模式之一的美国证券交易法制下的美国民事制裁金制度，一直以来都将其纳入国库，但是根据 SOX 的修

---

❶　东京地裁平成 3・10・29［J］.金融法务事情，1992（1321）：23-27.

❷　松井一郎.证券取引所を通じて株式を购入した者からの売主に対するインサイダー取引を理由とする损害赔偿请求が因果关系がないとして弃却された事例［J］.金融・商事判例，2005（902）：45-46.

❸　牛丸兴志夫.判批［J］.东京：私法判例リマークス（下），1993：99-100.

❹　桥本博之.改正证券取引法の理论的研究（1）证券取引法における课征金制度の导入［J］.商事法务，2004（1707）：10.

改，将归还民事制裁金作为公正基金（disgorgement fund）的资金分配给受害者❶，有助于投资者恢复损失。

首先，课征金是为了确保市场的公正等公共目的而导入的，因此有人指出，在公共执法中是否可以用于恢复投资者受害的私人目的的问题。一般认为将课征金分配给受害者不违反《金商法》的目的。其理由是，课征金的目的是通过剥夺因违法行为而获得的利益来抑制违法行为，因为不管怎么使用缴纳的课征金，都不会降低上述的抑制效果，因此可以将课征金用于救济受害者。课征金的对象范围为有价证券的募集、出售时的披露文件中的虚假记载（信息披露违反）、谣言的传播、伪计或者操纵市场以及内幕交易等。其中，关于投资者的损害赔偿请求权，虽然也有《金商法》上明文规定的（法定披露文件的虚假记载等），但也有《金商法》上没有明文规定，就民事责任的要件、效果没有进行充分讨论的（如内幕交易等）。在《金商法》上没有设置内幕交易的民事责任规定的现状下，通过证券交易所进行的内幕交易还很难确定受害者。因此，有必要在《金商法》上设置民事责任条款。❷

其次，在现行的课征金制度中，课征金的计算方法是对象者因违法行为而获得的利益额，但不能机械地计算，而应按照法定的计算方法。但是，基于2008年《金商法》的修改，课征金的金额以违法行为者实际取得的金额为基准来计算❸。因此，有要求重新审视课征金制度的意见认为，应导入利益相当额的复数倍的课征金❹。

---

❶ 黒沼悦郎.投资者保护のための法执行［J］.商事法务，2010（1907）：45.

❷ 黒沼悦郎.投资者保护のための法执行［J］.商事法务，2010（1907）：47.

❸ 黒沼悦郎.投资者保护のための法执行［J］.商事法务，2010（1907）：47.

❹ 松尾直彦.不公正取引规制の施行5年の轨迹と展望［J］.ジュリスト，2012（1444）：44.

第四章　日本课征金和刑事罚的构成要件的分离以及投资者的救济

笔者在序中已经提起日本现在施行的《金商法》上课征金的问题，为此结合上面的问题，本书自第一章到第三章对其进行了探讨。

第一章，就美国《证券交易法》第 10 条（b）款和 SEC 规则 10b-5 在判例中的解释、适用状况进行了分析，并且就禁止内幕交易的实际依据，以信息平等理论、不正当流用理论等学说等为基础，从正反两方面进行了探讨。另外，就内幕交易的法律执行和民事责任的对应措施，以及上市公司的董事等的短线交易的返还义务进行了探讨。

第二章，就日本的内幕交易规制的框架进行了分析与探讨。首先，对 1989 年开始施行的内幕交易规制的导入缘由、规制条件的内容，美国联邦最高法院为中心最受争议的判例的动向进行了分析。引用最具代表性的判例是医生成为被审理人的日本商事事件、律师的内幕交易事件的日本纺织品加工事件争论点进行了分析和探讨。在日本商事事件中法院运用技术性的判断对产生争议的重要事实与兜底条款适用进行认定。这种认定被称为杂技般的解释。这是将要件事实进行实质化的创造性解释，也可以说是接近美国证券诸法及其规则 10b-5 的适用解释。其次，对于规制公开收购与内幕交易的《金商法》第 167 条的要件事实，以及向金融业界输送新风的象征性事件——日本放送股票的村上基金的各审级判决、日本纺织品加工事件中的"决定程度"的解释进行了梳理与分析。除此之外，还对内幕交易的未然防止和动向进行了探讨。

第三章，对日本课征金制度进行了探讨。内幕交易规制实施之后，在1991年通过对当时的日本《证券交易法》的修改，成立了证券交易等监视委员会作为证券的不公正交易的监督机关，从而完善证券的监督体制。但是，因为当时的制裁只有刑事处罚，对于不是一定要适用刑事处罚的少额违反事件和违法性低的案件，造成不能充分处理的障碍。因此，为对内幕交易进行规制，日本在2005年导入了课征金制度，将其作为行政处分，可以迅速有效地应对各种案件。

本章在对美国联邦证券交易法制下的内幕交易规制框架和日本的内幕交易规制框架进行比较和分析的基础上，就现行日本《金商法》下的内幕交易，提出可行性的建议。

第一节　美国和日本的内幕交易规制的框架的比较

一、内幕交易规制的构成要件的比较

（一）行为主体、内部者（交易行为者）

内幕交易的行为主体，一般是指能够接触到重要的未公开的内部信息并能够利用该信息的公司的董事、监事和高级管理人员。美国规则 10b-5 规制对象的行为主体、内部者一般通过 SEC 的法律执行和美国联邦法院判决进行认定。具体是指：内部者、准（一时）内部者、外部者、信息传达者、信息受领者等行为主体。特别是对于信息传达者，如果负有保密义务的内部者或外部者故意传达不适当的信息，则作为违法的内幕交易的参与者也应承担法律上的责任。信息传达者的不适当的信息传达，是指信息传达者通过提供信息给受领者而使双方能够享受特别的利益的情况❶，一般是指内部信息传达者将自己所持有的内部信息提供给自己的亲属或者朋友，并期待能从这些人手里获得回报。

---

❶　Palmiter A R. Securities Regulation: Examples & Explanations［M］. New York: Aspen Publishers, Inc，2005 : 365.

在 2013 年日本《金商法》修改前的内部者，只限于现在的《金商法》第 166 条第 1 款以及《金商法》第 167 条第 1 款中分别具体规定的内容。虽然列举了公司相关人员、公开收购者等相关人员或第一次信息受领者，但是缺乏作为行为主体的信息传达者。通过修改，2013 年《金商法》将信息的提供者和交易推荐者列入规制对象的范围❶。日本的内幕交易者，通常被看作身份犯的一种。

（二）重要事实（未公开的内部信息）

美国规则 10b-5 的规制主要禁止与证券的购买和出售有关的欺诈行为。该条款不限于内幕交易，而是规制包括不正当的证券交易在内的一切行为。例如，证券公司的外务员，利用虚假的大型投资信托公司正准备次日实行重要的收购计划的信息，劝诱投资者购买该公司证券，则该行为违反规则 10b-5 的规定❷。根据规则 10b-5 的规定，具有欺诈性的内幕交易行为，是利用了与证券交易有关的重要的未公开信息的交易行为。所谓重要的未公开信息，一般认为会影响投资者的投资判断，但该规则没有具体规定。

日本内幕交易的内部信息，《金商法》第 166 条第 2 款对于重要事实进行了详细的规定。若要认定内幕交易行为，内幕交易的行为者所得到的信息对投资者的投资判断而言必须是重要的事实。所谓对投资者的投资判断而言是重要的事实，一般是指发行公司的运营、业务或者财产相关的重要事实。该重要事实能对股价产生影响，并能够影响投资者的投资判断。该

---

❶ 国会提出法案の状况、金融庁官网（http：//www.fsa.go.jp/common/diet/）。

❷ STERPHEN M.BAINBRIDGE. Insider Trading［M］. Los Angeles:Edward Elgar Publishing, 2011:234.

重要事实一般是指：决定事实、发生事实、决算信息、包括条款、子公司的重要信息等 ❶。

（三）信息的公布

1. 日本、美国之间信息公布的差异

美国规则 10b-5 并没有规定信息公布的方法 ❷。就公布与否的判断，由美国联邦法院针对个别事例去判断。而日本《金商法》第 166 条第 4 款规定的重要事实的公布，是将公布作为判断是否解除交易规制的基准，因此规定了公布的具体形式。总之，美国是从实质上来判断重要信息是否公布，而日本是从形式基准来判断是否公布。

2. 日本内幕交易规制的公布形态

笔者就上述公布和作为广义内幕交易规制的一种方式的上市公司的董事等的股份等取得规制的提交报告书的公布，是否相同进行了讨论 ❸。对于前者，日本《金商法》所规定的主体是内幕交易者。而对于后者，是禁止证券公司从业人员等，对上市公司等的运营、业务或者财产等能够对投资者的投资判断产生影响的重要信息在尚未公布之前，利用该信息向上市公司的董事等劝诱投资，或者自己进行股票交易的行为。根据日本《金融商品交易业等的内阁府令》第 1 条第 4 款第 14 项的规定，除了禁止利用法人关系信息的自己进

---

❶ 神山敏雄ほか . 新经济刑法入门［M］. 东京：成文堂，2008：180；长岛・大野・常松法律事务所编 . アドバンス金融商品取引法［M］. 东京：商事法务，2009：880.

❷ 畠山久志 . ヨーロッパ（EU）における内部者取引规制について：内部者取引规制の见直し论议の方法论序说［J］. 青山法学论集，2009，51（1-2）：461.

❸ 金融商品取引法研究会 . 法人关系情报［M］. 东京：研究记录，2013（44）：2.

行股票交易和提供法人关系信息的劝诱以外，日本证券业协会也在不断整顿法人关系信息的管理体制。就"法人关系信息"的意义，日本《金融商品交易业等的内阁府令》第1条第4款第14项详细规定为"《金商法》第163条第1款规定的对上市公司等的运营、业务或有关财产尚未公布重要的信息能够对投资者的投资判断产生影响的重要的信息，以及《金商法》第27条之2第1款规定在公开收购的实施或中止的决定过程中能够给投资者的投资判断带来影响的尚未被公布的信息"。该条款在日本《金商法》第166条被详细规定下来，但是这种形式上的规定还不如美国规则10b-5抽象的规定。

日本《金商法》第166条第4款规定的公布包括以下几种情况：①已采取政令规定的措施，使多数人处于已知状态，披露的信息能够供公众浏览。②在两个以上的媒体报道上的公开（公布的时间达到12个小时，即12小时规则❶）。③金融商品交易所制定公众浏览的规则（适时披露）。不管采取哪些措施是否降低了投资者之间的信息不对称，确保了证券交易的公正性，在形式上，都需要进行上述任意一个手续，大多数情况下，以③的证券交易所适时披露的方式进行公布手续。

但是，即使采取上述形式上的手续，信息被扩散也不是新鲜事。像报纸、电视机等旧媒介，也有互联网和Twitter（推特）等新媒体的预测信息、传言和谣言等，以及从有搜查权限的行政权力机关披露出来的搜查信息、企业的不正当税务行为和行政指导等方面的信息。那么，投资者利用公众都知道的信息来进行证券交易，是否会成为内部者的内幕交易？若利用的信息是重要

---

❶ 没有明确的规定。商事法务编集部资料版商事第59号72页（1989）。

的未公布的信息，在尚未公布之前利用该信息从事证券交易就有可能成为内幕交易。而日本《金商法》第 163 条规定的法人关系的信息，因为实质上已经将必要要件、内容制定出来，公众也已周知，所以就不存在给投资者的投资判断带来不利的影响的情形，被解释为公布的措施已经实施完毕。从结果上看，从事证券公司等的金融商品交易业者很有可能利用这样的信息向董事等公司的高级管理人员进行投资劝诱，董事等高级管理人员如果接受这种证券交易的话却有可能成为日本《金商法》第 166 条规定的内部者。总而言之，这种不合理的逻辑，极为矛盾。

日本经济产业省审议官的内幕交易事件，使上述问题成为争论的焦点之一。2009 年 2 月 4 日，新闻报道称曾从事 DRAM 软件的开发、设计、制造、销售等业务的 Elpida Memory 株式会社的经营状况恶化，正在探讨根据日本《产业活力再生法》向相关行政部门提交企业再生申请。2009 年 6 月 30日，日本经济产业省发表《产业活力再生法》，Elpida Memory 的企业再生申请成为公共资金注入普通企业的第 1 号议案。在该议案的审议当中，被审理人是经济产业省大臣官方审议官，利用职务之便获得该公司的信息进行股票交易取得利益。该审议官使用自己的妻子的名义从事证券交易，并且有的证券交易还是在审议官办公室里进行的，其行为性质极为恶劣。对于重要事实的公布的问题，检察官提出应当根据法令的适时信息披露的要件完成之后作为正式公布的时间。而被审理人主张，对于该公司的 "产业活力再生法再生申请"，已经被新闻报道，实质上已经完成了法令上规定的重要事实的公布要件。同时被审理人还主张在该公司的董事会正式决定之后才购买该公司的股票，所以其行为并不违法。但是，东京地方法院的检察官主张，做出被审理人有期徒刑 1 年 6 个月（缓刑 3 年），罚款 100 万日元，追缴 10 319 500 日元

的有罪判决。❶

被审理人主张，如果日本《金商法》第 166 条规定的公布与法人关系信息的公布是一样的话，就不存在实质上的信息片面性的问题，其行为也就不会成为内幕交易。而东京地方法院认为，虽然《金商法》第 166 条规定的重要信息和法人关系信息之间不对称容易产生问题，但由于 1988 年对于日本旧《证券交易法》进行修改时，将立法宗旨全面加以规定，使得该案的重要事实对投资者的投资判断产生了显著的影响，对投资者而言明显存在显著的不公平，因此，应对交易行为者进行刑事处罚。由于法人关系信息还没有达到刑事处罚的程度，一般交由自主规制机关进行处理。❷

就这个问题，日本的川口恭弘教授指出，"实际上，适时信息披露的问题，是发行人公司最头疼的地方。比如 M&A 的例子等，由于相关报道在公司还没有正式公布之前就已经泄露出来，但作为公司本身不应该否定该报道。在暗地里公司继续与对方协商，却不愿意将该信息公布，或者是该信息的公布与否还没有经过正式机关的决定不能公布，这是个问题"。"被称为不需要对公司进行预测的事项，需进行确实实行的内容，实质上法律上所规定的信息披露要件全部包含在当中。对此，担任收购和资金筹措顾问的企业销售担当者称，如果出现这样的谣言类的报道，都不知道该如何开展今后的业务，变成现在业者保守的认识。"❸

---

❶ 2013 年 6 月 28 日朝日新闻夕刊等。

❷ 金融厅关于提供法人关系信息的劝诱禁止规定的公开评论的回答："从确保市场公正性的观点出发，作为与金融商品交易业者等经营的有价证券相关的交易相关的行为规制，将比刑事处罚对象的内幕交易规制更广泛的交易作为规制对象"。

❸ 金融商品取引法研究会.法人关系情报［M］.东京：研究記録，2013（44）：2.

（四）对象证券的范围

美国规则 10b-5 采用实质基准将所有的证券（any security）的内幕交易的对象都纳入其规制中 ❶。日本内幕交易规制的对象证券仅限上市公司发行的"特定证券"等。

（五）禁止行为

内幕交易的禁止行为，根据 Texas Gulf Sulphur 事件的判决，包括交易行为、提供信息和建议的行为。Texas Gulf Sulphur 事件的判决认为："拥有公司内部重要信息的人应当向投资者公布。另外，为了保护公司重要的内部信息，在公司将其重要内部信息进行对外公布，或者决定不公布内部信息的情况下，必须放弃与该信息有关的证券交易，也应该避免推荐该证券，在此时跟信息有关的交易行为都应该放弃，对证券有关的推荐行为也应该避免。"❷ 在大范围内将利用重要信息进行交易的行为予以禁止。

2013 年日本《金商法》修改以前规制对象的行为，限定在上市公司的"特定有价证券等"所涉及的"交易"等，但是通过 2013 年《金商法》的修改，信息提供和推荐行为也被列入该法规制的对象。

---

❶　畠山久志. ヨーロッパ（EU）における内部者取引規制について：内部者取引規制の見直し論議の方法論序説［J］. 青山法学論集，2009，51（1-2）：463.

❷　SEC v. Texas Gulf Sulphur Co，401 F.2d 833，at 848（2d Cir.1968）.

二、信息传达、交易推荐行为的比较

在 2013 年《金商法》的修改中，为了解决公募增资内幕交易的问题，导入了对信息传达、交易推荐行为的规制。就该规制的导入，该次修改的理由是"为了防止信息受领者进行内幕交易，重要的是如何抑制不正当的信息泄露"❶"在考虑对企业正常的业务和活动不会产生影响的同时，与交易联系在一起是为了规制不正当的信息泄露"❷。

日本《金商法》第 167 条第 2 项规定内容是：知悉未公布的重要事实的公司有关人员（上市公司和证券会社的董事等管理职员），在该重要事实公布前，以获取不正当利益为目的，将该信息传达或者推荐交易的行为。在 2013 年《金商法》修改之前，就对公开收购相关的内幕交易规制，对公开收购的有关人员的交易进行了规制，但在该法修改之后，将知悉公开收购的公司相关人员和公开收购相关的事实的人也列入规制的范围。下述就日本、美国信息传达行为与推荐交易行为进行比较。

（一）规制的对象者

如前文所述，美国不仅对公司的董事等高级管理人员进行了规制，而且对信息传达者也进行了规制。然而，日本修改《金商法》第 167 条之 2 的规

---

❶ 金融厅.金融商品取引法等の一部を改正する法律案に系る説明资料［EB/OL］.（2013-03-01）［2021-06-10］.http：//www.fsa.go.jp/common/diet/.

❷ 金融厅.金融商品取引法等の一部を改正する法律案に系る説明资料［EB/OL］.（2013-03-01）［2021-06-10］.http：//www.fsa.go.jp/common/diet/.

制对象者的规定与修改前第一次信息受领者的信息传达者的规定基本上相同 ❶。公司关系人员（原公司关系人员）、公开收购者（原公开收购者）成为该条款的适用对象，但第一次信息受领者非该条款的适用对象 ❷。这种规定也可以看作切断性的规定。因为日本的内部者是身份犯，基本上只有公司的董事等高级管理人员和公司的关系人员才是该条款的规制对象。

（二）信息传达行为

日本《金商法》第 167 条之 2 规定的信息传达行为，是指在上市公司等的有价证券的交易中，知悉未公布的重要事实的公司有关人员为能使他人获得不正当利益或者避免在证券买卖当中遭受损失，将公司的业务的重要事实进行传达、推荐交易的行为。

然而，美国判断信息受领者是否负有信息公布的义务或者交易的断念义务时，是依据 Dirks 事件的判决中认定信息传达者的内部者是否原本就负有信任义务。Dirks 将从公司的董事处获得的信息向投资者传达的行为是否构成信息提供的问题，首先必须确认公司的董事本身有没有违反对公司的信任义务。信息传达和交易推荐行为同样只要被认定为违反义务，就可以根据规则 10b-5 的规定认定为内幕交易。

---

❶ 松尾直彦.最新インサイダー取引規制：平成 25 年改正金商法のポイント［M］.东京：金融财政事情研究会，2013：18.

❷ 松尾直彦.最新インサイダー取引規制：平成 25 年改正金商法のポイント［M］.东京：金融财政事情研究会，2013：18-20.

（三）主观要件

日本《金商法》第167条之2第1项中，设置了主观性要件，其目的是重要事实公布之前，知悉未公布重要事实的公司有关人员将公司的业务的重要事实的传达、推荐行为，使他人获得利益或避免他人的损失发生。

在美国Dirks的判决中，大法官认为："根据信息的公开，是否直接或间接作为个人获得的利益，比如金钱上的利益或者转化为将来收入的评价上的利益。"[1]判断信息受领者负有责任，信息传达者必须通过传达使信息受领者获得某种利益[2]。在美国，获得某种利益是客观的要件。日本虽然采取的是主观的要件，但日本也不得不将获得利益作为客观的要件，所以日本、美国在实际要件的认定上几乎没有区别。

（四）交易要件

根据日本《金商法》第175条之2以及同法第197之2第14项、15项，进行交易被视为客观处罚要件。进行交易被视为课征金缴纳命令和刑事罚的客观处罚要件。在不正当的信息传达、推荐交易行为的禁止规定本身中，由于没有规定交易要件和相当因果关系的要件，即使没有信息受领者进行交易，也会违反《金商法》第167条之2规定的内幕交易行为。[3]

总而言之，自上述的要件来比较美国和日本规定的内幕交易的话，可以

---

[1] Dirks v. SEC，463 U.S. 646，at 663-664（1983）.

[2] Dirks v. SEC，463 U.S. 646，at 662（1983）.

[3] 松尾直彦.最新インサイダー取引規制：平成25年改正金商法のポイント［M］.东京：金融财政事情研究会，2013：44.

看出实质上没有差别。重要的是，日本于 1988 年导入的内幕交易规制，虽然是从最初的形式基准开始的，但之后的修改、运用、解释与美国几乎没有差别。

三、内幕交易规制的法律施行

（一）内幕交易的刑事责任

日本根据《金商法》第 166 条第 1 项、3 项或者《金商法》第 167 条第 1 项、3 项的规定，对于违反内幕交易的刑罚规定的行为，处 5 年以下有期徒刑或者 500 万日元以下的罚款，或者两者并科。而美国对内幕交易的刑事罚，处 20 年以下的自由刑或者 500 万美元以下（法人 2 500 万美元以下）的罚款，或者两者并科 ❶。就内幕交易规制的刑事责任，从法定刑方面上看，日本、美国两国间对内幕交易的自由刑的判罚年限有 4 倍的差距，特别是罚款有 500 倍的差距。由此可以看出，在以自由竞争为建国精神的资本主义社会的美国，对影响自由竞争的经济犯罪进行了严格的规制。

（二）内幕交易的行政措施

美国和日本的行政监督机关基本上都采取的措施有：一是取消从业者和外务人员的注册和停止业务等的行政处分；二是向美国联邦法院和日本最高

---

❶ 1934 年《证券交易法》第 32 条。新外国证券关系法令集 . アメリカ（Ⅲ）证券法·证券取引所法 [M] . 东京：日本证券经济研究所，2008：407-408.

法院提出禁止违法交易行为的命令或者停止命令。美国除了上述两种措施以外，还有归返不正当收益、制裁金等行政措施。此外，美国还制定了禁止就任上市公司的董事等更为详细的行政措施。

美国不正当收益的归还是剥夺因违法而获得的利益的行政命令，日本的课征金也是对违反者获得不正当利益进行剥夺，毋庸置疑课征金也是一种惩罚性的行政措施。

（三）美国的民事制裁金和日本的课征金

为了对内幕交易进行有效抑制，美国联邦议会于 1984 年制定了《内部交易制裁法》，并于 1988 年制定了《内幕交易与证券欺诈施行法》。根据这两部法律，SEC 对于内幕交易的行为者的违法行为获得利益和在交易中避免的损失的 3 倍金额，通过美国联邦法院的命令要求违法者返还。这两部法律成为对已发行证券市场中的内幕交易者的特别制裁措施 ❶。民事制裁金不需要刑事手续上的人权保障所要求的证据规定和推定原则等。从行政行为的合法性的推定层面来看，民事制裁金更能有效地抑制内幕交易。

日本为了保证《金商法》规制的实效性和抑制不正当行为，于 2004 年对旧《证券交易法》进行了修改，并于 2005 年 4 月导入课征金制度，作为对违反者进行金钱上处罚的行政措施。课征金的适用对象是发行市场的信息披露违反、流通市场的信息披露违反、内幕交易等。本来，根据日本《金商法》第 166 条的规定，内幕交易的违反行为是刑事追诉的对象，但就

---

❶ WANG W K S, STEINBERG M I. Insider Trading［M］. 3rd ed. New York: Oxford University Press, 2010 : 664-667.

刑事处罚而言，原本就有日本《刑法》中的谦抑主义的想法，而且根据起诉便宜主义由检察官裁量决定是否起诉，所以如果罪状不太重或刑事制裁不适用的话就不会被起诉。不仅如此，在《刑法》上需要严格证明，必须具有充分的证据能力（《刑法》第 319 条—328 条），且经过公判庭的适当证据调查程序（同法第 304 条—307 条）的证据证明（同法第 317 条）。在审判中，虽然要求严格证明犯罪行为，但因证券交易多使用电话来交易，而导致网络交易多，举证困难，因此搜查和证据收集明显过大，即使有相当的嫌疑，从维持公审的观点出发，刑事处罚的发动也只能断念。因此，对内幕交易的违法行为，课征金的施行就显得相对容易，并能够迅速应对。自从导入课征金制度之后，这种制度被广泛应用，金融厅下达课征金的缴纳命令也逐渐增多。❶

（四）违反调查

1.美国的违反调查

美国行政机关为了调查违法行为，一般有权发出附有罚则的传唤令、附有罚则的文件提交命令书。行政机关根据行政调查在认定违反事实时，行政机关自身有行政制裁的赋课权限的情况下，对违反者告之违反事实和确认行政制裁的内容。收到这个通告的违反者有请求听证的权利。该听证可以由行政机关自己进行，但一般情况下，根据行政机关的指示由行政法大法官（administrative law judge）进行。在制裁金缴纳的命令确定后，若违反者不缴

---

❶　山下友信・神田秀树.金融商品取引法概说［M］.东京：有斐阁，2010：445.

纳制裁金，法院可以以民事法庭侮辱罪（civil contempt of court）的形式对违反者处以罚款。❶

2. 日本的违反调查

日本证券交易等监视委员会一旦得到了违反行为的线索，首先其会开展调查，其检察部门会从暗中侦察开始。如果掌握到违反内幕交易规则的交易行为，并有充分证据证实，则证券交易等监视委员会，会向内阁总理大臣及金融厅长官发出课征金缴纳命令的劝告，对于性质恶劣的违反行为，其会向检察官通过刑事诉讼程序进行告发。

（五）内幕交易的损害赔偿责任

内幕交易的受害者涉及多范围、多领域，主要有以下三个方面 ❷。

（1）如果认为这损害了投资者对证券市场的信任，那么市场本身就是受害者，是有别于投资者个人的受害者。内幕交易应该说是抽象的危险犯，不能集中于民事上的具体受害。这也是为什么内幕交易被称为没有受害者的理由。因此，作为其他的法益侵害，内幕交易行为者由刑罚或违反行政秩序的行政机构进行处罚。

（2）如果认为内幕交易的行为者使用了未公开信息，美国内幕交易的行为者可能会违反未公开信息的所有者的信任义务，违反秘密义务合同的约定，然而日本内幕交易的行为者则是违反善管注意义务、忠实义务。在这种情况

---

❶ 佐伯仁志. 制裁论［M］. 东京：有斐阁，2009：262-266.

❷ 畠山久志. インサイダー取引規制の現状と課題について—平成25年金融商品取引法の改正—［J］. ディスクロージャー研究，2013：1-18.

下，如果是公司的未公开信息，则受害的主体是公司本身或股东。

（3）行为者利用未公开的信息进行内幕交易，通常构成对交易方的欺诈行为，这种行为在美国是违反规则10b-5的规定，而在日本则违反日本《民法》第709条之规定。

那么，在证券市场中，通过中间人的证券公司进行证券交易所交易，结果会怎样？如果持有信息的人并没有将信息公布而进行证券交易时，且行为者没有向证券公司明示信息的存在，在这种情况下是否属于违法行为？在市场上已经做出反对该交易的行为者是否能根据因果关系主张因该行为所遭受的损失？对此，美国和日本的学者的看法各不相同。

美国《证券交易法》第20A条规定，对于没有将重要的未公开信息进行披露，违反规则10b-5的规定进行交易的人，必须承担与其同时进行交易的行为者的赔偿责任。由于美国内幕交易被认为违反规则10b-5的规定，同样适用于不实表示，因此有观点认为，根据与不实表示的民事责任相同的解释即可 ❶，同时认可默示的起诉权。但是日本《金商法》上并没有专门设置，投资者向内幕交易违反者进行民事责任追究的特别条款。因为日本没有像英国、美国的法律根据一般理论承认诉讼权的传统，所以行使诉讼权需要制定法律上的根据。与操纵市场一样是内幕交易，也是日本《金商法》上不公正交易的违法行为，由于没有设置内幕交易的民事责任，受害者要追究内幕交易行为者的民事责任，要根据日本《民法》第709条（违法行为者）等一般法的规定进行判断。但要追究违法行为者的责任，受害者需证明：①加害者必须

---

❶ 黒沼悦郎. アメリカ証券取引法［M］. 东京：弘文堂，2006：168.

有责任能力；②主观上存在故意或者过失；③侵害了被害者的权益；④发生的损害（额）；⑤违法者的行为与损害之间存在因果关系。上述要件的举证责任，原则上都由受害者进行举证。因此，受害者想要证明上述④⑤的事项，存在相当大的困难。

第二节　日本课征金制度的性质和定位

在日本金融审议会金融分科会第一部会的报告《面向以市场机能为核心的金融系统》（2003 年 12 月 24 日）中，有人认为作为对违反行为的金钱负担，需要大幅提高罚款额度，但有必要考虑与其他刑事处罚的均衡性，以及刑事处罚运用的谦抑性，应该设置以违反本国《证券交易法》的不公正交易规制、违反信息披露规制、违反证券公司等行为规制为对象的新的课征金制度。受此提议，在 2004 年日本通过了对旧《证券交易法》的修改，于 2005 年 4 月 1 日施行，专门针对内幕交易等不正当交易的违法行为的制裁，导入了课征金制度❶。该制度是为了抑制内幕交易等违反行为，对违反行为者施加一定金额的金钱负担，确保规制的实效性的行政措施。

自 2005 年开始到 2012 年 5 月为止，日本证券交易等监视委员会共对 144 件内幕交易规制的违反行为提出了课征金的劝告。对这些课征金的事例进行分析可以得知，违反行为者知悉重要事实，在该重要事实公布之前进行证券交易从而获得不正当利益。当然，对于这些违反行为，在导入课征金制度之前，都是刑事罚的对象。课征金制度与刑事罚规定的构成要件基本相同。课征金与刑事罚分别以《金商法》第 166 条、《金商法》第 167 条、《金商法》

---

❶　金融審議会金融分科会第一部報告 . 市場機能を中核とする金融システムに向けて［EB/OL］.（2013-12-24）［2021-06-10］. http://www.fsa.go.jp/singi/singi_kinyu/siryou/kinyu/dai1/f-20031224_sir/02.pdf.

第 167 条之 2 为构成要件。下述拟对日本课征金的法的性质及争论问题进行探讨。

一、课征金制度的性质

日本《金商法》上的课征金制度，是对内幕交易等的违法行为者，剥夺其所获得经济利益的相当额的行政措施。

（一）课征金的适用类型

课征金具有形式上的特征，没有裁量的余地。所谓没有裁量的余地，是从课征金的独自特征所得出的结论。课征金的适用类型具体分为以下三个部分。❶

1. 限定在违反者从违反行为中所获得经济利益的相当额。例如，公开收购申报书的虚假记载（《金商法》第 27 条之 19、第 172 条之 6 第 1 项）的课征金额度为在公开收购开始公告前一天的"该公开收购的股票"等或"上市股票等"的最终值乘以收购数的金额的 25%。其根据是，收购者提供虚假信息，以有利的条件购买股票等，所以要缴纳与不实施公开收购手续相同金额的课征金。

2. 从违反行为计算出来的经济利益相当额的观点出发，就违反对象的行为类型的要件，除了符合相应行为要件之外，还追加了违反者进行一定行为

---

❶　松尾直彦.金融商品取引法［M］.东京：商事法务，2013：645-646.

的要件。例如，2013 年《金商法》修改后追加的内容规定，被推荐者因内幕交易、教唆等行为的影响而从事股票的交易，推荐者同样要缴纳一定数额的课征金（《金商法》第 167 条之 2，第 175 条之 2）。

3. 固定地假设违反行为，并且仅限于通过违反行为获得经济利益的人。例如，内幕交易（《金商法》第 166 条、第 175 条），根据违反者交易的结果和相关事实公布之后对股价的影响，以内部者的买入价额和相关重要事实公布后 2 周内的最高价格乘以该有价证券的买入等的数量所得金额，或者以内部者的卖出价额和相关重要事实公布后 2 周内的最低价格乘以卖出该有价证券等的数量所得金额，作为缴纳课征金的金额。❶

（二）课征金的审理程序

就课征金的对象事案，下述自日本证券交易等监视委员会的调查开始到下达课征金缴纳命令进行分析 ❷。

《金商法》上与课征金有关的不公正交易的调查、现场检查，由金融厅的所属机构证券交易等监视委员会实施。根据证券交易等监视委员会的调查结果，在判断需要缴纳课征金的情况下，向内阁总理大臣及金融厅长官进行处分劝告，在认定存在违反事实的情况下，决定开始审理程序。开始审理决定的同时，内阁总理大臣应指定审理官和审理工作人员，其基本上由 3 名审理

---

❶　松尾直彦 . 金融商品取引法［M］. 东京：商事法务，2013：645-646.

❷　以下の記述は、2014 年 3 月 11 日（火）消費者委員会第 146 回本会議・第 4 回景品表示法における不当表示に係る課徴金制度等に関する専門調査会合同会議議録を参照している［EB/OL］.（2021-03-11）［2021-06-10］. http://www.cao.go.jp/consumer/kabusoshiki/kachoukin/senmon/004/gijiroku/index.html#container.

官组成合议组进行审理。为了确保审理程序的公正性和中立性，内阁总理大臣不可指定参与过该案件调查的人员为审理官，且审理官原则上必须具有法律实务经验，其裁决需过半数合议体成员同意才能形成有效合议。基本上合议体成员由检察官、律师或者有律师资格的人构成。

指定参与审理的工作人员一般是金融厅的工作人员，因其与审理官一起参理审理，可以避免出现预先判断，所以其在审理程序开始之前并不知道事件的内容。因此，为了能够顺利且迅速完成审理程序，对于被审理人（刑事案件中的被告人）主张的不存在违法事实的辩护或者抗辩，内阁总理大臣可指定相当于检察官的职员，由其证明被审理人存在的违法事实。

在开始审理程序的决定书中，应记载行政裁决的日期及场所、违反事实的课征金以及应缴纳课征金的数额及其计算依据，审理程序自向拟责令缴纳课征金的被审理人送达审理程序决定书的誊本起开始。被审理人收到开始审理程序决定书誊本后应及时提交答辩书。若被审理人在开始审理程序决定书记载的审查日期前，提交认可课征金相关的违反事实及应缴纳课征金数额的答辩书的，审理官不需要进行审理，直接做出决定案向内阁总理大臣提出。若被审理人未提出承认违反事实及课征金金额的答辩书，即被审理人提交了否认的答辩书，或不提交答辩书，审理官应在审理期日开始审理程序。

原则上，公开的审理期日之前，有必要进行争议问题及证据的整理时，非公开召开准备手续期。这虽然与民事程序相似，但需选定指定职员、被审理人、代理人时，代理人会出席，进行证据的整理。在第一回审理期日前，被审理人或者其代理人可以通过申请，进行资料阅览或誊写，且根据需要双方可以出示准备书和相关证据文件，在争议问题明确的阶段公开审理期日进行审理。虽然根据争议问题所出示的证据文件有所不同，但指定职员要充分准备符合法令规定的文件。

另外，在审理程序中被审理人需要以书面形式提出主张。在审理当日，审理应公开进行。被审理人可于审理日到场陈述意见，审理官认为有必要时，可以要求被审理人陈述意见。审理官依据被审理人的申请或依职权可要求知情人到场并接受讯问，并可根据被审理人的申请或依职权询问被审理人。审理时，被审理人可提交书面证明或物证，但审理官指定应提交书面证明或物证的相应期间的，应在该期间内提交。审理官根据被审理人的申请或依职权可要求持有相关文件及其他物品的持有人提交该物品，且可以扣留该提交物品。

审理程序终止后，审理官做成决定案并向内阁总理大臣提交，内阁总理大臣根据该决定案做出是否责令被审理人缴纳课征金的决定。该决定基本有三种类型：①责令被审理人缴纳课征金决定；②被审理人不存在违反事实的决定；③不责令被审理人缴纳课征金的决定。若被审理人对责令缴纳课征金的命令不服，可以在此决定做出之日起 30 日之内向地方法院提起撤销该决定的诉讼。被审理人应在责令其缴纳课征金做出决定之日起 2 个月之内缴纳课征金。

（三）课征金的水准

如上文述及，课征金除了通过使违反者返还利益来抑制违反行为这一最初目的之外，还具有制裁因素。重要的是，虽然课征金是行政措施，但也有部分带有像美国那样的民事制裁金的性质❶。

就制裁而言，有观点认为，"所谓制裁是指违反社会规范，否认违反者的行为并抑制其违法意图并使其不再犯，不仅剥夺其违法行为所得利益，且要对其处以金钱上的处罚。制裁可分为国家制裁和社会制裁两种类型"❷。《金商法》上的课征金制度不仅剥夺违反者的不正当利益，并且公布了违反者的姓名❸。据此来看，对于违反行为者不仅要接受法律制裁，而且也要接受社会制裁。

（四）课征金的算定

根据现行的《金商法》，课征金是"重要事实等公布前6个月内的推销等（购买等）的价格和重要事实等公布后2周内的最低价格（最高价格）的差额"，其收购等（或推销等）仅限于"自己利益"的金额。就课征金制度而言，责令违反者缴纳所得经济利益的相当额，只能产生一定实效性的效果。为了进一步提高规制效果，更好地抑制违反行为，应在相当于经济利益金额的基础上加上制裁金的性质，责令违反者缴纳数倍于经济利益相当额的课征金。

在导入了课征金制度之后，2008年《金商法》修改实施前，责令违反行为者缴纳课征金的案例逐渐增多，与课征金的对象行为大幅度扩大了的该法修改实施后相比，虽然也有年度的差异，但是可以看到相当数量的案例（2008

---

❶ 松尾直彦. 金融商品取引法［M］. 东京：商事法务，2013：645.

❷ 佐伯仁志. 制裁论［M］. 东京：有斐阁，2009：8.

❸ 《金融商品交易法》第192条之2。

年 17 件、2009 年 38 件、2010 年 20 件、2011 年 15 件、2012 年 19 件　　）**❶**。从责令缴纳课征金的数量上来看，实质上课征金已经成为法律执行手段的核心 **❷**。因此，应强化课征金的制裁要素的性质，因为这样有助于民事救济。

二、课征金制度的定位设想

日本现行的课证金制度和刑事处罚规定，是保证法律实效性的重要手段。因为实质上课征金已经成为法律执行的核心手段，所以需要与之相应的体系化来救济投资者。因此，课征金制度应该如下定位。

（一）行政上制裁的定位

《金商法》中的课征金制度的目的是剥夺相当于违反行为所得经济利益的金额，除此之外并未对违反者给予其他制裁。但是，根据 2008 年《金商法》的修改，实质上提高了课征金的金额，由此课征金被认为具有制裁性的功能。另外，通过行政审理程序责令违反者缴纳课征金看，程序上以裁判为基准，即使进行制裁，在制度程序上也不会成为问题。因此，在现有状况下可以将日本的课征金变更为具有美国制裁金性质的课征金。

---

❶　证券取引等监视委员会．金融商品取引法における课征金事例集［EB/OL］．（2021-08-01）［2021-06-10］．http：//www.fsa.go.jp/sesc/news/c_2013/2013/20130808-2/01.pdf.

❷　证券取引等监视委员会．金融商品取引法における课征金事例集［EB/OL］．（2021-08-01）［2021-06-10］．http：//www.fsa.go.jp/sesc/news/c_2013/2013/20130808-2/01.pdf.

（二）法定和裁量并用的计算方法

《金商法》的课征金的算定方法是，"重要事实等公布前6个月内的推销等（购买等）的价格和重要事实等公布后2周内的最低价格（最高价格）的差额"。然而，如果未发现违反者获得了经济利益，则依该计算方法无法责令违反者缴纳课征金。2013年《金商法》修改时，也提起这个问题，即对于进行了违反行为的人获得经济利益的计算方法，即使违反行为者进行了违反行为的事实很明显，如果不能计算课征金的金额，就不能责令其缴纳课征金，所以就不能充分抑制违反行为，并有可能出现违反者专门规避课征金调查的方案❶。但是，这未引起足够重视，并未对此进行修改。课征金是利益的剥夺，具体的计算方法是法定的，若无法查明违反者所获得的经济利益，有必要运用行政裁量的手段责令违反者缴纳课征金。

（三）公益上的考虑

作为公募增资内幕交易案件等的对应，日本通过2013年《金商法》的修改，导入了对信息传达、交易推荐行为的规制。作为抑制这些行为违反的措施，采取了刑事罚、课征金以及唤起注意的姓名公布手段（《金商法》第192条之2）。证券公司等在违反这些行为的情况下，可以处5年以下有期徒刑或500万日元以下的罚款（法人5亿日元）的刑事处罚，也可以责令进行交易

---

❶ インサイダー取引規制に関するワーキング・グループ.近年の違反事案及び金融・企業実務を踏まえたインサイダー取引規制をめぐる制度整備について［EB/OL］.（2012-12-25）［2021-06-10］. http：//www.fsa.go.jp/singi/singi_kinyu/insider_h24/siryou/20121225/01.pdf.

的人缴纳中介手续费（3个月）的课征金。证券公司以外的违反者，可以责令其缴纳所得金额的二分之一的课征金。另外，对于资产运营商，在违反这些行为的情况下，可以以"3个月的全部运用报酬"为基准责令其缴纳课征金，即对资产运营商的上述违反行为，提高了课征金缴纳的额度。不仅如此，对于重复违反行为的人以及利用交易上的地位取得重要事实等而违反行为的人，和为了"自己利益"进行违反行为的情况一样，也采取了公开姓名的行政措施❶。

在美国，若特定的"规制对象"，例如，经纪人（经销商）、投资顾问以及与经纪人（经销商）、投资顾问或投资公司的关联者，进行了内幕交易，SEC可以对上述行为者处以不超过交易所得3倍的民事制裁金。SEC在以下情形之下可以对被审理人实施制裁：一是被审理人故意违反美国证券诸法或同诸法的规则，或者故意帮助、教唆他人违反该规则；二是在向SEC（或其他主管机关）提交登记申请、报告中，故意隐瞒重要事实误导投资者，或者怠于履行自身应有的监督职责，且实施上述制裁必须符合公众利益。SEC根据《证券交易法》第21B条来判断制裁到底是否符合公众利益❷。从1990年行政制定制裁金条款以来，SEC多次请求美国联邦法院对违反者进行制裁，但该制裁金的适用范围尚未明确❸。

---

❶ 金融庁.金融商品取引法等の一部を改正する法律（平成25年法律第45号）に系る说明资料［EB/OL］.（2013-06-01）［2021-06-10］.http://www.fsa.go.jp/common/diet/183/setsumei.pdf.

❷ 新外国证券关系法令集.アメリカ（Ⅲ）证券法・证券取引所法［M］.东京：日本证券经济研究所，2008：353-354.

❸ Wang K.S, Marc I.Steinberg M I.Insider Trading［M］.New York: Oxford University Press, 2010：599-601.

日本在 2013 年《金商法》的修改中，考虑到中介人的作用的重要性，作为对信息传达、交易推荐的违反行为的抑制措施，采取了上述刑事罚、课征金以及唤起注意的姓名的公布手段。公布姓名是一种对违反行为者的抑制措施，同时通过向社会公布，具有充分的制裁意义。从提高资产运营商的课征金数额、对于重复违反行为的人以及利用职务上的地位取得重要事实等违反行为的人，采取唤起注意的姓名公布等手段，都可以看出，课征金不仅是获得利益的剥夺，并且已经具有制裁上的性质。据此，日本应结合公益上的考量，将《金商法》上的课征金和《反垄断法》上的课征金一样，将其定位为"行政上的制裁"。

（四）投资者的救济

课征金是针对内幕交易等令违反者强制支付金钱的制度。但是，现行的课征金制度，没有向因内幕交易等违反而受到损失的投资者返还不正当收益的规定。有观点认为，现行的课征金制度，不应该将课征金作为违法所得利益的剥夺来构成，而是应该和美国的民事制裁金一样，作为制裁性的金钱负担的课征金来重新构筑 ❶。

美国的民事制裁金是在 SEC 的执法活动中，向美国财政部支付在美国联邦法院的裁量权范围内获得不正当收益或者避免损失的 3 倍的金钱总额。设定这种民事制裁金的目的是在刑事罚和民事损害赔偿金的适用的同时，防止内幕交易。SEC 可以以从返还不正当收益的金额或罚款金额的 10% 以内的金

---

❶ 宇賀克也. 規制緩和社会における制裁の役割 II 制裁の在り方：行政制裁［J］. ジュリスト，2002（1228）：59.

额，给予提供与违反内幕交易有关的信息的人"奖励金"。另外，如上所述，美国 SOX 第 308 条设置了"投资者的公平基金"的条款。作为抑制违反行为的对策而导入的日本课征金制度，可以借鉴美国的民事制裁金制度，将课征金制度作为运用于救济投资者的制度。

综上，在本书中拟提出如下的立法建议：课征金和刑事罚的构成要件的分离、损害赔偿请求权的设置、课征金的投资者救济。

第三节　日本课征金和刑事罚的构成要件的分离

一、概述

（一）课征金和刑事处罚构成要件的齐一性和运用基准

在现行《金商法》中，内幕交易的刑事制裁对象，也是课征金的对象。虽是同一构成要件，但属于制裁的两个部分，因此证券交易等监视委员会在适用时，既可以适用课征金或刑事罚，或者同时适用课征金和刑事罚。证券交易等监视委员会根据《金商法》第 166 条、第 167 条的同一构成要件，即根据内幕交易等案件的重大性和恶劣性来判断是适用刑事罚还是课征金。

就刑事罚或课征金的判断基准，日本证券交易等监视委员会大森事务局长做出如下说明："应综合考虑违反行为者利益所得额度和违反行为者的职业、地位、信息传达的形式等诸多因素。"❶ 参照目前为止的证券交易等监视委员会的劝告事例等揭发例，具体地说，作为这样的重大性、恶劣性的判断要素，例如，违反行为者利益所得额、社会影响、违反行为者的社会属性、有无习惯性、交易手法等方式、有无反省、有无对相关人员的处分、责任追究和再

---

❶　金融厅资料，2011 年 10 月 28 日経営法友会講演ペーパー。

发防止措施实施等自净能力等❶。证券交易等监视委员会在进行刑事告发之前，一般会与检察厅进行事前协商❷。

另外，就上述的判断基准，证券交易等监视委员会佐佐木总务科长也做出如下说明：“可以针对个案，综合考虑违反行为者的利益所得额以及当事人的社会属性、行为的恶劣性等多种因素来综合判断。”“另外，是采取告发这样非常重的刑事程序，还是采取课征金调查这样的行政手续，这对证券交易等监视委员会米来说成本也不一样，当然对于对象企业、市场整体来说成本和影响也是差别巨大，因此，证券交易等监视委员会处理市场上的不公正交易，要从对象企业、市场整体等综合因素来判断实施的效果。”❸

但是，内幕交易的构成要件本身并不包含上述判断因素。作为形式犯也是理所当然的。证券交易等监视委员会一般考虑违反的动机、方法和方式或者违反者的个人情况等因素来综合判断。照此，从罪刑法定主义的观点来看，构成要件可能被随意解释，有可能会剥夺公司相关人员进行交易行为的预见可能性。

在课征金制度中，证券交易等监视委员会在判断某个案件时，在裁量权运用方面持否定的立场（裁量权运用的否定）❹。但是，这样过于形式上的统一处理，例如，为了4万日元左右的课征金需要花费庞大的时间和金额，也就

---

❶ 西村あさひ法律事务所・危机管理グループ，木目田裕监修.インサイダー取引规制の实务［M］.东京：商事法务，2010：425.

❷ 畠山久志.インサイダー规制の现状と课题：金商法改正を受けて［J］.讲演デスクロージャー研究，2013（40）：12.

❸ 佐々木清隆.特集・究めるインサイダー规制［J］.ビジネス法务，2008（10）：16.

❹ 西村あさひ法律事务所・危机管理グループ，木目田裕监修.インサイダー取引规制の实务［M］.东京：商事法务，2010：422.

会出现执行效率的问题。证券交易等监视委员会干部在发言中称，最近这种划一的处理方式正在改变，并进行了裁量性的运用❶。对于内幕交易的违反行为，虽被视为刑事罚的对象，但课征金是与刑事罚的宗旨、目的、效果等不同的制度，所以不论是否会受到刑事处罚，在行政审理时充分证明了符合课征金要件的事实时，则应责令违反者缴纳课征金❷。

（二）双重处罚的禁止

就课征金制度是否违反《日本国宪法》第39条规定的双重处罚的禁止而言，因为课征金不具有着眼于行为的反社会性和反道德性而受到制裁的性质，与刑事处罚的宗旨、目的、性质、内容等不同，所以不属于双重处罚的禁止。另外，1958年日本最高裁判所的判决❸和1998年日本最高裁判所的判决❹，都做出课征金不违反《日本国宪法》上双重处罚禁止性规定（《日本国宪法》第39条）的判断。《日本国宪法》第39条规定："任何人，对于在执行时的合法行为或者已经被判无罪的行为，都不能追究刑事上的责任。此外，对于同一犯罪，不能再次追究刑事上的责任。"

1931年的日本最高法院的判决❺，是《法人税法》第43条的追缴税和罚款并罚是否违反《日本国宪法》第39条规定的裁决例。日本最高法院认

---

❶ 大森泰人.市场监视の实际（インサイダー取引を中心に）[J].大证金融商品取引研究会议事録，（2010-3-26）：9.

❷ 三井秀范ほか.课征金制度と民事赔偿责任：条解证券取引法 [M].东京：金融财政事情研究会，2006：13.

❸ 最大判昭和33·4·30 [J].民集，12（6）：938.

❹ 最小判平10·10·13 [J].判例時報，（1662）：83.

❺ 最大判昭和33·4·30 [J].民集，12（6）：938.

为："《法人税法》第43条的追缴税，是指在实际的税款征缴过程中，由于征纳双方的疏忽、计算错误等原因造成的纳税人、扣缴义务人未缴或者少缴税款，税务机关依法对未缴少缴的税款要求补缴，对未缴少缴的税款进行追缴的制度。这种征缴方式不可否认存在对纳税人、扣缴义务人的行为实施了制裁，但与行为人以欺骗和其他不正当行为免除法人税的情形，根据《法人税法》第48条第1款及第51条的规定对违反行为人所处的罚款，在性质上有着本质区别，即对于《法人税法》第48条第1款的逃税人的刑事处罚构成要件'欺诈或者其他不正当的行为'的文字描述一样，着眼于逃税者的不正当行为的反社会性或反道义性，作为对其实施的制裁而征缴。与之相反，《法人税法》第43条规定的追缴税，仅是过少申报或者不申报所应纳税的情况，违反的是租税法上所规定的纳税义务的事实。则只要没有该条规定的不得已的事由，就必须对该违反的法人进行处罚，由此防止因过少申报、不申报而违反纳税义务的发生，这是以纳税为例证宗旨的行政措施。"❶

"法律规定应根据行政机关的行政手续以租税的形式收取追缴税，很明显并没有将违反纳税义务者追加征缴税的行为作为刑事上犯罪并处以刑罚，因为这并不符合其立法的宗旨。从追加征缴税的性质上看，《日本国宪法》第39条并不禁止刑事罚上的罚款和追加征缴税进行合并处理。"❷

1998年10月13日，日本最高法院判决❸对于社会保险厅订购的物品公共采购相关的投标串标事件的判决，已经刑事处罚确定，并且对于因违反事

---

❶ 最大判昭和33·4·30［J］.民集，12（6）：940-941.

❷ 最大判昭和33·4·30［J］.民集，1958.12（6）：941.

❸ 最小判平10·10·13［J］.判例时报，1993（1662）：83.

实从国家所获取的不正当利益的法人经营者，即使是公正交易也会以对于上述同一事实做出责令其缴纳课征金的决定。在被处以刑事罚、请求返还不正当利益的情况下，如果再加上课征金的话，会改变课征金的性质，这很明显违反了《日本国宪法》所规定的禁止双重处罚的规定，且违反《日本国宪法》第 31 条规定的保障合法公正手续以及《日本国宪法》第 29 条规定的保障财产权的宗旨。当事人也以上述理由向日本最高法院上诉。然而，就该事件垄断性的行为而言，根据《私独占的禁止及确保公正交易法》维持原审对上诉被审理人罚款的决定，并且在国家提出要求上诉人归还不正当利益的民事诉讼的情况下，根据该法第 7 条之 2 第 1 款的规定，以垄断行为为由责令上诉人缴纳课征金，日本最高法院认为这不违反宪法第 39 条、29 条、31 条的规定。❶

从这两个案例来看，不成为双重处罚的理由在于课征金不具有着眼于行为的反社会性和反道德性而受到制裁的性质，与刑事罚的宗旨、目的、性质、内容等不同，所以不属于双重处罚。另外，就《金商法》上的课征金和刑事罚的关系，从政策的观点来看，在《金商法》上的犯罪行为中包含经济利益的财产被没收、追缴的情况下，不需要全额责令缴纳经济利益相当额的课征金。在确定刑事判决中上述财产已经被命令没收、追缴的情况之下，对当初计算出来的课征金金额进行调整，相应地扣除已被没收和追缴的金额（《金商法》第 185 条之 8 第 7 项）❷。

---

❶ 最小判平 10・10・13［J］. 判例时报，1993（1662）：83.

❷ 松本真辅. インサイダー一取引规制：解释 事例 实务对应［M］. 东京：商事法务，2006：277.

二、重新审视内幕交易的刑事罚

（一）争议问题

日本内幕交易规制自 1988 年制定以来，已经过了 33 年的时间。在此期间，内幕交易规制进行了数次修改。刑事罚相关的修改是在 1997 年和 2006 年。在 1997 年日本旧《证券交易法》的修改中，罚则从 6 个月以下的有期徒刑或者 50 万日元以下的罚款或者并科，提高到 3 年以下有期徒刑或 300 万日元以下的罚款或者并科。在 2006 年日本旧《证券交易法》的修改中，罚则从 3 年以下有期徒刑或者 300 万日元以下的罚款或者并科（法人两罚并科 3 亿日元以下）提高到 5 年以下的有期徒刑或者 500 万日元以下的罚款或者并科（法人两罚并科 5 亿日元以下）。

内幕交易是对其他市场参与者、经济全体以及信息交流的道德违反、不公平的行为，是危害市场秩序的行为[1]，对性质恶劣的内幕交易适用刑罚是世界的潮流。在美国的 SEC 和英国的金融服务管理局（Financial Conduct Authority, FCA）的官方网页上，可以看得到近年来内幕交易的告发案例。美国规定了严厉的刑事处罚，但在实际应用当中，若性质不是极为恶劣，一般不会处以刑事制裁，而采用行政手段进行制裁[2]。到目前为止，在内幕交易等

---

[1]　Iwona Seredynska.Insider Dealing and Criminal Law—Dangerous Liaisons［M］.Berlin: Springer，2012：229.

[2]　佐伯仁志.制裁论［M］.东京：有斐阁，2009：268.

经济犯罪领域，日本和美国最大的区别是，日本没有像美国那样设置从正面基于刑法抑制论的立法和量刑❶。因此，在日本，对于性质恶劣的内幕交易行为适用刑事罚，对于性质轻微的内幕交易行为适用课征金。笔者认为，日本应将这两种构成要件进行分离，对于性质恶劣的违反行为应强化刑罚的适用，对于一般证券交易的违反行为应促进课征金制度的活用。

在 2013 年《金商法》的修改中，制定内幕交易规制的工作小组就刑事罚的运用对以下相关课题进行了如下探讨❷：第一，日本的内幕交易的罚款比美国要低，因此，有提高罚款金额的余地；第二，虽然罚款的金额还有提高的余地，但作为经济处罚，有必要对包括罚款、过失金、追缴金等在内的罚款总额全面进行探讨来看现在的罚款是否妥当；第三，如果提高罚款的话，一般不会提高制裁的威慑力。其他经济案件也是如此，最有效的还是作为实际刑罚的有期徒刑。在 2013 年《金商法》的修改中，虽然搁置了刑事罚的法定刑和罚款金额的提高，但并未明确搁置的理由。因为日本的内幕交易规制是形式犯的规制，若对违反行为者处以重罚必然会造成刑罚上论理的不均衡。自近年的实务上看，因内幕交易被处以刑事罚的案件几乎没有实刑，大多数案件是缓期执行或者处以一年以下有期徒刑或者更轻的刑罚。据此，自刑罚上的抑制力的观点上看，重点应强化刑罚的运用。

---

❶ 佐伯仁志.制裁论［M］.东京：有斐阁，2009：289.
❷ 金融审议会.インサイダー取引规制に关するワーキング・グループ议事录（第 3 回）［EB/OL］.（2012-10-16）［2021-06-10］. http：//www.fsa.go.jp/singi/singi_kinyu/insider_h24/gijiroku/20121016.html.

（二）《金商法》第 157 条的问题

1. 不正当的手段等

《金商法》第 157 条第 1 项中的"不正当的手段、计划或技巧"这一术语虽然是抽象的，但可以理解为在有价证券交易中，对他人进行欺骗而使他人陷入错误的任何行为，包括在社会上公认的一切不正当的行为。就"不正当"的意义，见解有所不同。在学说中，将其限定于欺诈或欺骗方面的行为❶。日本最高法院认为，"所谓'不正当手段'，是指限定于有价证券的交易，与之相关的社会上公认的一切不正当的手段，其内涵是明确的，自体上也明确了犯罪的构成要件"❷。因此，文理上没有问题，应不限定于欺诈行为而广泛理解。

2."传家的宝刀"

《金商法》第 157 条第 1 项是全面禁止通过证券交易的欺诈行为、方法来确保交易公正的一般条款的规定。但是，在通常的情况下，很难适用，到现在为止没有在具体的事件中被应用，可以称为未被使用过的传家宝刀，理由是对适用有消极的见解❸。第一，这是来自罪刑法定主义的疑问。尽管该条条文是抽象的语句的规定，但在倾向于重视适用法令的形式明确性的日本法律文化之下，会产生对于违反该条文是否能处以刑事罚的疑问。第二，同条从作为犯罪构成要件的抽象性来看，如果起诉案件的检察官能够通过适用其他不公正交易的禁止规定来大致达到起诉目的的话，会慎重适用缺乏先例的

---

❶　松尾直彦 . 金融商品取引法［M］. 东京：商事法务，2013：521.

❷　最小判昭和 40 年 5 月 25 日［J］. 刑集，1965（155）：831.

❸　松尾直彦 . 金融商品取引法［M］. 东京：商事法务，2013：519.

《金商法》第157条。第三，美国SEC规则的射程范围是通过判例的累积而逐渐扩大的，是以1933年以前发展的民事上的"欺诈（fraud）"的概念为基础的，而日本没有这样的基础。❶

3. 讲学事例

虽然也适用内幕交易禁止规定等个别规定，但是从确保证券市场的公正性、健全性的观点上看，其行为的性质恶劣。因此，个别规定和《金商法》第157条第1项构成想象竞合的关系，往往根据有重罚规定倾向的《金商法》第157条第1项进行处罚，有以下几种类型。

（1）故意推迟重要事实的公布，合谋利益的分配等，这些计划性规模大的内幕交易与只是一时冲动买卖少量股票不同，具有欺诈性，不仅符合旧《证券交易法》第190条之2（相当于现在的《金商法》第166条）的构成要件，而且符合旧《证券交易法》第58条第1项（相当于现在的《金商法》第157条第1项，以下相同）的构成要件，构成想象竞合的关系，笔者主张应适用后者的规定（《刑法》第54条第1款后段）进行处罚。❷

（2）上市公司董事故意推迟公司重组的申诉决定，其目的是避免交易银行等因该事实公布而带来的损失，提供持有股票出售的机会的内幕交易，不仅违反《金商法》第166条的规定，同时违反第157条的规定，两者之间构成想象竞合关系，笔者主张应按《金商法》第157条的规定进行处罚。❸

（3）得知公司因交易失败而产生了巨额损失的危险，该公司拥有大量股份的董事隐瞒了该事实，特别是在公布业绩良好的虚假事实，出售了自己大

---

❶ 松尾直彦. 金融商品取引法［M］. 东京：商事法务，2013：519.

❷ 龍川節. 証券取引法58条1号にいう"不正の手段"の意義［J］. 別冊ジュリスト，1998（100）：145.

❸ 松本真輔. インサイダー取引規制：解釈・事例・実务対応［M］. 东京：商事法务，2006：13.

量股份的情况下，性质特别恶劣且存在重大的违法性，笔者同样主张应适用
《金商法》第157条的规定进行处罚❶。

另外，《金商法》第157条是参照美国《证券交易法》第10条（b）款以
及基于此制定的SEC规则10b-5而制定的规定。然而，美国根据SEC规则
10b-5中采用不正当流用理论时，指出了作为刑事责任基准的不正当流用理论
的不明确性的两个问题❷：第一，从公平的原则出发，刑事责任的制定法必须
充分地进行定义，然而，该规定却很抽象；第二，为了避免《刑事法》的专
断或歧视性执行，法律必须给适用的人以明确的基准。美国内幕交易规制是
一般的、抽象的构成要件，其特征是每个案件都由美国联邦法院来判断。这
个一般、抽象的构成要件，能够迅速地对经济犯罪进行处罚，但也产生了规
制扩大的问题。

日本《金商法》第157条是适用同法第166条规定的内幕交易，即使性
质特别恶劣的交易（村上基金事件等），第157条和第166条也不能同时适
用。一般而言，在一个内部者违反内幕交易的行为中，《金商法》第157条的
不正当行为罪（《金商法》第197条第1款第5项）和《金商法》第166条的
内幕交易罪（《金商法》第197条之2第13项）是重叠的。内部者的一个内
幕交易的行为可以成立二罪，但是就《金商法》第157条和《金商法》第166
条的规定之间的关系，一般认为是想象竞合的关系❸。

就此，美国的内幕交易规制属于刑法所说的欺诈、证券欺诈的情况，然
而，日本旧《证券交易法》第157条，虽然是将该证券欺诈移入证券交易法，

---

❶ 並木和夫.不正な証券取引の禁止［J］.法学研究，2000，73（12）：53.

❷ STERPHEN M.BAINBRIDGE. Insider Trading［M］. Los Angeles:Edward Elgar Publishing, 2011: 220.

❸ 科刑上一罪根据。香城敏麿.刑法と行政刑法［M］.东京：信山社，2005：153.

现行法体系中有《金商法》第 157 条的规定，但当时并没有对内幕交易真正做出规定，在 1988 年对旧《证券交易法》进行修改时，增加了该法第 166 条的规定。重要的是，《金商法》第 166 条是以一定身份者利用未公开的重要信息进行证券交易，即违反是特定行为的形式犯。由于日本没有像美国那样规定证券欺诈的处罚条款，因此保护法益不同不会造成重叠，其结果是，《金商法》第 166 条的内幕交易行为不适用于《金商法》第 157 条的规定。《金商法》第 157 条规定的是实质犯，而《金商法》第 166 条规定的是形式犯，二者的犯罪性质完全不同。

三、刑事罚的修改案

（一）实质犯化

由于内幕交易损害证券市场的公正性和健全性，因此日本在 1988 年对旧《证券交易法》（现《金商法》）修改时，制定了旧《证券交易法》第 166 条，从而对内幕交易进行专项规制。但是，《金商法》第 166 条、《金商法》第 167 条的内幕交易规制是单纯的形式犯的规定。这"形式犯"的构成要件并没有要求现实保护法益的侵害和危险的发生[1]。然而，"侵害犯"（如杀人罪、盗窃犯）实际上是侵害保护法益的构成要件[2]。"危险犯"（如伪造货币罪）指只要存在侵害法益的危险性就可以成立犯罪[3]。侵害犯和危险犯被称为实质犯。

---

[1] 荒木友雄.アウトライン刑法総论［M］.东京：不磨书房，2004：36.

[2] 荒木友雄.アウトライン刑法総论［M］.东京：不磨书房，2004：35.

[3] 荒木友雄.アウトライン刑法総论［M］.东京：不磨书房，2004：35.

将内幕交易作为实质犯的理由，主要有以下三点。第一，在性质恶劣的内幕交易行为中，作为刑法上的威慑力而对违反行为者处以重罪的话，形式犯的罪刑平衡性是有界限的。内幕交易的刑罚自 1988 年制定时的 6 个月，经过多次修改已经提高至 5 年，这已经达到形式犯的刑罚的规定的上限；第二，因为是形式犯，所以处罚的是违法性极低的交易。由于不是实质犯，所以基本上没有裁量的余地。例如，在 2007 年 3 月出现的小松上市公司的"不小心内部者"准故意或过失违反内幕交易的法定构成要件，而是不小心违反该要件，习惯性称为不小心内部者被责令缴纳课征金的事例❶。小松上市公司是实际上已经解散并处于封闭状态的公司，但在公布这一事实之前进行了自己公司的股票购买，这一行为被认定为内幕交易。如果不是采用彻底合规体制的公司就无法进行投资活动，很有可能导致证券市场的萎缩；第三，从投资者救济等方面考虑，对于填补性质的损害赔偿，必然要求损害赔偿行为和损害之间是有因果关系，但单纯的形式犯罪，原本就不要求发生损失，因此在民事上认定不法行为损害之间的因果关系是极为困难的。

（二）构成要件的修改案

对内幕交易形式犯的构成要件已经不符合现状，所以有必要采用侵害保护法益的实质犯的构成要件，从而提高刑罚的法定刑，强化处罚力度。就强化内幕交易的刑事罚问题，有学者提出了对包括实质犯在内的构成要件进行

---

❶ 平成 18 年（判）9. 株式会社小松製作所の株券に系る証券取引法违反に对する课征金纳付命令の决定について［EB/OL］.（2007-03-30）［2021-06-10］. http：//www.fsa.go.jp/policy/kachoukin/05/2006/09.pdf.

修改的方案 ❶。

作为其中一个修正案，在立法论上应明确内幕交易的刑事规制的模式。如下三阶段的处罚与课征金并用模式会比较好：①较低法定刑的形式犯罪的内幕交易罪；②较重的法定刑的实质性犯罪的内幕交易罪；③较重的法定刑的欺诈犯罪（《金商法》第 157 条或第 158 条规定的犯罪）。上述①构成了现行《金商法》上的内幕交易罪的特征；上述②说明内幕交易是实质犯。照此，内幕交易必须以侵害保护法益的客体作为其构成要件。上述③对于性质恶劣的内幕交易犯罪，将被处以更重的法定刑罚。建议采取上述刑事规制模式的理由是，在内幕交易罪立法之初被注意到的 "①为了确保规制的实效性，已经失去了形式犯罪的把握和②抑制较低的法定刑的一致性"。❷

综上所述，应将内幕交易的刑事犯罪定位为实质犯，将课征金定位在行政上的制裁金，重新构筑内幕交易的刑事罚和课征金的要件。美国证券诸法上刑事规定是一般的、抽象的规定，可以迅速对应任何事例，若将这样的规定直接引入日本，对在刑事罚中寻求明确基准的日本，可以说是非常困难。

（三）海外法制的移入

新的金融经济领域的立法一般采用比较的方法，但刑事罚和课征金的要件的构成是依据美国证券诸法的规定，由独特的招牌理论（Shingle Theory）和信任义务等证券欺诈理论的判例逐渐形成和发展起来的，这些依据与日本

---

❶　川崎友巳 . インサイダ一取引罪［J］. 刑法雑誌，2011，51（1）：91.

❷　川崎友巳 . インサイダ一取引罪［J］. 刑法雑誌，2011，51（1）：91.

的实体法理论有很大不同，因此选择采用立法相对接近的国家作为立法政策更为适当。英国是较早导入内幕交易规制的国家，证券法的立法体系与日本有相似之处，因此，可以参照其相关的证券立法模式 ❶。

在日本以"从储蓄到投资"的大目的为基础，为更为全面保护投资者的利益，对旧《证券交易法》全面进行修订，参照英国的 2000 年《金融服务与市场法》（Financial Services and Markets Act, FSMA）制定并施行了现行《金商法》❷。自 1980 年英国导入内幕交易规制以来，随着国内政策和欧盟法的发展，已经对内幕交易规制进行了多次修改 ❸。英国对内幕交易的刑事罚是从 1993 年《刑事司法法》（Criminal Justice Act）的规定开始。根据 2000 年《金融服务与市场法》（FSA）责令内幕交易的违反行为人缴纳课征金的规定，即英国对于内幕交易，刑事罚和课征金的要件是分开构成的。就刑事罚和课征金的分开构成的要件是否可以适用于日本，下述对此进行探讨。

---

❶ City of London Report. Comparative implementation of EU directives（Ⅰ）– Insider dealing and market abuse 13 December 2005.

❷ 英国 2000 年《金融服务与市场法》于 2001 年 12 月 1 日正式生效，取代了此前制定的一系列用于监管金融业的法律、法规。该法以金融市场的整备和效率化为目的，将不同行业的纵向分配规制向一元且全面的规制转移，明确了新成立的金融服务管理局（FSA）和被监管人的权利、义务及责任。FSA 监管范围除了银行、证券等传统金融商品之外，还涵盖了养老金、保险等广泛的投资商品。新外国证券关系法令集. イギリス金融サービス市场法、金融サービス法［M］. 东京：日本证券经济研究所，2011：前言.

❸ 铃木克昌ほか. 情报伝达・取引推奨行为规制に对する米英からの示唆：中［J］. 东京：商事法务，2013（2003）：22.

四、英国的内幕交易规制

英国不仅禁止利用内部信息进行证券交易，还广泛规制了有可能影响证券市场不正当交易的活动❶。

现在的英国法律，就内幕交易和市场阻碍行为，有以下 3 个规制体系❷：① 2000 年《金融服务与市场法》规定的"市场阻碍行为"（market abuse）；② 1993 年《刑事司法法》规定的刑事内幕交易；③根据 2012 年《金融服务法》，禁止以引诱他人进行证券交易或损害他人为目的，进行误导发言或操纵市场❸。2000 年《金融服务与市场法》也对操纵市场进行了规制，在 2012 年《金融服务法》中，对构成要件的部分进行变更，同时对性质恶劣的行为规定处以包括 7 年以下有期徒刑的刑罚。

（一）英国《刑事司法法》上的内幕交易规制

1. 内部者

在英国的《刑事司法法》第 57 条中，"内部者的知情人"，是指明知所获得的信息是重要信息，并且认识到这是从内部信息源获得的信息的行为者。

---

❶ 鈴木克昌ほか.情報伝達・取引推奨行為規制に対する米英からの示唆：中［J］.东京：商事法務，2013（2003）：22.

❷ 鈴木克昌ほか.情報伝達・取引推奨行為規制に対する米英からの示唆：中［J］.东京：商事法務，2013（2003）：22.

❸ Financial Services Act 2012 PART 7 Offences Relating to Financial Services. Legislation.gov.uk（http：//www.legislation.gov.uk/ukpga/2012/21/introduction/enacted）.

从上述内部信息源获得时的内部信息源是指能够通过证券发行者的董事、高级管理人员或股东，或者通过雇佣、职务、职务关系能接触到该信息的人。在获得信息者的信息源、直接或间接的信息源是上述知情人的情况下，收到信息传达的人也是内部者。

2. 内部信息

英国《刑事司法法》第 56 条所述的内部信息是指：① 特定证券或特定证券发行者的信息。这些信息不是一般证券发行人或一般证券发行人的信息；② 具体的（specific）或正确的（precise）的信息；③未公开的信息；④ 被公开则会对证券价格产生重大影响（significant effect）的信息。

3. 内幕交易的违法行为

英国《刑事司法法》第 52 条禁止以下内幕交易行为：① "交易行为"，即内部者的知情人，利用内部信息进行影响证券价格的交易行为；② "推荐行为"，即向他人推荐该内部信息影响证券价格的证券交易；③ "信息披露行为"，即内部信息的知情人（individual）在不适当履行雇佣、职务或职务相关行为的情况下，向他人披露该内部信息。

但是，上述的违反行为是指在《刑事司法法》第 52 条第 3 款规定的情况下，以从事上述交易或推荐等行为为前提。根据该款规定，有问题的交易是指在证券市场从事违法交易行为，或者交易者依赖职业中介，交易者本身是职业中介人从事违法交易的情形。

4. 抗辩事由

英国《刑事司法法》第 53 条规定了因证券交易行为及证券推荐行为而违反内幕交易规制的抗辩事由：①违反者从事违法的证券交易行为，没有期待该交易带来与该证券相关影响价格的信息这一事实的利益；②在有合理理由的情况下，违反者在交易行为或推荐行为的时点，虽然该信息未公开，但相信该交易的参加者没有该信息而不会受到损害；③违反者即使没有该内部信息，也会进行交易行为或推荐行为的情况。

5. 刑事罚

根据英国 1993 年《刑事司法法》，英国的内幕交易可以处最高 7 年的监禁。根据简易起诉接受治安法院的审理的情况下，可以处 6 个月的监禁或者最高 5 000 英镑的罚款 ❶。

（二）《金融服务与市场法》上的内幕交易规制

与英国《刑事司法法》不同，英国《金融服务与市场法》是一种深入细节的形式性规定。以前，内幕交易是以刑事罚来处理，但是很难说《刑法》的规定已经充分发挥了作用。在 2007 年到 2008 年金融危机之后，英国金融服务管理局（Financial Services Agency，FSA）对诸多违反内幕交易的行为进行了告发，但即便如此，从 2010 年到 2011 年内幕交易仅仅有 5 件，2012 年有 12 件内幕交易被认定为犯罪 ❷。根据《刑事司法法》的规定，很难认定内幕交易行为构成犯罪，其理由是需要证明违反行为人主观上是故意（mens rea）且证据必须充分准确。

---

❶ Alexander R C H.Insider Dealing and Money Laundering in The EU：Law And Regulation［M］．Burlington: Ashgate Publishing Company，2007：132.

❷ FCA Annual Report 2013/14.

1. 内部者

根据英国《金融服务与市场法》第 118B 条，"内部者"指的是通过如下
方法获取内部信息的人 ❶：① 管理（administrative）、经营（management）合格
投资的发行者或者作为咨询（supervisory）机关的构成成员而获得的；② 持
有合格投资的发行人的资本而获得的；③ 执行职务、专职或者履行义务而获
得的；④因犯罪行为而获得的；⑤ 通过其他手段而获得的，该行为者知道或
者知道其是内部信息时能够合理期待的信息。

而根据英国《刑事司法法》第 57 条第 2 款的规定，通过证券发行者的董
事、员工或股东，或者通过雇佣、职务、职务关系能接触到该信息的人是从
内部的信息源获得信息的人。上述④如由发行人的董事、员工或股东执行，
可以认为与《刑事司法法》第 57 条第 2 款相同。另外，上述④在《刑事司法
法》中没有设置这样的规定，因此明确了这一规定。

2. 内部信息

根据《金融服务与市场法》第 118C 条内部信息的规定如下。根据同条第
2 款的规定，关于不属于派生商品的合格投资或相关投资，内部信息是指满足
以下条件的正确信息 ❷：① 一般不可利用的；② 直接或间接与一个或多个合格
的投资相关的或者与一个或多个合格的投资；③ 一般可利用的话，有可能对
合格投资的价格或相关投资的价格产生重大影响的。

上述①不可利用的信息，是指根据本条第 8 款，由市场利用者或者由这

❶　新外国证券关系法令集 . イギリス金融サービス市场法、金融サービス法［M］. 东京：日本证券经济
研究所，2011：165-166.
❷　新外国证券关系法令集 . イギリス金融サービス市场法、金融サービス法［M］. 东京：日本证券经济
研究所，2011：166.

些人代替进行调查或者分析得到的信息一般视为可利用的信息 **❶**。

3. 规制对象行为

《金融服务与市场法》第 118 条的"市场滥用",指如下列举的行为（无论由一人单独行动还是由两人或两人以上共同或一致行动）**❷**。

（1）与以下相关联发生的行为

1）在规定的市场中被认可交易的合格投资。

2）请求批准有关市场交易的合格投资。

3）在第 2 款或者第 3 款相关行为的情况下，作为与相关的合格投资相关的投资。

（2）符合第 2 款至第 8 款规定的行为类型中的任一个或多个行为

就内幕交易，同条第 2 款至第 4 款规定如下：①根据与有问题的投资相关的内部信息，由内部人员进行合格投资或相关投资的交易。②内部者不管职务、专业职务或义务的执行过程如何，向其他人员公开内部人员信息的情况。**❸**

4. 课征金

内幕交易和市场滥用的主要监管当局都是 FCA**❹**。FCA 是在 2013 年 4 月 1

---

❶ 新外国证券关系法令集.イギリス金融サービス市场法、金融サービス法［M］.东京：日本证券经济研究所，2011：165-167.

❷ 新外国证券关系法令集.イギリス金融サービス市场法、金融サービス法［M］.东京：日本证券经济研究所，2011：162.

❸ 新外国证券关系法令集.イギリス金融サービス市场法、金融サービス法［M］.东京：日本证券经济研究所，2011：162-163.

❹ 铃木克昌ほか.情报伝達・取引推奨行为规制に対する米英からの示唆：中［J］.商事法务，2013（2003）：23.

日作为英国金融服务机构的继承而设立的规制机构，负责对市场滥用行为的制裁、内幕交易等违反行为进行追诉❶。关于这点，如上所述，日本证券交易等监视委员会可以对内幕交易违反者，向内阁总理大臣及金融厅长官要求缴纳课征金命令的劝告、向检察官提出刑事追诉的告发。日本证券交易等监视委员会不具有对内幕交易等进行刑事追诉的权限。

如 FCA 确信当事人 A（以下简称 A），（a）A 正在实施市场滥用行为或者实施了市场滥用行为，或（b）要求或鼓励其他一方或多方参与由 A 实施市场滥用的行为，则 FCA 可以对 A 处以适当金额的罚款（《金融服务与市场法》第 123 条第 1 款）。但是，FCA 发出预告通知之后，会充分考虑滥用市场行为者的申述，若有充分的证据证明当事人已采取一切合理理由相信其行为不属于上述（a）项或（b）项规定的范围，或当事人已采取一切合理预防措施并已采取应有措施防止其行为，属于上述（a）项或（b）项规定的范围，则不对当事人处以罚款❷。如 FCA 拟根据《金融服务与市场法》第 123 条对某人采取行动，则必须向该人发出预告通知（warning notice）（《金融服务与市场法》第 126 条）。

---

❶　鈴木克昌ほか.情報伝達・取引推奨行為規制に対する米英からの示唆：中［J］.商事法務，2013（2003）：23.

❷　新外国証券関係法令集.イギリス金融サービス市場法、金融サービス法［M］.東京：日本証券経済研究所，2011：171.

（三）日本的刑事罚及课征金与英国的刑事罚及课征金的比较

1. 刑事处罚的比较

英国《金融服务与市场法》中的市场滥用和《刑事司法法》中的内幕交易规制、不公正交易规制有重复的部分❶。用不同的法律对内幕交易进行规制，根据交易行为的恶劣性、规模大小、影响范围等来对应处罚，无论是预防性还是制裁性都可以充分行使该法的抑制力。根据英国《刑事司法法》及《金融服务与市场法》，对违法行为者的内幕交易和操纵市场、不正当交易行为等进行刑事上的追诉，要求公诉人必须对违法行为者的行为超过合理嫌疑的事实进行举证❷(beyond reasonable doubt)，举证程度过高难度很大。而根据英国《金融服务与市场法》对市场滥用行为的追诉，举证的程度较低，仅证明该行为的可能性就足够了，因此内幕交易基本上是作为违反《金融服务与市场法》上的市场滥用行为而被追诉❸。

据此而言，在日本的刑事审判中也需要通过严格的证明（有证据能力，经过适当的证据调查的证据的证明方式）(《刑事诉讼法》第 317 条），让法官不产生合理的怀疑，充分相信违反事实的存在❹。然而，在课征金的审理程

---

❶ 鈴木克昌ほか. 情報伝達・取引推奨行為規制に対する米英からの示唆：中［J］. 商事法務，2013（2003）：23.

❷ 鈴木克昌ほか. 情報伝達・取引推奨行為規制に対する米英からの示唆：中［J］. 商事法務，2013（2003）：23.

❸ 鈴木克昌ほか. 情報伝達・取引推奨行為規制に対する米英からの示唆：中［J］. 商事法務，2013（2003）：23.

❹ 西村あさひ法律事務所・危機管理グループ，木目田裕監修. インサイダー取引規制の実務［M］. 東京：商事法務，2010：420.

序中只要求民事审判中必要的举证程度，所以与刑事审判所要求的举证程度"超过合理的怀疑，事实被证明的程度"相比，程度相当低 ❶。将刑事罚的立证程度与课征金的立证程度进行比较，可以得知日本和英国的规定几乎如出一辙。

2. 课征金的比较

英国对于违反内幕交易的人是否要处以课征金，由 FCA 根据行政裁量来判断。这个课征金的性质具有制裁的性质。然而，日本对于违反内幕交易的人，是否要令其缴纳课征金，证券交易等监视委员会不是根据行政裁量来判断的，而是由该委员会进行处分劝告，然后通过金融厅的行政审理官的审理手续，最后由内阁总理大臣根据行政审理官的决定方案做出是否令违反者缴纳课征金的决定。如上所述，日本的课征金也具有制裁的性质。日本的课征金制度，以每种违反类型（《金商法》第 172 条—第 175 条）相当于经济利益的金额为基准，从法定的具体计算方法来看，与英国的课征金金额的裁量行为形成鲜明对比。

正如上文所述，英国的刑事罚和课征金的构成要件不像美国那样是一般、抽象的规定，也不像日本那样是形式犯的规定，而是分开构成的。这样的构成应该适合日本的现状。据此，笔者建议，日本应与英国一样，将刑事罚和课征金的构成要件分别予以规定，并依据行政上的裁量责令违反行为者缴纳课征金，理由如下。

---

❶　十市崇ほか.金融商品取引法違反への実务对应—虚伪记载·インサイダー取引を中心として［M］.东京：商事法务，2011 : 195-196.

（1）违反行为的不同

课征金和刑事罚可以根据违反者行为的轻重来判断。例如，对同一暴力行为，根据对象的受害程度，将其区分为暴行和伤害。最能说明此问题的是《金商法》第 207 条和《金商法》第 208 条的规定。《金商法》第 207 条针对在《金商法》第 197 条第 1 款中规定的有价证券申报书、订正申报书、发行登记书及其附件等相关的重要事实的公布等、特定证券信息等重要事项进行虚假记载，或者对重要事项进行虚假公布等的法人等处以 7 亿日元以下的罚款。而《金商法》第 208 条是对申报、登记的懈怠及其他违反手续等违反行为人处以罚款。显然《金商法》第 208 条规定的违反与《金商法》第 207 条规定的违反相比，处罚要轻。

（2）择一处理

据本书第三章的课征金事例的分析可以得知，若责令违反行为者缴纳课征金，就没有必要再对违反行为者进行刑事处罚。《金商法》的课征金制度是为了抑制内幕交易等违反行为，对违反行为者施加一定金额的金钱负担，确保规制的实效性的行政措施。在本书的第三章中对课征金各事例分析后可以发现其具有一个共同的特征，即都是违反行为者知道重要事实并利用其获取利益，在公布重要事实之前进行证券买卖等。而这样的行为也是违反《金商法》上内幕交易的犯罪行为。在导入课征金制度之前，这些违法行为只是刑事罚的对象。就内幕交易违反事件，目前还没有就同一违反者既令其缴纳课征金，又对其进行刑事罚的双重处罚的事例。因此，对于内幕交易，从抑制的角度来看，日本有必要像英国一样，将刑事罚的构成要件和课征金的构成要件分别予以规定，这样更有利于对违反行为者实施制裁。

（3）刑事罚与课征金的分离

在日本，若违反行为者通过他人的利益进行内幕交易的话，虽然满足了刑事罚的构成要件，但原则上不能责令违反行为者缴纳课征金，由此可以看出课征金的构成要件和刑事罚的构成要件的适用明确进行了区分（《金商法》第175条第1款第2项）。因此，构成要件一致的必然性并不都是采用形式犯主义。

五、《金商法》上的课征金和刑事罚的构成要件的分离

从刑事罚和课征金的实际运用情况来看，两者的构成要件明确进行了分开，因此，笔者以为日本有必要参照英国的做法，将刑事罚和课征金的构成要件分别进行构成，对于性质恶劣且影响较大的行为适用刑事罚。对于行政规制的商业道德违反行为，参照英国《金融服务与市场法》以形式、网罗的方式重新构成。综上，应修改《金商法》第166条及第197条之2第13项的规定，将条款以实质犯的要件重新构成。

第1案（直接移入英国的模式）

如上文探讨，《金商法》将内幕交易的刑事罚对象直接作为课征金的对象，但是课征金对象的内幕交易与刑事罚对象的交易不同。参照英国的《刑事司法法》，应该设置如下条文。

（1）内幕交易是指持有未公开信息的内部者，在证券市场上利用该信息从事影响证券价格的交易，或者知道该信息会影响证券价格的情况下向他人推荐证券交易，以及向他人泄露该信息的行为。

（2）内部者是指持有未公开信息，知道该信息是内部信息，并且知道该信息是从内部信息源得到的行为者。

上述内部者包括证券发行者的董事、员工或股东，或者通过雇佣、职务、职务关系能接触到该信息的人。直接或间接地从内部信息源收到该信息的人也属于内部者。

（3）内部信息是指具体或正确的，且未公开的属于特定证券或特定证券发行人的信息，如果该信息被公开，则会对证券价格产生重大影响。

（4）规制对象如下：①交易行为，指内部者利用内部信息进行影响证券价格的交易行为；②推荐行为，指内部者向他人推荐该内部信息影响价格的证券交易；③信息披露行为，指内部者在不适当履行雇佣、职务或职务相关行为的情况下，向他人披露该内部信息。

（5）抗辩事由如下：①违反者从事违法的证券交易行为，没有期待该交易会带来与该证券相关并可影响证券价格的信息这一事实的利益。②在有合理理由的情况下，违反者在交易行为或推荐行为的时点，虽然该信息未公开，但相信该交易的参加者没有信息而不会受到损害。③违反者即使没有该内部信息，也会进行该交易或推荐行为。

第 2 案（部分承继当前规定的情况）

第 166 条

（1）下列各款有价证券（以下称有价证券）的发行者的公司董事、代理人、使用人等其他员工或者股东（法人）等以外的团体时，指的是公司代表者、董事、代理人、使用者等其他员工。以下同条和下条相同。或者在过去一年内有此身份的人（以下同条称为"发行公司董事等"），该公司的有价证券等（包含与该公司的证券交易有关的签约等，以下同条相同）由于行情的变动为自己或他人谋取利益，或者由于该公司的特定有价证券等的行情变动，为避免自己或他人的损失，在其地位、职务或业务的身份知悉该公司的经营、财务或业务的未公开的信息等，在该业务等相关重要事实公布前，不得利用特定有价证券等的行情有显著影响的事实（以下称"未公开内部信息"），进行该公司的特定有价证券的买卖或其他交易。但是，买卖等其他交易的对象已经知悉该未公开内部信息，不在此限范围内，如以下两项。

① 第 2 条第 1 款第 5 项、第 7 项、第 9 项或第 11 项的在金融商品交易所上市的有价证券和其他政令所制定的有价证券；② 因流通状况由政令规定相当于前项的有价证券。

（2）前款规定的公司和因法令、合同或是该公司业务的关系能够获取未公开信息的人（法人等以外团体时，指的是公司代表者、董事、代理人、使用者等其他的员工）或者在过去一年内有此身份的人（以下同条称为"发行公司业务相关人员等"），在其地位、职务或业务的身份知悉该公司的经营、财务或业务的未公开的信息等，在该业务等相关重要事实公布前，不得利用特定有价证券等的行情有显著影响的事实（以下称"未公开内部信息"），进行该公司的特定有价证券等买卖及其他交易。在该种情况之下，按照前款但书的规定。

（3）发行公司董事等或发行公司业务相关人员等，以前款规定的目的利用该公司的未公开内部信息，与未知悉该未公开内部信息的人从事该公司的特定有价证券等买卖及其他交易时，不得将利用其地位、职务或业务上获得的未公开的内部信息不正当提供给他人。

（4）因其地位、职务或业务的身份自发行公司董事等或发行公司业务相关人员等不正当提供，从而知悉该公司的经营、财务或业务的未公开的信息等人，按前款规定，不得利用该公司的未公开的内部信息，从事该公司的特定有价证券等买卖及其他交易。在该种情况之下，按照前款但书的规定。

第四节　日本民事损害赔偿请求权的设定

一、概述

（一）民事责任规定的导入

现行日本内幕交易规制是根据来自海外的请求，特别是接受并反映了美国的意向，然而，该规制的框架从比较法来看有其自身的特点。除了上述构成要件的独立性之外，并没有导入美国法的民事责任规定。因此，在与内幕交易有关的交易中遭受损失的投资者等，最终不得不根据日本《民法》第709条的不法行为责任要求赔偿损失。

原本决定导入内幕交易规制的证券交易审议会在1988年2月24日汇总的题为《关于内幕交易规制的存在方式》的报告书中建议，"内幕交易者对交易方应履行的损害赔偿也应采取有效性措施，关于与证券交易相关的损害赔偿方式，有必要对原告的资格、诉讼程序等进行慎重的探讨，应将其作为中长期的课题来处理"。因此，就民事责任的导入要经过慎重探讨，不可操之过急是当时证券交易审议会的判断。之后25年都没有对该问题进行探讨。其理由之一是该课题的复杂性，因为内幕交易原本就被认为是没有受害者的犯罪，所以需要确定内幕交易行为和遭受损害之间的因果关系，以及受害范围等问题。

《金商法》作为现代法的典型之一，为了实现其立法宗旨，所有的工具都应该被采用。在 2003 年 12 月 4 日发布的金融审议会金融分科会的报告《面向以市场功能为核心的金融系统》中，就市场监视功能进行了如下说明："与美国 SEC 相比，揭发的件数有显著的差别之外，日本几乎没有对违反《证券交易法》的规定通过民事诉讼进行责任追究。"❶ 这是金融审议会金融分科会的基本认识。该金融审议会分科会同时指出，"虽说同属违反行为，但实际上违法行为的程度是千差万别的，作为制裁有残酷的一面，所以有必要进行抑制运用，其结果是对于没有达到刑事处罚的程度的违反行为没有进行任何处分而被搁置。另外，对于证券公司等的业务停止等的行政处分也有损害与违反行为无关的客户的便利性的问题，应该限定为违反行政处分的行为，但因为只有行政处分的工具，有时会出现与违反行为的实际情况相匹配的抑制力不足的情况"。❷ 上述报告述及了当前的规制手段的脆弱性。

"为了根据各种各样的违法行为的程度和方式，能够通过最合适的手段进行法律执行，有必要谋求手段的多样化，比如施加金钱负担的制度和违反等行为的停止、纠正命令等。"❸ 建议采用与金融商品、交易行为等相适应的其他

---

❶ 金融审议会金融分科会第一部会报告．一市场机能を中核とする金融システムに向けて—［EB/OL］.（2003-12-04）［2021-06-10］．http：//www.fsa.go.jp/singi/singi_kinyu/siryou/kinyu/dai1/f-20031224_sir/02.pdf.

❷ 金融审议会金融分科会第一部会报告．一市场机能を中核とする金融システムに向けて—［EB/OL］.（2003-12-04）［2021-06-10］．http：//www.fsa.go.jp/singi/singi_kinyu/siryou/kinyu/dai1/f-20031224_sir/02.pdf.

❸ 金融审议会金融分科会第一部会报告．一市场机能を中核とする金融システムに向けて—［EB/OL］.（2003-12-04）［2021-06-10］．http：//www.fsa.go.jp/singi/singi_kinyu/siryou/kinyu/dai1/f-20031224_sir/02.pdf.

有效手段。上述报告发布之后，日本虽在 2005 年导入了课征金制度，却再没有对民事责任的课题进行讨论。

（二）美国的民事责任规定

内部者与一般的投资者相比具有掌握更多信息的优势，利用其优势地位从事证券交易，这不仅损害了一般投资者对证券市场的信任，且会萎缩证券市场的功能，因此规定发行人等的信息披露义务能够更好保护投资者的利益。若内部者在信息披露之前利用该信息获得了不正当的利益，该如何处置内部者所获得的利益，这属于民事责任的问题。

1. SEC 的请求

在美国，一般由 SEC 和州的监督当局通过法律执行对内幕交易者进行民事责任的追究。当然，因为是民事责任，应将刑事罚的罚款除外。

（1）归还方式

SEC 可以请求美国联邦法院向违反行为人发出违反行为的禁制令和附随的救济令（ancillary relief），要求违反行为人返还（disgorgement）不正当收益。该返还的收益，将在美国联邦法院的监督下分配给遭受损失的投资者。❶

（2）民事制裁金

在运用上述返还方式时，若内幕交易者在违反行为被发现时，放弃违反行为所获得的利益即可免责，据此上看内幕交易者最终还是获得了一定的利益。因此，美国联邦议会于 1984 年制定了《内幕交易制裁法》（Insider

---

❶ 黒沼悦郎. アメリカ证券取引法［M］. 东京：弘文堂，2006：167.

Trading Sanction Act），设置了对违反内幕交易的人，制定在所得收益等 3 倍以内的范围内收取民事制裁金的条款。具体而言，根据美国《证券交易法》第 21A 条的规定，对于违反内幕交易者以及支配者（公司等），SEC 可以向美国联邦地方法院提起民事制裁金的诉讼。民事制裁金的额度在违反行为获得的收益或避免损失额的 3 倍以内的范围内，是由美国联邦法院决定的。❶

2. 私人请求

（1）内幕交易的受害者

就内幕交易的受害者，关键是原告适格的问题，有如下四种类型：一是内幕交易的对象者（相对交易者）；二是在公开市场上同时期与内部者进行相对交易的交易者；三是在同时期同方向进行交易的交易者；四是从内部交易到披露信息为止的期间内进行相对交易的交易者（同时期除外）。就内幕交易者应对谁（包括同时交易者）承担多少损害赔偿责任，还没有形成明确的判例理论。美国内幕交易被视为同样违反了规则 10b-5，所以可以根据不实表示的民事责任进行同样的解释。❷

（2）损害赔偿额的计算方式

在美国，向不实表示而遭受损失的投资者支付的损害赔偿金的金额有 4 种方式：一是现实损害赔偿方式（out of pocket measure）；二是原状恢复方式（rescissory damage measure）；三是不正当收益返还方式（windfall measure of damages）；四是交易利益赔偿方式（benefit of bargain measure）。在证券市场交易中，若原告与被审理人之间没有根据契约等特别关系进行交易，基本上

---

❶ 黒沼悦郎 . アメリカ証券取引法［M］. 东京：弘文堂，2006：167.

❷ 黒沼悦郎 . アメリカ証券取引法［M］. 东京：弘文堂，2006：168-171.

会采用上述"一"的现实损害赔偿方式。❶

在日本，违反《金商法》上虚假陈述规定一般会采用现实的损害赔偿方式。若采用现实的损害赔偿方式，则内部者在证券市场上承担的义务是信息披露、放弃交易的义务。因此，内部者从证券交易开始时到未公开信息披露为止都持续性违反信息披露义务的话，内部者应承担在证券市场上与其交易者于信息披露后证券的价格和实际交易价格的差额的责任。依照现实损害赔偿方式，一般认为时间经过越久损害金额越大。如果内幕交易的时间点和披露未公开信息的时间点之间相差不大的话，证券价格通常仅有小范围的变化。但是，随着时间的流逝，未公开信息披露之后逐渐被投资者知悉，会加速股价的变化。与不实表示等相比，内幕交易使证券价格变动更大。因此，内部者很有可能要承担巨大的损害赔偿金额。与公司的不实表示或信息不披露的情况不同，内幕交易一般是公司潜在进行的，所以内部者自己无法预测信息何时会被披露，公司披露内部信息也需要花费时间。因此，通过现实损害赔偿方式对投资者造成的损失将大大超过内部者自身交易所得的金额。❷

（3）Elkind v. Liggett & Myers，Inc. 的判决 ❸

在 Elkind 事件中，Liggett 公司的董事向证券分析师传达了股价下跌的重要信息，根据该信息，信息受领者（tippees）进行了股份的出售，发行公司被追究损害赔偿责任。美国联邦地方法院认定，从最初的信息传达到信息披露之间购买 Liggett 公司股份的人，可以就支付的价格和信息公开后的价格的

---

❶　黒沼悦郎 . アメリカ証券取引法［M］. 东京：弘文堂，2006：168.

❷　黒沼悦郎 . アメリカ証券取引法［M］. 东京：弘文堂，2006：168.

❸　Elkind v. Liggett & Myers，Inc.，635 F.2d 156（2d Cir.1980）.

差额请求损害赔偿❶，即内幕交易者需以损害赔偿方式赔偿投资者所遭受的损失。此案经美国联邦第二巡回上诉法院审理之后，根据以下三种方式的理由将损害赔偿额限定为信息受领者所得的利益额。

第一种方式：现实损害赔偿方式是用来计算由于重要的不实表示和不披露而被引诱交易的投资者的损失的方式。当然，投资者没有通过证券交易所的交易而被引诱到与内部者和信息受领者之间的交易除外。另外，牺牲不知情公司股东的利益，对内部者违反行为和信息披露期间内的所有投资者给予损害赔偿，与内部者违反行为相比，内部者会承担过多法定范围外苛刻的责任，这也不合理。

第二种方式：假如当时或之前在市场上购买股票的人，因内幕交易所引起的股价下跌受到损失，就不能说这是因购买原告的股票而引起的，未满足规则 10b-5 的规定，所以不能要求赔偿损失。

第三种方式：投资者的赔偿额可以限定在信息受领者通过交易获得的利益额上。由于第三种方式主要是剥夺利益，可以避免用现实损害赔偿方式计算赔偿金额的困难，对内幕交易也有一定的抑制效果。这种方式被认为是最为有效的解决方案。❷

该判决是美国关于内幕交易的民事责任的代表性判例。后来美国通过修改 1934 年《证券交易法》增加了第 20A 条的规定。根据《证券交易法》第 20A 条，与内幕交易行为者同时进行交易的投资者可以对内幕交易者提起损

---

❶ 黑沼悦郎．アメリカ証券取引法［M］．东京：弘文堂，2006：169.

❷ 黑沼悦郎．アメリカ証券取引法［M］．东京：弘文堂，2006：170.

害赔偿诉讼。其理论根据是 Chiarella 事件的判决 ❶ 和 Dirks 事件的判决 ❷，即披露义务是由两个当事人之间的特别关系产生的，违反该义务的内部者应该向同时交易者承担民事责任。"特别关系"是指 Chiarella 事件的判决和 Dirks 事件的判决所示的三角形关系，两种判决都强调了内幕交易者和对方交易者之间的信任关系。这个理由暗示着，对于默示的私人诉讼权的行使，有当事人关系作为必要要件 ❸。当事人关系的要件并不一定是将在证券市场进行的内幕交易的私人诉讼原因归结为无效。1988 年美国国会对"同时"交易者规定了明示的诉讼原因（express cause of action），即《证券交易法》第 20A 条的规定 ❹。但是，美国为何能形成上述理论呢？下述对此进行探讨。

二、1988 年《内幕交易与证券欺诈施行法》的分析

1988 年，美国下院全会通过了 H.R.5103❺ 法案即 1988 年《内幕交易与证券欺诈施行法》（ITSFEA）❻。下院委员会强调 ITSFEA 中包含了美国官方对违法交易进行调查和搜查的条款。在《证券交易法》上新增加的 21A 条规定，认可了 SEC 向提供内幕交易的民事制裁相关信息的人给予奖励金的权限。但

---

❶ Chiarella v. United State，445 U.S. 222（1980）.

❷ Dirks v. SEC，463 U.S. 646，at 654（1983）.

❸ Wang W K S, Steinberg M I. Insider Trading［M］. New York: Oxford University Press, 2010：572.

❹ Wang W K S, Steinberg M I. Insider Trading［M］. New York: Oxford University Press, 2010：577.

❺ 100ᵗʰ Cong.，2d Sess.，134 CONG. REC. H7570（daily ed. Sept. 14，1988）.

❻ Barbara Bader Aldave，The Insider Trading and Securities Fraud Enforcement Act of 1988：An Analysis and Appraisal，52 Alb. L. Rev. 893（1988）.

是由于 ITSFEA 没有对内幕交易做出定义而受到批判。❶

1984 年《内幕交易制裁法》制定之后，对 1934 年《证券交易法》作出修改新增加了第 21 条（d）款（2）项的规定❷。该款是指某人通过国家证券交易所的交易工具，或者通过经纪人或经销商，在持有重要的未公开信息期间进行证券交易活动，或者在持有这样的信息期间将信息传达给他人并由他人进行交易，根据《证券交易法》，SEC 可以向美国联邦法院请求发出民事制裁金的命令。民事制裁金将支付给美国财政部，但其金额不能超过不正当交易所得的收益或避免损失额的 3 倍。《内幕交易与证券欺诈施行法》制定之后，废除了《证券交易法》第 21 条（d）款（2）项，取而代之的是《证券交易法》的 21A 条。根据《证券交易法》第 21A 条的规定，行为人在持有重要的未公开信息期间进行交易，或者在持有该信息期间将信息传达给他人，从而使他人进行交易，若行为人违反《证券交易法》，不仅可以对行为人处以民事制裁金，且对违反行为人直接或者间接支配者也可以处以民事制裁金。❸

ITSFEA 不仅覆盖了内幕交易者和信息传达者，也包括了没有采取适当手段防止其员工进行内幕交易或信息传达的支配者，结果是扩大了 1984 年《内幕交易制裁法》的民事制裁金条款的适用范围❹。根据 ITSFEA 规定，对作为支配者负有责任的经纪人、经销商或投资顾问公司，负有执行法令遵守计划

---

❶ Barbara Bader Aldave, The Insider Trading and Securities Fraud Enforcement Act of 1988 : An Analysis and Appraisal, 52 Alb. L. Rev. 893, at 895-896（1988）.

❷ Pub. L. No. 98-376, 98 Stat. 1264（1984）, codified at 15 U.S.C. § 78u（d）（2）（Supp. V 1987）.

❸ Barbara Bader Aldave, *The Insider Trading and Securities Fraud Enforcement Act of 1988 : An Analysis and Appraisal*, 52 Alb. L. Rev. 893, at 905-906（1988）.

❹ Section 20（a）of the Exchange Act of 1934.

的义务。投资顾问公司为了防止该公司自身或公司相关人员非法使用重要的未公开信息，必须在考虑业务性质的基础上，确立、维持、执行合理立案的书面政策和程序❶。经纪人、经销商或投资顾问公司应根据《证券交易法》第15条（f）款或1940年《投资顾问法》第204条的规定，建立合理的政策和程序并保证正确实施和执行，如果故意懈怠不作为，且其不作为实质上促使违反行为的发生或者允许违反行为的发生，根据ITSFEA的规定，SEC可以对该公司以支配者责任为由处以民事制裁金❷。此外，ITSFEA还授权SEC公布对代理经销商或投资顾问公司的具体法令遵守的方针或要求其办理手续的规则。❸

非经纪人、经销商的支配者或者非投资顾问业的支配者，在知道了被支配者可能会做出违反行为的事实或者无视该事实，在行为发生前没有采取防止这种行为的适当手段，根据ITSFEA的规定，SEC可以对这些支配者处以民事制裁金❹。该条款规定，也适用作为雇主的公司知道证券发行人或有关证券市场的重要的未公开信息的情况。对于法律事务所、银行、会计师事务所、金融类出版社以及发行者自身而言，如果这些公司没有采取措施控制员工滥用信息，就面临被处以民事制裁金的风险❺。根据ITSFEA的规定，对于支配

---

❶　The required compliance programs are set out in § 15(f)of the Securities Exchange Act,15 U.S.C. § 78o(f)(1988), for registered broker-dealers, and in § 204A of the Investment Advisers Act, 15 U.S.C. § 80b-4a(1988 Supp.), for investment advisers.

❷　Securities Exchange Act, § 21A（b）（1）（B）, 15 U.S.C. § 78u-1（b）（1）（B）（1988 Supp.）.

❸　Securities Exchange Act, § 15（f）, 15 U.S.C.A. § 78o（f）(1988 Supp.)；Investment Advisers Act, § 204A, 15 U.S.C.A. § 80b-4a(1988 Supp.).

❹　Securities Exchange Act § 21A（b）（1）（A）, 15 U.S.C. § 78u-1（b）（1）（A）（1988 Supp.）.

❺　Howard M. Friedman, The Insider Trading and Securities Fraud Enforcement Act of 1988, 68 N.C.L. Rev.465, at 478(1990).

者与被支配者被处以民事制裁金的额度多少会有些不同。基本的计算基准是获得的收益或避免损失额的 3 倍，一般制裁金的金额不超过 100 万美元。❶

此外，如果所支配的人是信息传达者，并且有第一信息受领者和第二信息受领者，则所述支配者的责任是基于所支配者所传达信息的对方所获得的收益或避免的损失 ❷。从立法的沿革中可以明确该语句的意思。与直接收到重要未公开信息的人进行交易的情况下，支配者基于第一信息受领者所获得收益或避免的损失承担民事制裁金的责任。第一次信息受领者不是基于重要的未公开信息进行交易且未直接获益，而是作为对进行交易的其他人的媒介或渠道来传达未公开信息，则支配者不负有"在公开该信息之前，能够基于该信息进行交易的人的循环连锁交易"❸ 所获得的收益或避免的损失的制裁金的责任。支配者只对基于第一次信息受领者的交易所获得的收益或避免损失的民事制裁金负责。❹

三、私的诉权

ITSFEA 制定之后，在《证券交易法》上新增了 20A 条的规定，明确了私的诉权。根据《证券交易法》第 20A 条的规定，违反行为人在持有重要的

---

❶ Howard M. Friedman, The Insider Trading and Securities Fraud Enforcement Act of 1988, 68 N.C.L. Rev.465, at 479（1990）.

❷ Securities Exchange Act § 21A（a）（3）, 15 U.S.C. § 78u-1（a）（3）（1988 Supp.）.

❸ H.R.Rep. No. 910, 100th Cong., 2d Sess. 19, reprinted in 1988 U.S. Code Cong. & Admin. News 6043, at 6053.

❹ Howard M. Friedman, The Insider Trading and Securities Fraud Enforcement Act of 1988, 68 N.C.L. Rev.465, at 479（1990）.

未公开信息期间进行交易，与其交易的相对方有法定的民事赔偿请求权。《证券交易法》第 20A 条（a）款规定如下：“任何人在持有重大非公开信息时因购买或出售证券而违反本法和其款下规制或条例的，在有管辖权的美国联邦法院提起的诉讼中，应对在作为上述违法对象的证券交易时购买（违法的原因是出售证券）或出售（违法的原因是购买证券）同类证券的任何人承担责任。”

根据《证券交易法》第 20A 条的规定，虽然支配者不承担雇佣员工的责任，但需要承担《证券交易法》第 20 条（a）款规定的责任。在《证券交易法》第 20A 条下提起的诉讼中，违反《证券交易法》传达重要的未公开信息的人，与该信息受领者承担连带责任。《证券交易法》第 20A 条规定诉讼时效期间为 5 年（statute of limitations）。❶

下述对于私的诉权进行探讨。

（一）Moss v. Morgan Stanley Inc. 事件的判决 ❷ 和同时交易者

在 Moss 事件中，美国联邦第二巡回上诉法院认定，基于违反第三者承担的义务获得的重要未公开信息而进行交易的外部人员，同时交易者不具有诉讼原因。在该事件中，美国联邦第二巡回上诉法院做出支持美国地方法院驳回原告的诉讼请求的判断。原告在被审理人该雇佣者处不正当流用而得到的秘密信息的基础上购买了 11 700 股，并在同一天出售了该公司的 5 000 股的

---

❶　Barbara Bader Aldave，The Insider Trading and Securities Fraud Enforcement Act of 1988: An Analysis and Appraisal，52 Alb. L. Rev. 893，at 913-914（1988）.

❷　Moss v. Morgan Stanley，Inc.，719 F.2d 5（1983）.

股票。美国联邦第二巡回上诉法院认为，原告对于被审理应承担的披露义务未进行充分证明，据此根据《证券交易法》第 10 条（b）款或规则 10b-5 规定，做出原告不能请求损害赔偿的判断❶。美国联邦第二巡回上诉法院未对规则 10b-5 的私人损害赔偿请求在不正当流用理论下不能获得认可的理由，做出令人满意的说明。因此，Moss 事件成了受到损害的股票购买者或出售者若不能证明与被审理人存在信任关系，而被提起规则 10b-5 的损害赔偿诉讼的障碍❷。

（二）原告适格的问题

Chiarella 事件的判决和 Dirks 事件的判决的原告适格问题，在规则 10b-5 的诉讼中也是一个需要注意的问题。即使有股东买卖了发行人的证券，哪个股东能在规则 10b-5 下的请求恢复损失呢？上诉美国联邦法院对这个问题也有意见分歧。就这一点，有美国联邦法院认为，可以向买主或卖方提起诉讼，但也有其他美国联邦法院认为只有与内部者直接交易的投资者才能请求恢复损失。在 Shapiro 事件❸ 中，经纪人自客户公司获得 Shapiro 利益减少的信息，向机构投资者披露了该信息，在该信息被披露之前，经纪人与机构投资者 3 天内共出售了约 165 000 股股票，避免了因持有 Shapiro 公司股票的损失，之后，在公司披露利益减少的信息之前购买股票的股东，对经纪人和股票的客户提起损害赔偿的诉讼。在判断经纪人及其客户是否负有向原告股东信息披

---

❶ Moss v. Morgan Stanley, Inc., 719 F.2d 5, at 15（1983）.

❷ Peter J. Henning, Between Chiarella and Congress: A Guide to the Private Cause of Action for Insider Trading Under the Federal Securities Laws, 39 U. Kan. L. Rev. 1, at 30（1990）.

❸ Shapiro v. Merrill Lynch, Pierce, Fenner & Smith, Inc., 495 F.2d 228（2d Cir. 1974）.

露义务时，美国联邦第二巡回上诉法院认为："不仅是被审理人出售的实际股票的购买者，且对在公开市场知道同一期间重要的未公开信息并购买股票的所有人都负有信息披露义务。"❶ 由于不仅是偶然与被告进行交易的投资者，所有在市场上进行交易的投资者都会受到内幕交易的不利影响，因此美国联邦法院不要求规则 10b-5 私人诉讼的必要要件的当事人关系 ❷。但是，该联邦法院在判断什么是构成当事人的主张的"同一期间"的基础上，并没有论及适用限定方面的问题。❸

（三）限定当事者关系的要件

在 Fidrich 事件 ❹ 中，美国联邦第六巡回上诉法院针对私人内幕交易的主张，采用了限定当事者关系的要件。1972 年 4 月 27 日，被告 Bradford 从其父亲处获得了内幕信息购买了 Old Line 保险公司 1 225 股股票。1972 年 6 月 29 日该消息披露后，Old Line 保险公司的股票价格上涨，被告 Bradford 出售了 1 225 万股股票并从中获得了 13 000 万美元的利益，此后，原告 Fidrich 提起了民事诉讼，指控被告 Bradford 的交易活动违反了规则 10b-5，并要求其承担购买股票的损失，该案当中没有证据证明被告 Bradford 的交易活动对 Old Line 保险公司股票的市场价或原告购买 Old Line 保险公司的股票的决定有任

---

❶ Shapiro v. Merrill Lynch, Pierce, Fenner & Smith, Inc., 495 F.2d 228, at 237 (2d Cir. 1974).

❷ Shapiro v. Merrill Lynch, Pierce, Fenner & Smith, Inc., 495 F.2d 228, at 239 (2d Cir. 1974).

❸ Peter J. Henning, *Between Chiarella and Congress: A Guide to the Private Cause of Action for Insider Trading Under the Federal Securities Laws*, 39 U. Kan. L. Rev. 1, at 30-31 (1990).

❹ Fridrich v. Bradford, 542 F.2d 307 (6th Cir. 1976).

何影响。[1] 该联邦法院认为，所有原告都没有直接与被审理人进行交易，因此所有原告都不能请求损害赔偿，做出在 Fidrich 事件中允许在同一期间与被审理人进行交易的所有人，都可以请求损害赔偿的相反的判断。这一判断避免了被告在证券市场上向其交易的所有人承担巨额损害赔偿的问题[2]。Celbrezze 大法官提议[3]，应将内幕交易事件中的原告限定于与被审理人"同时"交易的人。因为即使同时交易者在证券市场进行交易，也会直接受到欺骗交易的影响，所以内部者对同时交易者负有信息披露义务。[4]

（四）私的诉权的确立

不论根据上述哪种理论，在持有重要的未公开信息的期间，对于因证券交易而违反该法的人，作为市场交易的相对方的同时交易者根据《证券交易法》第 20A 条的规定，可以向违反行为者提起损害赔偿诉讼[5]。

《证券交易法》第 20A 条明文认可了对内幕交易者的诉讼原因，但没有对"同时"的语句做出定义。美国国会创设的私人诉讼原因在于，针对不特定的人提起损害赔偿要求，在追究被审理人的责任之前，先解决原告适格的有争议的问题（the preliminary issue），目的是使美国联邦法院更好地做出判

---

[1] Fridrich v. Bradford，542 F.2d 307，at 309（6th Cir. 1976）.

[2] Peter J. Henning，*Between Chiarella and Congress: A Guide to the Private Cause of Action for Insider Trading Under the Federal Securities Laws*，39 U. Kan. L. Rev. 1，at 31（1990）.

[3] Fridrich v. Bradford，542 F.2d 307 at 326-327（6th Cir. 1976）.

[4] Peter J. Henning，*Between Chiarella and Congress: A Guide to the Private Cause of Action for Insider Trading Under the Federal Securities Laws*，39 U. Kan. L. Rev. 1，at 31（1990）.

[5] Barbara Bader Aldave，*The Insider Trading and Securities Fraud Enforcement Act of 1988: An Analysis and Appraisal*，52 Alb. L. Rev. 893，at 915（1988）.

断。采用严格解释手法的美国联邦法院一般会将"同时"解释为，交易在一定时间或期间经过之后；对内幕交易者，限定在同一时间段或同一天进行交易的人。美国国会将损害赔偿金额限定在被审理人所获得收益或避免的损失之内，从而对同时交易者的承担责任范围进行了限制。这个损害赔偿额的限定还没有解决谁能利用私的诉权的问题。《证券交易法》第20A条减少了作为私人当事人提起诉讼的诱因，其理由是个人投资者受到的损失额与同一交易整体相比较少。**❶**

《证券交易法》第20A条认可美国联邦法院在判例中展开的不正当流用理论。美国国会虽然认可了有关内幕交易责任的法理，但规则10b-5适用于何种行为，还未明确。不正当流用理论要求违反义务，但美国联邦法院没有详细说明在违反义务的情况下，使之产生形成责任根据的义务的关系。到目前为止，雇佣关系及家族关系是SEC在规则10b-5诉讼中主张的违反义务的根据。但这并没有探讨关于在获得内部信息时可能会被背叛的信任和信赖义务的人际关系的范围。因此，《证券交易法》第20A条规定，基于只明确表示重要构成要素的一部分的理论，给予私人当事人要求赔偿的权利。结果，美国国会在《证券交易法》第20A条的展开上没有提供明确的指导方针，而将未确定的概念作为扩展民事责任的依据。**❷**

---

❶ Peter J. Henning, *Between Chiarella and Congress: A Guide to the Private Cause of Action for Insider Trading Under the Federal Securities Laws*, 39 U. Kan. L. Rev. 1, at 32-33（1990）.

❷ Peter J. Henning, *Between Chiarella and Congress: A Guide to the Private Cause of Action for Insider Trading Under the Federal Securities Laws*, 39 U. Kan. L. Rev. 1, at 34-35（1990）.

（五）返还收益诉讼的利好的疑问

下院能源通商委员会（the House Committee on Energy and Commons），在说明应在明文上认可同时交易者对内幕交易者的诉讼原因的理由时，提出了私人诉讼有助于美国联邦证券诸法执行的理论根据。该委员会在说明立法机关推翻 Moss 事件结论的理由时，认为 Moss 事件的结果与《证券交易法》的"救济目的"相矛盾。但是，若根据《证券交易法》第 20A 条的规定时，则该委员会提出的理论依据缺乏说服力。同时交易者对违法交易上的损失提起损害赔偿诉讼，因内幕交易所遭受的实际损失无法进行救济，像此类诉讼对于美国证券诸法的执行也起不到有利作用。由于未披露重要的未公开信息而受到损害的投资者，即使可以向别人请求损害赔偿，那也是对违反信息披露义务的人提起损害赔偿。但是，基于重要的未公开信息进行交易的人并不一定是违反披露义务的人。通常情况下，基于重要的未公开信息进行交易的人没有义务和权利向特定证券交易者或一般投资者披露该信息。违反的要点是违反者进行了交易，并不是未披露信息。因为，对于未公开的重要信息，即使进行企业活动也会产生，是否披露重要信息，对于企业战略而言是重要的影响投资者判断的行为。❶

对在持有重要未公开信息的情况下进行交易而违反法律的被审理的私人诉讼原因，只有在被审理的违法行为即因交易而受到损害的个人或集体有披露权的情况下，才能实现救济的目的。与其说《证券交易法》第 20A 条为重

---

❶ Barbara Bader Aldave, *The Insider Trading and Securities Fraud Enforcement Act of 1988: An Analysis and Appraisal*, 32 Alb. L. Rev. 893, at 916-917（1988）.

要的未公开信息进行违法交易时的现实受害者设置了诉讼原因，没有为无法确定的受害者设置诉讼原因，倒不如说，新条款对偶尔与被审理人同时进行交易的人明文给予诉讼原因，但仅限于在市场交易中作为被审理人的对方进行交易的人。这些人仅限于被审理人因违反行为而实际受到损害的人，但不包括所有受到这种损害的人。❶

《证券交易法》第 20A 条虽然也认可由于被审理人的违法交易而实际受到损失的人以外的人的诉讼原因，但不能作为救济或补偿的手段被正当化。同时，该条款也不作为有助于美国证券诸法的执行而被认为是正当的。事实上，允许个人投资者或投资集团提起诉讼，以从被审理人违法所得的利益中恢复损失，这将抑制违法交易，支援 SEC 的调查和处罚违法交易。虽然想进行内幕交易的人，不会因为担心受到美国联邦法院的起诉而胆怯，或者害怕 SEC 的禁制令、返还收益诉讼以及要求支付 3 倍赔偿额的风险而胆怯，但同时交易者若提起返还收益诉讼，却有可能抑制内幕交易。因为，相当多的可能成为原告的人独自发现、调查内幕交易方案，使 SEC 注意到以前没有被揭发的违法行为的事件。❷

综上，1988 年《内幕交易与证券欺诈施行法》（ITSFEA）是有利于投资者的立法的。ITSFEA 的核心条款是支配者无视被支配者可能从事内幕交易，且未采取适当的手段防止被支配者的违法行为，SEC 可以对该支配者处以民事制裁金。该条款（现在《证券交易法》21A 条中具体化）可以达到强化雇

---

❶　Barbara Bader Aldave，*The Insider Trading and Securities Fraud Enforcement Act of 1988: An Analysis and Appraisal*，52 Alb. L. Rev. 893，at 917-918（1988）.

❷　Barbara Bader Aldave，*The Insider Trading and Securities Fraud Enforcement Act of 1988: An Analysis and Appraisal*，52 Alb. L. Rev. 893，at 918-919（1988）.

佣者和其他支配者，为了防止员工和代理人进行内幕交易的目的。《内幕交易与证券欺诈施行法》的另一个重要条款是允许同时交易者的私人诉讼，以自内幕交易违反行为者处取回不正当利益。❶

四、《金商法》上民事损害赔偿请求权的设定

（一）概述

由于内幕交易和信息未披露会产生不同的受害者，因此美国将受害者分为因内幕交易和促使其交易的内部信息未披露而受到损害的投资者两种类型。也就是说，作为内幕交易的受害者，出现了被说服进行不利交易的交易者、制订计划进行交易的人等受害者，而未披露信息的受害者，内幕交易者成为需承担信息披露义务的交易对象。但是很难确定因内幕交易而遭受损失的受害者。❷

因信息未披露而造成的受害者，现在可以根据《证券交易法》20A条提起损害赔偿诉讼。另外，正如本书第一章所探讨的，现在内幕交易的问题是，必须证明实际利用内部信息进行交易的程度。例如，应该证明进行交易的人实际利用了内部信息，即进行交易的人如果没有内部信息，就不会进行交易。重要的是，美国在认定证券市场中内幕交易的欺诈行为时，因为存在

---

❶ Barbara Bader Aldave，*The Insider Trading and Securities Fraud Enforcement Act of 1988: An Analysis and Appraisal*，52 Alb. L. Rev. 893，at 920-921（1988）.

❷ Wang W K S. Steinberg M I. Insider Trading［M］. New York: Oxford University Press, 2010 : 42.

着实务上的困难和理论上的问题，所以美国联邦法院只是认定内幕交易违反了规则 10b-5 以及其他联邦的反欺诈法。美国在 1988 年制定了《内幕交易与证券欺诈施行法》，成为内幕交易救济的最大展开点。该法明文认可了根据同时交易者的意向进行民事请求的法律权利，并且《证券交易法》第 20A 条规定，在持有重要的未公开信息期间，违反《证券交易法》或 SEC 规则进行交易的人，必须对与内幕交易对方进行交易的同时交易者负责。但是，《内幕交易与证券欺诈施行法》以及《证券交易法》并没有定义"同时"，这是两部法规的重大缺点，可以说对受害者的损害赔偿诉讼是很大的障碍。但是，这两部法规认可了同时交易者的损害赔偿诉讼权，应当从抑制内幕交易、确保证券市场的健全性以及保护投资者方面给予这两部法规以积极评价。

但是，日本《金商法》中没有设置民事损害赔偿请求权的规定，从证券市场的健全性和投资者救济的观点来看，这是该法的不足之处，使因内幕交易遭受损失的投资者无法得到救济，因此该法应设置相应的规定弥补这一缺陷。《金商法》第 2 章"企业内容等的披露规定"，是促使有价证券的发行者及其他人将对投资判断有用的重要信息向投资者披露的强制性制度（信息披露制度）。在《金商法》关于发行市场的信息披露制度中，证券发行（募集或者出售）时制作和提交记载一定重要事项的有价证券申报书的义务（第 5 条）、提供给公众阅览（第 25 条）、向大众投资者提供信息，向个别取得者交付有价证券申报表内容的招股说明书（第 13 条）等规定，即要求发行者等彻底向投资者提供信息。在流通市场的信息披露制度中，发行者有按事业年度制作并提交有价证券报告书的义务（第 24 条），提供给公众纵览

（第 25 条）等规定，即向现持有有价证券的人或今后打算持有证券的人提供信息上的保障。此外，还有合同缔结前书面文件的交付义务的规定（第 37 条）。上述各信息披露义务的违反，《金商法》设置了民事、刑事责任及课征金的规定。但是，在《金商法》中涉及内幕交易的条款时并没有特别提及信息披露义务，也没有对该义务的违反设置民事责任规定。这从比较法上看，可以说是对由于内幕交易而受到损害的投资者的保护不够充分。据此，对于内幕交易，如果设置类似于不实披露的因果关系的推定和损害金额的规定等民事损害赔偿责任规定的话，首先需要解决内幕交易是否违反披露义务的问题。

在 2013《金商法》的修改中，就有收到公开收购等实施相关事实的传达者等，在自己进行公开收购时，在公开收购申报书等上记载了该传达的事实等的情况下，或者从收到该传达之日起已经过了 6 个月的情况下，不适用内幕交易规制（《金商法》第 167 条第 5 款），即信息受领者自己进行公开收购时，在"公开收购申报书"等中记载了收到信息的情况下，认为已完成了信息的披露义务，不适用内幕交易的限制。这可以说和美国的披露义务理论相同，并且可以认为有认可内幕交易的披露义务的倾向。关于这一点，期待立法能对此进一步修改。

（二）设置内幕交易民事赔偿责任规定

日本对于违反披露义务以及操纵市场等，分别设置了保护因无过失责任和举证责任的转换遭受损失的投资者的特别规定。从这一点来看，因为内幕交易是形式犯式的违反，所以判断其没有损害的理论过于逻辑化，无视证券市场的实际交易情况，将遭受损害的投资者抛弃。将内幕交易规制实质化的立法论暂且不论，正因为内幕交易是形式犯，所以有必要在立法上进行救济。

首先，日本法律规定内幕交易是违反信息披露义务或者放弃交易、放弃义务的行为，如果承担上述义务违反行为（不作为、作为）的损害赔偿责任的话，可以构成违法行为或者债务不履行。根据《金商法》第166条，对于重要信息的披露义务，构成有作为义务的话，在进行证券交易时，无论是在证券交易所交易还是相对交易，内部者都有披露重要信息的作为义务。如果不披露则会产生违反义务的行为，造成对投资者的侵害和损害。因为有价证券是商品，所以同时参加同种有价证券交易的投资者会遭受同样的损失。但如果构成了放弃交易的义务，则放弃义务是内部者单方面或者对整个市场承担的义务，即使内部者敢于进行交易，也不会对个别投资者产生违反义务。其次，如果采取违反公开义务构成的话，从违反义务到披露真实信息为止的期间股价持续下跌，违反者要承担巨大金额的损害赔偿责任，这也是现实损害赔偿方式的缺点 ❶。就这一点而言，可以参照美国《证券交易法》第20A条（b）款第1项的规定，将赔偿范围基本限定于内部者的收益或避免的损失的范围内。

综上所述，在《金商法》上没有对内幕交易设置民事责任规定的现状下，可以说对投资者的救济不够充分，从救济投资者这一点而言，应制定民事责任规定。因此，立法上应设置内幕交易的民事赔偿责任规定。在将救济

---

❶ 黒沼悦郎．金融商品取引法入门［M］．东京：日経文库，2007：141.

作为民法违法行为的请求构成的情况下，在证券交易所交易中很难认定损害的因果关系。如果《金商法》没有关于损害赔偿请求权的规定，那么即使确定了被害者也毫无意义。内部者具有若进行交易就必须将信息进行披露的义务，或者放弃交易义务。当这些被广泛理解为披露义务时，与基于不实的信息披露的责任一样，对于从内幕交易开始到披露真实信息为止进行交易的投资者，内部者要承担巨额的赔偿责任❶。不仅是证券诉讼，在损害赔偿请求诉讼中损害金额也会成为争论焦点，可将损害额大致分为"现实损害赔偿方式"和"原状恢复方式"这两种方式❷。因内幕交易而遭受损失的金额是重要事实披露前的证券价格和披露后的证券价格的差额。因内幕交易而产生的损害赔偿金额，根据一般的违法行为，损害赔偿金额的确定是非常困难的，所以在《金商法》中应该设置特别的规定。如果在参照上述两种赔偿方式的基础上，着眼于使违反者返还经济收益这一点来说，则最好采用差价法（最低价格和最高价格对应的方法）来确定损害赔偿金额，即根据内部信息披露前和披露后的价格，来计算因内幕交易遭受损失的受害者的损失额。因此，参照美国

---

❶ 黒沼悦郎. 金融商品取引法入门［M］. 东京：日经文库，2007：141.

❷ NERA エコノミックコンサルティング・池谷誠ほか. 证券诉讼の经济分析：日米の事例动向と损害立证アプローチ［M］. 东京：中央经济社，2009：108.

1934 年《证券交易法》第 20A 条 ❶ 和 21A 条的规定，在《金商法》第 167 条之 3 应设置以下民事责任规定的条文。

第 167 条之 3

（1）通过利用未公开的内部信息进行特定有价证券等的购买或出售而违反第 166 条或第 167 条的人，在成为该违反对象的交易的同时购买（违法的原因是出售证券）或出售（违法的原因是购买证券）的人承担损失赔偿责任。

（2）所收取的损害赔偿金额的合计不得超过作为违反对象的交易所得的收益或避免的损失。

---

❶ 1934 年《证券交易法》第 20A 条（对内幕交易同时交易者的责任）

（a）基于同时交易的私人诉讼权

任何人在持有重大非公开信息时因购买或出售证券而违反本法和其款下规则或条例的，在任何有管辖权的法院提起的诉讼中，应对在作为上述违法对象的证券交易时购买（违法的原因是出售证券的）或出售（违法的原因是购买证券的）同类证券的任何人承担责任。

（b）责任限制

（1）根据本条（a）款要求收取的赔偿总额不得超过在作为违法对象的交易中获得的利润或避免的损失。

（2）根据本条（a）款对任何人收取的赔偿总额，可按在本法第 21（d）条下提起的有关相同交易的诉讼中依照应证券交易委员会请求获得的法院令要求该人返还的金额（若有）予以减少。

（3）任何人不应仅因雇用了承担本条款下责任的其他人而承担本条款下的责任，但支配人在本条款下的责任则应适用本法第 20（a）条的规定。

（4）违法所涉的最后交易日超过 5 年的，不应提起本条项下的诉讼。

（c）因传达信息引起的连带责任

任何人因传达重要非公开信息而违反本法或其项下规则、条例任何规定的，应根据本条（a）款与本条（a）款下作为传达对象的责任人一起承担相同的连带责任。

（d）不限制其他明示或暗示诉讼权的权利

本条的任何规定均不得解释为限制任何人为实现本法要求提起诉讼的权利，也不得解释为限制根据本法默示规定可获得的任何诉因。

（e）不据向公诉的条款

本条不得解释为以任何方式禁止或限制证券交易委员会或司法部部长根据本法任何其他规定提起诉讼，也不得以任何方式禁止或限制为追缴罚款或寻求与罚款有关的任何其他命令而提起的任何诉讼。美国 1934 年证券交易法：中英文对照本［M］.张路，译.北京：法律出版社，2006：571.

（3）根据该条的诉讼，自知道该违反行为之日起2年或成为该违反对象的最后交易日后3年不能提起。

（4）基于非法提供未公开的内部信息，违反第167条之2规定收到该信息的传达进行交易者，与第166条或167条的规定违反者在同一范围内承担责任。

损害赔偿的请求权，从证券交易等监视委员会的对犯罪的调查大致在2年以内会结束，请求者知道有违反前条规定的行为时起2年内或该行为发生之日起3年内不提起诉讼，时效消灭较为适当。操纵市场行为的请求权从知道时起1年（《金商法》第160条第2款），或许比1年更长，不过，从民事责任的诉求证据的利用等的观点上看，通常要等待证券交易等监视委员会的告发等提起之后才能提起诉讼，最终将诉讼请求权规定为2年。另外，提起诉讼时间短于美国。因为证券是期限长和流通性高的商品，一方面原告的特定会变得困难，另一方面证券价格波动较大，会被质疑估价额的算定是否符合现实。

第五节　日本课征金的投资者救济

一、概述

正如本书第一章所探讨的，美国 SEC 对内幕交易的法律执行，可以采取禁制令、返还不正当利益、民事制裁金、排除命令和停止命令等行政措施。作为美国证券诸法的执行手段，以司法程序的司法执行（包括民事制裁）为基准，由证券交易委员会通过行政程序下达行政命令 ❶。就这一点而言，《金商法》上的课征金是以抑制内幕交易等违反行为为目的，对违反规定者给予金钱负担的行政措施。课征金仅具有使内幕交易等违反者返还不正当利益的功能，必须经过审理程序及课征金缴纳程序，由内阁总理大臣依据审理官制作的决定案责令违反者缴纳课征金。

在这一点上，美国《萨班斯—奥克斯利法》（Sarbanes - Oxley Act of 2002，以下简称为 SOX）第 308 条规定"投资者的公平基金"，该条（a）款是为了救济受害者而将民事制裁金追加在投资者的公平基金上。在由 SEC 提起的司法上或者行政上的诉讼中，如果 SEC 基于美国证券诸法或规则、规定，取得

---

❶　桥本博之 . 改正证券取引法の理论的研究（1）证券取引法における课征金制度の导入 [J]. 商事法务，2004（1707）：4.

美国联邦法院对该违反者发出返还不正当收益的命令，或者违反行为者在与该诉讼有关的和解中同意返还该不正当收益，并且，SEC 根据美国证券诸法的规定收取违反行为者的民事制裁金时，根据 SEC 的申请或指挥，为了该受害者的利益，将该民事制裁金的金额追加在投资者的公平基金上，成为其一部分[1]，即所谓"投资者的公平基金"——从违反者返还的不正当收益和民事制裁金作为投资者救济的财源用于救济投资者。

下述，首先对 SEC 的法执行手段的不正当收益的返还及民事制裁金进行探讨，然后就《金商法》上的课征金的投资者救济问题提出立法上的建议。

二、返还收益及其他衡平法上的救济

1995 年，美国《私人证券诉讼改革法》认可 SEC 从违反美国证券诸法中取得违反者的不正当收益。SOX 第 305 条（b）款有如下规定："在委员会根据美国证券诸法的规定提起或开始的诉讼或程序中，委员会可以要求美国联邦法院给予受到损害的投资者提供适当或必要的衡平法上的救济。"[2] 即使在 SOX 及《私人证券诉讼改革法》在立法之前，在美国联邦法院提起的内幕交易的法律执行诉讼中，SEC 也可以要求被审理人返还不正当收益[3]。因此，虽

---

[1] 新外国证券关系法令集. アメリカ（I）サーベンス・オクスリー法［M］. 东京：日本证券经济研究所，2008：61.

[2] Sarbanes-Oxley Act of 2002, § 305（b）, adding Section 21（d）(5) of the Securities Exchange Act of 1934, codified at 15 U.S.C. § 78u（d）(5). 新外国证券关系法令集. アメリカ（III）证券法・证券取引所法［M］. 东京：日本证券经济研究所，2008：343.

[3] Wang W K S, Steinberg M I. Insider Trading［M］. New York: Oxford University Press, 2010：652-654.

然美国证券诸法没有关于归还不正当收益的明文规定，但是美国联邦法院要求违反者返还不正当收益的权限是根据判例❶确立的❷。

　　SOX 第 308 条是关于被欺骗的投资者的赔偿规定，赋予 SEC 公平基金分配等的权限。该条款允许将民事制裁金分配给因违反美国证券诸法的内幕交易而受到损害的投资者。SEC 对此进行了说明："若符合保护投资者的目的，可以随时适用 SOX 第 308 条。"❸ 并且 SEC 在返还收益和原状恢复之间也进行了界定，"一般来说赔偿面向全体投资者，归还的目的是剥夺违反者获取的不正当收益"❹。美国证券诸法的判例都没有提及将违反者的返还不正当收益分配给受到损害的投资者的理论依据。救济不是美国证券诸法上所特有的，而是美国联邦法院长年在各种判例中确立的衡平法上的权限的一部分。❺

　　虽然返还的救济和恢复原状不同，但返还的收益由美国联邦法院或行政机关的裁量分配给受到损害的投资者。但是，未分配给受到损害的投资者的资金将会交给美国财政部。SEC 指出，向投资人支付返还的资金"在经济上

---

❶　SEC v. Texas Gulf Sulphur Co., 401 F.2d 833 (2d Cir.1968).

❷　Wang W K S, Steinberg M I. Insider Trading [M]. New York: Oxford University Press, 2010: 655-656.

❸　The SEC, in its 2003 Annual Report, notes the SEC's efforts to increase sanctions and, whenever practical, return the recovered funds to investors. See U.S. Sec. & Exch. Comm'n, 2003 Annual Report 24 (2003), http: // www.sec.gov/about/annrep03.shtml.

❹　SEC v. Huffman, 996 F.2d 800, 802 (5th Cir. 1993) (Disgorgement is not precisely restitution… Disgorgement does not aim to compensate the victims of wrongful acts, as restitution does.); SEC v. Commonwealth Chem. Secs., Inc., 574 F.2d 90, 102 (2d Cir. 1978) ("[T]He primary purpose of disgorgement is not to compensate investors. Unlike damages, it is a method of forcing a defendant to give up the amount by which he was unjustly enriched.").

❺　Verity Winship, Fair funds and the SEC's compensation of injured investors, 60 Fla. L. Rev. 1103, at 1112-1113 (2008).

不一定容易实现（feasible）"❶。若只收集了少额资金，或者特定可能投资者数量与收集的资金相比，投资者较多的情况下，在惯例上 SEC 可以请求美国联邦法院将被返还的资金交给美国财政部。在返还收益作为附带的救济策略被认可的同时，也使 SEC 的法律执行活动成为"原告的损害回复的重要的资金来源"。❷

三、SEC 收取民事制裁金的权限——《救济法》

到 20 世纪 90 年代，美国国会提出了返还收益的救济能够抑制多少违反行为者的疑问。只要返还违法所得的经济利益，违反者就会回到之前的地位，这对违反者也很合算。收取民事制裁金的权限是对这个限制的响应。20 世纪 70 年代，很多行政机关获得了收取民事制裁金的权限，但是 SEC 并没有获取这个权限。20 世纪 90 年，美国国会通过了《救济法》❸，因此，SEC 拥有了收取民事制裁金的广泛权限。在此之前，SEC 只是在《反海外腐败法》（Foreign Corrupt Practices Act）以及 20 世纪 80 年代开始的内幕交易事件中收取过制裁金。❹

1990 年，《救济法》扩大了 SEC 的制裁权限，使其对大部分证券诸法的

---

❶ Report Pursuant to Section 308（c）of the Sarbanes Oxley Act of 2002 2, at 14, http：// www.sec.gov/news/studies/sox308creport.pdf .

❷ Verity Winship, Fair funds and the SEC's compensation of injured investors, 60 Fla. L. Rev. 1103, at 1113-1114（2008）.

❸ 15 U.S.C. §§ 77t（d）（1）, 78u（d）（3）（A）, 80a-41（e）（1）, 80b-9（e）（1）（2006）.

❹ Verity Winship, Fair funds and the SEC's compensation of injured investors, 60 Fla. L. Rev. 1103, at 1114-1115（2008）.

违反者都能适用。根据《救济法》的立法沿革，民事制裁金的主要目的是赋予行政机关运用灵活的手段，有效对投资者进行救济并能够对违反者进行强有力的制裁。根据《救济法》，SEC 请求美国联邦法院命令违反者向美国财政部支付民事制裁金。在 SEC 选择收取民事制裁金时，在《救济法》上确立了与违反者责任的程度相对应三阶段的制裁金的构造。在美国联邦法院的诉讼中，返还的金额可能成为民事制裁金金额的判断基准。这反映在《内幕交易制裁法》下的一般救济。❶

根据《救济法》的规定，首先要考虑收取制裁金是否有利于促进"公益"要素，其次由行政法审判官（Administrative Law Judge, ALJ）决定是否应该收取制裁金。❷《救济法》不包括直接处理对投资者的补偿的规定，或者暗示对投资者的补偿应是 SEC 的目标或应该是这样的规定。根据《救济法》，违反者应向美国财政部支付制裁金。虽然返还收益是作为对投资者的补偿而分配的传统财源，这是可以继续利用的，但是返还收益不是以补偿而是以抑制为目的。正如下院报告书所述："与在私人诉讼（为了向因违反行为而受到损害的受害者进行补偿而下了功夫）中被认可的损害赔偿相反，返还收益是强迫被审理人放弃不正当收益的方法。"❸ 并且，《救济法》下的投资者的损害是大法官或行政机关对违反的损害程度、行为和行为者的责任以及需要抑制的社会危害进行评价的一个因素。因此，在判断民事制裁金是否适合公益的情况

---

❶　Verity Winship, Fair funds and the SEC's compensation of injured investors, 60 Fla. L. Rev. 1103, at 1115-1116（2008）.

❷　Verity Winship, Fair funds and the SEC's compensation of injured investors, 60 Fla. L. Rev. 1103, at 1117（2008）.

❸　H.R. Rep. 101-616, at 31（1990）, reprinted in 1990 U.S.C.C.A.N. 1379, 1389.

下，作为或不作为所引起的对他人的损害也会成为行政法裁判官考虑的要素。总之，返还收益是 SEC 取得救济投资者的主要资金来源。❶

四、投资者的公平基金条款

2002 年制定 SOX 时，美国国会明文认可 SEC 为救济投资者损失而收取资金。在 SOX 上，广义范围赋予 SEC "为投资者适当或必要的衡平法上的救济"❷的权限，从而消除了多年来在司法程序中关于归还收益的有效性的疑问。该法为公平基金的产生设置了两个条件，即违反者的返还收益以及同一违反者应该支付的民事制裁金。在这样的情况下，该法赋予 SEC 将公平基金（除了返还的金额之外，还包含民事制裁金）分配给因违反而遭受损失的受害者的权限。美国国会为何在明文上授权 SEC 可以要求违反行为者对被欺骗的投资者进行赔偿，因欠缺 SOX 的立法经过（记录资料），所以无从得知。不知道美国为什么会在同一违反者返还收益的情况下，设置向投资者分配制裁金的条件。这个判断来源于美国国会将焦点放在 Enron 事件特有的事实上。实施欺诈行为的公司若无返还特定可能利益的情况下，法律明文上要求其向美国财政部支付企业制裁金。❸

---

❶ Verity Winship, Fair funds and the SEC's compensation of injured investors, 60 Fla. L. Rev. 1103, at 1117-1118（2008）.

❷ SOX § 305（b）, 15 U.S.C. § 78u（d）（5）.

❸ Barbara Black, Should the SEC be a collection agency for defrauded investors? 63 Bus. Law. 317, at 325-327（2008）.

（一）公平基金的裁量

SEC 基于裁量来判断是否可以使用制裁金来补偿投资者。公平基金条款规定，根据 SEC 的申请或指挥，为了将公平基金分配给遭受损失的投资者，将民事制裁金加到公平基金中（SOX 第 308 条）。公平基金条款无论是命令还是和解，大多在司法诉讼或行政执法活动中作为依据，其适用范围相当广泛。另外，该条款还没有明确个人的制裁金和企业的制裁金之间的区别。依据受到损害的投资者的数量相比制裁金金额较少的情况下，SEC 可以做出将制裁金交给美国财政部的判断，但在通常情况下，一般将制裁金分配给受到损害的投资者 ❶。公平基金条款的实际影响取决于 SEC 如何行使其裁量。公平基金条款下的投资者的救济额，取决于行政机关所做的如下两种选择：①制裁金的规模；②救济额是与个人救济金额相抵的金额（相抵规则）还是个人救济金额的累计（累计规则）。受到损害的投资者获得分配时，获得较高额度的制裁金与获得较低额度的制裁金的投资者相比，损害金额更少。而且，少量的制裁金，因为其分配效率不高，所以不能用于补偿。❷

关于相抵规则，是在实质上基于同样的违反提起私人诉讼的情况下，判断投资者从被审理人处得到多少金额的补偿。例如，McAfee 事件 ❸。McAfee 是一家计算机软件公司，该公司为了减少批发商的过剩库存，有时利用子公

---

❶　72 SEC Ann. Rep.6（2006），71 SEC Ann. Rep. 4，58（2005）.

❷　Verity Winship，Fair funds and the SEC's compensation of injured investors，60 Fla. L. Rev. 1103，at 1119-1120（2008）.

❸　SEC v. McAfee, Inc., SEC Sues McAfee, Inc. for Accounting Fraud, McAfee Agrees to Settle and Pay a $50 Million Penalty, Litigation Release No. 19，520（Jan. 4，2006），http: // www.sec.gov/litigation/litreleases/lr19520.htm.

司从批发商那里秘密购买产品，在该诉讼中该公司与 SEC 达成了和解。对
McAfee 的私人诉讼中以 7 000 万美元达成和解。另外，SEC 还对 McAfee 公
司处以 5 000 万美元的制裁金，并指定将其分配给投资者。两者是累计还是
相抵，在受到损害的投资者恢复上会产生很大的差异。因此，若将两者累计，
受到损害的投资者会得到 1.2 亿美元的补偿，若将两者相抵，受到损害的投资
者只能得到 7 000 万美元的补偿。受到损害的投资者得到补偿的是 1.2 亿美元
或 7 000 万美元。❶

（二）公平基金条款的作用

公平基金条款的作用，是认可 SEC 在分配给受到损害的投资者时利用其
他类别的金钱救济，但 SOX 上使用"受害者的救济"的语句说明公平基金
条款的目的是补偿受到损害的投资者。公平基金条款的其他条文更加明确了
这个目标。根据 SOX 第 308 条（c）款（1）项的规定，为了能使受害的投资
者获得高效、有效、公正地恢复受到损害投资者的现状所利用的领域，对该
法制定前 5 年的 SEC 的法律执行行为（包含该手续）进行探讨和分析❷。根据
SOX 第 308 条（c）款（2）项的规定，必要时利用该调查结果来修改其规则
与规定，并且命令 SEC 提出建议或采取必要规制或立法上的措施以应对在该

---

❶ Verity Winship，Fair funds and the SEC's compensation of injured investors，60 Fla. L. Rev. 1103，at 1120-1121（2008）.

❷ 新外国证券关系法令集．アメリカ（I）サーベンス・オクスリー法［M］．东京：日本证券经济研究所，2008：61.

调查中确认的问题 ❶❷。

公平基金条款的实施并不容易。例如，有报告指出，因公平基金条款下的资金分配受到限制，SEC 的法律执法部门 "与行使监督责任相对应的组织体制没有建立起来，所以无法充分进行数据收集" ❸。尽管如此，公平基金条款认可将制裁金和返还的收益用于投资者补偿，增加了 SEC 可以分配的金额以补偿给投资者 ❹。在公平基金条款制定后，SEC 可以将收集到的资金全部向受到损害的投资者进行分配 ❺。

五、SEC 的法律执行活动

SOX 制定之后的 5 个会计年度内，SEC 每年进行 218 ～ 335 件的法律执行活动。SEC 通过司法和行政程序的命令，每年大概会取得 16 亿美元的返还的不正当收益，及收取 11 亿美元的制裁金。根据 SOX 第 308 条的规定，SEC 为因公司金融欺诈而受到损害的投资者创设相当规模的分配基金，采用如下两种方法：第一种方法是采取不返还公司收益的情况下，用传统的计算手法

---

❶　新外国证券关系法令集 . アメリカ（I）サーベンス・オクスリー法［M］. 东京:日本证券经济研究所，2008 : 61.

❷　Verity Winship，Fair funds and the SEC's compensation of injured investors，60 Fla. L. Rev. 1103，at 1120-1121（2008）.

❸　The SEC is responsible for monitoring all Fair Funds，regardless of whether they are created through administrative or judicial proceedings. See U.S. Gov't Accountability Office，Rep. No. GAO-07-830，SEC: Additional Actions Needed to Ensure Planned Improvements Address Limitations in Enforcement Division Operations 14（2007），http：// www.gao.gov/new.items/d07830.pdf.

❹　Verity Winship,Fair funds and the SEC's compensation of injured investors,60 Fla. L. Rev. 1103,at 1122（2008）.

❺　Verity Winship，Fair funds and the SEC's compensation of injured investors，60 Fla. L. Rev. 1103，at 1123（2008）.

来创设分配基金；第二种方法是增加公司的制裁金。❶

根据 SOX 第 308 条，SEC 可以对多个金融、证券欺诈事件中实施返还收益及制裁金的法律执行活动，下述对与内幕交易有关的事件的法律执行活动进行探讨。

（一）返还收益

至少有一个美国联邦法院命令非故意的从事不正当行为的当事者返还其不正当收益。在 Antar 事件中，被审理人之一的 Eddie Antar 在持有重要的未公开信息期间，为了自己和其他人的利益，有计划地实施第二次公开募股。SEC 并没有主张其他被审理人参与了欺骗，或是察觉到了所受的欺骗。但是，美国联邦法院认定被审理人以牺牲不知情的投资人获得了不正当收益，命令被审理人返还收益 ❷。

内幕交易的法律执法活动中，返还收益的基准，即使账面上的收益（paper profit）超过了实际的利益，也是信息公布之后发生的账面收益 ❸。但在 Shapiro 事件 ❹ 中，美国联邦第二巡回上诉法院做出如下判断：违反美国证券诸法的人，应该返还利用未公开信息进行交易所获得的收益。披露未公开的信息，如果所有的投资者都站在平等的立场进行交易的话，违反者只会承担市场自身的风险。在未公开的信息披露之后出现股票价格下跌的情况，若只

---

❶ Barbara Black, Should the SEC be a collection agency for defrauded investors? 63 Bus. Law. 317, at 328（2008）.

❷ SEC v. Antar，15 F. Supp. 2d 477，at 477-533（D.N.J. 1998）.

❸ Wang W K S, Steinberg M I. Insider Trading［M］. New York: Oxford University Press, 2010 : 659.

❹ SEC v. Shapiro，494 F. 2d 1301（2d Cir. 1974）.

要求违反者返还实际收益，其结果会出现违反者"一人获胜（heads-I-win-tails-you-lose）"的情况❶。也就是说，违反者可以保持其后的利益，却不会遭受之后的损失❷。

为尝试消除"一人获胜"的状况，在 MacDonald 事件❸中，SEC 不仅要求被审理人返还信息公布之后一定期间股价上涨所获得的收益，且要求被审理人返还在出售股票时所获得的收益，但是这一判决没有获得美国联邦法院的支持。该联邦法院认为，"如果没有特殊情况，内部者期待利益并保持第一笔投资的判断，与将其出售并运用其他投资的判断之间，在法律上或衡平法上并无差异。无论哪种情况，之后的利益都是全新的问题"❹。因此该联邦法院将 SEC 主张的返还收益的计算基准认定为不公平的算定基准，并拒绝采用该算定基准。之后哥伦比亚特区联邦巡回上诉法院认为，返还收益必须合理推算出与违法有因果关系的收益❺。

综上，可以得知美国各个联邦法院就 SEC 主张返还收益的算定基准的认定也产生较大的分歧。

（二）民事制裁金

《证券交易法》下的制裁金的金额根据各事件的"事实及状况"来决定，但规定不能超过所获得收益或避免损失的 3 倍。很多美国联邦法院就事实和情况列举了以下 3 个要素：①违反的恶劣性；②是否仅限一次违反；③故意

---

❶ SEC v. Shapiro，494 F. 2d 1301，at 1309（2d Cir. 1974）.

❷ Wang W K S, Steinberg M I.. Insider Trading［M］. New York: Oxford University Press, 2010 : 659.

❸ SEC v. MacDonald，699 F，2d 47（1st Cir. 1983）.

❹ SEC v. MacDonald，699 F. 2d 47，at 54（1st Cir. 1983）.

❺ SEC v. First City Fin. Corp.，ltd.，890 F.2d 1215，at 1231（D. C. Cir. 1989）.

程度。在司法实务中，如 Brethen 事件 ❶ 中，美国联邦法院就适用了上述三要素。在该事件中，公司董事 Brethen 在宣布取消合并计划之前，先出售了股票。美国联邦法院认为，被审理人是明知而故意为之，根据《证券交易法》第 21A 条，结合本案的事实应当对被审理人处以民事制裁金。❷

但是，在 Sargent 事件中，在判断是否对内部者处以民事制裁金时，美国联邦法院列举了以下 6 个应考虑的因素：①违反的恶劣性；②是一次性违反还是重复性违反；③被审理人的财务状况；④被审理人是否隐瞒了交易；⑤被审理人的行为会受到其他方面怎样的制裁；⑥被审理人是否从事证券行业 ❸。

在该事件中，被审理人 Shepherd 不是内部者，他只传达了一次内部信息，也没有隐瞒仅一次的股票交易。虽然 Sargent 的交易在短时间内涉及同一种类的股票交易，但不属于《证券交易法》上性质恶劣的违反行为。并且，被审理人不是证券的从业者。因此，上诉联邦法院做出维持地方联邦法院不收取民事制裁金的判断 ❹。可以看出，该案的上诉法院是将原有收取民事制裁金要考虑的三要素扩大到六要素，并根据六要素做出不对被审理人收取民事制裁金的判断。❺

然而，若有其他的制裁充分达到抑制内幕交易的目的，是否要对被审理人收取民事制裁金呢？在 Patel 事件 ❻ 中，Patel 被处以刑事罚款 25 000 美元，

---

❶ ［1992-1993］Transfer Binder Fed. Sec. L. Rep.（CCH）97210（S. D. Ohio 1992）.

❷ ［1992-1993］Transfer Binder Fed. Sec. L. Rep.（CCH）94893（S. D. Ohio 1992）.

❸ SEC v. Sargent，329 F. 3d 34, at 42（1st Cir. 2003）.

❹ SEC v. Sargent，329 F. 3d 34 at 42（1st Cir. 2003）.

❺ Wang W K S & Steinberg M I. Insider Trading［M］. New York: Oxford University Press, 2010 : 672.

❻ SEC v. Patel，61 F. 3d 137（2d Cir. 1995）.

并被判处 27 个月的监禁。此外，Patel 在与约 300 万美元的股票转让的民事诉讼中，与原告达成和解。上诉联邦法院考虑到这些因素，做出要求 Patel 归还 453 203 美元的收益、禁制令及禁止董事就任的命令，但未对被审理人处以民事制裁金。该联邦法院认为，Patel 受到的制裁已经达到抑制内幕交易的立法目的，所以无须再对其处以民事制裁金。❶

（三）SEC 的作用评价

让投资者获得补偿在历史上不是 SEC 的使命，但是通过对证券法令的正确实施来保护投资者成为 SEC 的使命的重要部分。而且，SEC 和美国联邦法院没有认识到美国证券诸法的执行和投资者的补偿有抵触的可能性。❷

美国国会调查了 SOX 制定前 5 年的有关 SEC 收取制裁金的执行手续，根据其调查报告结果，在 SOX 第 308 条中导入了报告要件的规定。美国国会的这一举动来源于制定 SOX 之后同一个月公布的会计检察院（General Accenting Office, GAO）的报告，美国国会据此提出了 SEC 应收取和分配所吐出收益的 SEC 活动的建议 ❸。SEC 在该审查中，制订了行动计划的概略，并设定了优先顺序。例如，制定快速执行即时执行（real time enforcement）与临时紧急禁制令（temporary restraining order）等措施用于被告资产冻结及杜绝欺骗，并增加向投资者返还资金的指定受领人的紧急措施。SEC 认为民事制

---

❶　Wang W K S & Steinberg M I. Insider Trading［M］. New York: Oxford University Press, 2010 : 673.

❷　Barbara Black，Should the SEC be a collection agency for defrauded investors? 63 Bus. Law. 317, at 341（2008）.

❸　U.S. Gen. Accounting office，report to congressional requesters，SEC Enforcement：More Actions Needed to Improve Oversight of Disgorgement Collections Gao-02-771（2002），http：//www.gao.gov/products/GAO-02-771.

裁金应加在公平基金中，但没有提及法律执行与收取资金之间的抵触问题。❶

在 2004—2009 年的战略计划中，SEC 在制定今后 5 年的展望、使命及战略目标时，停止了为投资者收取资金的行为。就该使命而言，由以下 3 个方面构成：①保护投资者；②维持公正、健全、高效的证券市场；③促进资源配置。为此，SEC 明确了以下四个目标，即遵守美国证券诸法、保持高效灵活的规制环境、基于信息促进投资决策以及最大程度利用 SEC 的资源。然而，SEC 并未明确将对被欺诈的投资者进行金钱补偿作为其使命或目标的一部分❷。

SEC 一般遵循原则性规定采用有效的执行程序。虽然是最基本的事情，但是 SEC 作为只拥有有限资源的机构，为了执行美国证券诸法，必须对其资源的最佳利用做出严格选择。SEC 为了发出强烈的抑制违反行为的信息，应该继续提起对高时价股票总额的上市公司违法行为的诉讼，以引起社会关注。为了防止对一般投资者造成损害，SEC 在制止性质恶劣的欺诈行为上发挥着重要的作用。SEC 应该对违反美国证券诸法的个人进行更多的执法活动。毕竟，正是个人促使企业进行违反美国证券诸法的事情。要求每个违反者返还收益、支付制裁金，是为了规避无辜股东的损失。但是，追究个人责任的话，其结果只会得到更少的制裁金。公司董事可能是一个资本家，但他们的个人资产不能与公司的财富比肩，而且每个被审理人都会为保持公司资产而力争，更热心地维护他们的个人财产。其结果是，个人只能通过公平基金的分配来

---

❶ Barbara Black，Should the SEC be a collection agency for defrauded investors? 63 Bus. Law. 317，at 341-342（2008）.

❷ Barbara Black，Should the SEC be a collection agency for defrauded investors? 63 Bus. Law. 317，at 342（2008）.

获得更少的钱，SEC 为了投资者的利益而收取巨额资金，这一"引以为豪的权利"（bragging rights）将成为一个缩影 ❶。

综上所述，SOX 法制定之后，虽然 SEC 并未明确将对被欺诈的投资者进行金钱补偿作为其使命或目标的一部分，但是 SEC 充分利用有限的资源要求违反者返还收益、支付民事制裁金，并且收取金钱用于补偿因内幕交易遭受损失的投资者，对保护投资者的利益发挥了重要作用。因此对 SEC 的作用应持正面积极的评价。

六、日本行政制裁性质的课征金的定位及投资者救济规定的设置

（一）日本课征金作为行政制裁的定位

日本《金商法》上的课征金，主要是剥夺内幕交易等违反者的经济利益相当额。乍一看，这和美国的返还收益是相似的。但是，美国的返还收益没有明文上的规定，SEC 是否得到返还利益的命令，取决于美国联邦法院的判断。美国的返还收益的计算基准不是以违反者得到的所有利益为对象，而是合理概算了违反法律有因果关系的利益。这个合理的概算暂且不论是否公正，其主要考虑的是违反者的违反行为的结果。就这一点而言，日本《金商法》上的课征金的计算方法是"重要事实等公布前 6 个月内的推销等（购买等）

---

❶　Barbara Black, Should the SEC be a collection agency for defrauded investors? 63 Bus. Law. 317, at 343-344（2008）.

的价格和重要事实等公布后 2 周内的最低价格（最高价格）的差额"。

日本《金商法》上的课征金，在别人取得利益的情况下也会收取。然而，问题在于如果通过他人的计算而没有发现不正当收益的，则不收取课征金。2013 年后负责内幕交易规制修改的工作组在报告书中指出："从最近的内幕交易案件来看，很多公司相关人员的信息受领者都有违反行为。在上市公司公募增资时，也出现了承销商证券公司泄露信息的内幕交易案件。在这些案件中，因资产运营商为维护客户利益而进行了违反行为，对其收取课征金从抑制违反行为的观点来看明显偏低，"❶ 即课征金制度是以抑制内幕交易等违反行为为目的，但是对违反者收取课征金的金额过低，是否能达到抑制违法行为的目的会令人产生怀疑。

在这一点上，美国根据《证券交易法》第 21A 条规定，可以收取不超过根据各事件的"事实及状况"而获得的收益或避免损失的 3 倍数额的民事制裁金。如上所述，美国联邦法院在判断违反内幕交易的被审理人是否要缴纳民事制裁金时，考虑了 6 个因素。美国联邦法院通返归还收益、禁制令以及董事就任禁止令等法律执行手段，若对内部者的制裁达到法律抑制目的时，多数不收取民事制裁金。反过来说，如果对内幕交易的制裁达到法律抑制目的的话，可以不再收取民事制裁金。这些都对日本《金商法》的修改有很好的参考价值。

日本 2013 年负责内幕交易规制修改的工作组在报告书中指出："为了使证

---

❶ インサイダー取引規制に関するワーキング・グループ．近年の違反事案及び金融・企業実務を踏まえたインサイダー取引規制をめぐる制度整備について［EB/OL］．（2012-12-25）［2021-06-10］．http：// www.fsa.go.jp/singi/singi_kinyu/insider_h24/siryou/20121225/01.pdf.

券市场充分发挥其功能，具备公正的交易环境，确保投资者对市场的信赖是不可缺少的。为了保持市场的公正性和健全性，负责上市股票等中介业务的中介人（中介业者）作为证券市场的门卫承担着公共性很高的作用，应该对客户的买卖进行审查以防止不公正交易的发生。中介公司的职员，如果在职务上对一部分客户进行企业内部信息的传达和内部信息的交易推荐的话，不仅会使投资者对该行业产生不信任感，也有可能导致对日本证券市场整体的信用丧失。"❶针对中介人的这些违反行为，设置了以提醒注意为目的的姓名公布的手段，但没有明确支配者对员工的责任。

在这一点上，在美国，ITSFEA 不仅覆盖了内幕交易者和信息传达者，也涵盖了没有采取适当手段防止其员工进行内幕交易或信息传达的支配者，扩大了 1984 年美国《内幕交易制裁法》的民事制裁金条款的适用范围。下院委员会就此说明的理由是，证券公司有效监督员工和代理人是美国监管机构保护投资者的依据。不仅如此，为了防止法律规制上的漏洞，下院委员会虽然对支配者进行了定义，但是期待 SEC 和美国联邦法院能够根据案例继续解释"支配者"的语句❷。

另外，对于作为支配者负有责任的经纪人、经销商或投资顾问公司，ITSFEA 会对其施加义务性的法令遵守程序，要求其制定具体的法令遵守方针。SEC 有公布具体的法令遵守方针或相应程序规定的权限。非经纪人的支

---

❶　インサイダー取引規制に関するワーキング・グループ.近年の违反事案及び金融・企业实务を踏まえたインサイダー取引規制をめぐる制度整备について［EB/OL］.（2012-12-25）［2021-06-10］.http：//www.fsa.go.jp/singi/singi_kinyu/insider_h24/siryou/20121225/01.pdf.

❷　H.R.Rep. No. 910, 100th Cong., 2d Sess. 17, reprinted in 1988 U.S.Code Cong. & Admin. News 6043，at 6054.

配者或非投资顾问业的支配者，明知或无视被支配者可能会进行违反行为，并且在行为发生前没有采取适当手段来防止该行为，根据 ITSFEA 的规定，SEC 可以对支配者收取民事制裁金。为了明确支配者的责任，上述几点可以作为修改日本《金商法》的参考。

为了从根本上解决上述问题，笔者认为，首先，日本应将课征金明确定位为裁量型的行政制裁金。即使当局已经认定违反事实，也应考虑企业的再发防止的努力的情况，适当的时候做出不收取课征金的裁量❶。其次，现行《金商法》第 166 条、第 167 条的要件是同法第 197 条之 2 第 13 项处罚的依据，也是同法第 175 条规定的收取课征金的依据，可以将其仅作为收取课征金的要件来活用。但是，如果将课征金定位为行政制裁金的话，可能会违反以剥夺利益相当额为限度的课征金的宗旨。由于 2008 年《金商法》的修改，与以前的课征金相比，实质上是提高了可收取的课征金的金额，由此可以看出，课征金制度不单单停留在返还收益上，而是已经具有行政制裁金的性质。另外，从课征金制度通过行政审理程序决定课征金缴纳的命令来看，程序方面以审理为准，即使进行制裁，在制度、程序上也不会有问题。因此，日本的课征金制度可以借鉴美国民事制裁金的性质，将其定位为行政制裁金。

以下，笔者参照英国《金融服务与市场法》及美国的民事制裁金制度，对《金商法》第 175 条第 1 款、2 款的前段进行修改。

（1）《金商法》第 175 条第 1 款前段的规定修改为：违反第 166 条第 1 款或第 3 款的规定，进行该条第 1 款规定的交易等的人，内阁总理大臣必须按

---

❶ 西村高等法务研究所 . 金融商品取引法と企业战略：资本市场との対话と实务对応［M］. 东京：商事法务，2008：259.

照下节规定的手续，根据以下各项规定情形的区分，命令其向国库缴纳符合该各项规定数额（符合以下各项中两项以上所列情形的，为该两项以上规定金额的合计金额）的 3 倍数额的课征金。

（2）《金商法》第 175 条第 2 款前段的规定修改为：违反第 167 条第 1 款或第 3 款规定，进行该条第 1 款规定的特定股票等或关联股票等相关收购等或该款规定股票等相关的推销等时，内阁总理大臣必须按照下节规定的程序，根据以下各项规定情形的区分，命令其向国库缴纳符合该项规定数额（符合以下各项中两项以上所列情形的，为该两项以上规定金额的合计金额）的 3 倍数额的课征金。

如果修改成上述条文的话，那么课征金和美国的民事制裁金一样，在明文上明示制裁的性质，能更为有效地发挥课征金的抑制功能。这一点也可以和日本的《独占禁止法》的课征金步调一致。关于在《金商法》上违反行为者的所得利益的计算方法，即使明显违反行为者进行了违反行为，但那样无法计算课征金的金额，不能处以课征金的话，就无法充分抑制违反行为，可能会出现为规避课征金调查而制定潜在的脱离性方案。对于这个问题，证券交易等监视委员会对于以下行为：①违反者正从事内幕交易等违反行为或已经从事内幕交易等行为的；②在违反者参与的情况下，如果采取强行或助长其他人做出与内幕交易等违反行为相关联的行为，或者没有采取防止措施等必要行动的情况下，则应根据行政裁量处以一定金额的课征金。另外，该法人（支配者）虽然知道该法人关系者（被支配者）将进行违反行为，但证券交易等监视委员会证实该行为发生前没有采取防止的适当手段的，可以处以课征金。

（二）设置课征金的救济规定

从保护投资者的观点来看，收取课征金的目的应该是补偿因内幕交易等违反行为而受到损害的投资者。关于这一点，如上所述，SOX 第 308 条的《投资者的公平基金》（Fair Funds For Investors）的宗旨是对受到损害的投资者进行补偿。该基金的产生方法是，用违反者的返还收益以及同一违反者的民事制裁金作为基金来源。归还的收益一般用于投资者的补偿，然而是否将民事制裁金用于投资者补偿是根据 SEC 的裁量来判断的。公平基金条款规定，将民事制裁金加到公平基金中，以通过 SEC 的申请或指挥将该公平基金分配给投资者。SOX 第 308 条认可 SEC 可以用于分配投资者的金钱救济。因此，在给予投资者金钱补偿的同时，通过加强对美国证券诸法的遵守来保护投资者是 SEC 使命的重要部分。而且，SEC 和美国联邦法院都不认为美国证券诸法的执行和投资者的补偿之间会产生矛盾[1]。按照 SOX 第 308 条规定，从有利于投资者保护的立法宗旨出发，SEC 可以有效利用有限的资源来执行证券法，从而促进证券市场的资源配置。

日本《金商法》的立法宗旨是：通过完善企业信息披露制度、规定规范金融商品交易业者相关的必要事项、确保金融商品交易所的运营等，在实现有价证券的发行及金融商品等的交易的公正，促进有价证券的流通之外，通过发挥资本市场的机能形成公正的价格，实现促进国民经济的健全发展以及保护投资者权益的目的。按照这个立法宗旨，日本应该在《金商法》上借鉴

---

[1] Barbara Black，Should the SEC be a collection agency for defrauded investors? 63 Bus. Law. 317，at 341（2008）.

并设置美国的公平基金条款，用来救济受到损害的投资者。

但是，正如本书第三章所探讨的，日本学者、专家就课征金的用途有不同的意见。有见解认为，课征金制度与民事责任的宗旨、目的不同，是确保行政上的义务履行的制度。但是，如果《金商法》的目的是"保护投资者"的话，那么课征金纳入国库会给投资者带来负面影响❶。《金商法》上对于内幕交易等不公正交易的违反行为，可以处以课征金或刑事罚，在保持市场秩序的同时，可以将课征金用来救济投资者。其他的见解还有课征金是为了确保证券市场的公正等公共目的而导入的，所以在公共执法中，能否用于恢复投资者的损失这一私人目的是个问题❷。关于这一点，如上所述，美国充分利用公平基金来对投资者进行救济，且 SEC 和美国联邦法院都不认为美国证券诸法的执行与投资者的补偿之间会产生矛盾。公平基金对弥补投资者的损失很有帮助。

《金商法》既然是以保护投资者为立法宗旨，因此不仅应当设置民事损害赔偿请求权，也应当设置公平基金条款。投资者的公平基金的资金来源限定于课征金。公平基金可以救济的投资者的范围限定于同时交易者。因为如果被审理人在证券市场上承担所有与其交易对象的责任的话，会让被审理人承担过大的责任，所以应该避免这样的问题❸。

以下参照美国的 SOX 第 308 条，修改《金商法》第 175 条和第 185 条之

---

❶ 桥本博之.改正证券取引法の理论的研究（1）证券取引法における课征金制度の导入［J］.商事法务，2004（1707）：4.

❷ 黑沼悦郎.投资者保护のための法执行［M］.东京：商事法务，2010（1907）：44.

❸ Peter J. Henning, Between Chiarella and Congress: A Guide to the Private Cause of Action for Insider Trading Under the Federal Securities Laws, 39 U. Kan. L. Rev. 1, at 31（1990）.

7 的规定，设置公平基金的制度。笔者认为，应该设置以下内容的条文。

在证券交易等监视委员会向内阁总理大臣及金融厅长官提出课征金的劝告的审理程序中，以违反《金商法》或内阁府令为由，对进行特定有价证券交易的人决定处以课征金的，该课征金应加入与该违反者同时交易的受害者利益的公平基金中。

结语——日本刑事罚运用的强化和
课征金制度活用的促进等

内部者是基于重要的未公开信息，通过证券交易所与许多未知悉内部信息的市场参与者进行交易而取得利益的人。虽然目前对内部者的定义仍然存有争议，但内幕交易同样是对市场参与者和经济、社会等违反道德和公平的行为，本质上是损害市场公正性和健全性的违法行为。日本现行《金商法》中对内幕交易的法定刑，正如本书探讨的那样极为轻微，对内幕交易的抑制力不足。从法定刑的轻重来看，违反《金商法》第197条之2第13款，与违反《金商法》第157条（不正当交易行为）处10年以下的徒刑或者1 000万日元以下的罚款相比量刑较轻，是因为对于违反内幕交易规制的人，从确保规制的实效性的角度出发，不是在行为的实质上，而是在形式上违反的次元上进行刑事罚❶。对于内幕交易设立了轻微的法定刑和形式上的规制框架，由于当时内幕交易规制的本质和法律上的确信不够充分，1988年通过对旧《证券交易法》的修改，导入内幕交易规制，但因为当时法令上没有明确内幕交易的范围，而且在一般的社会观念上，对于内幕交易规制的是非和内容都不明确❷。

---

❶ 河本一郎，大武泰南．金融商品取引法読本［M］．东京：有斐阁，2008：473.

❷ 松本真辅．インサイダー取引规制：解释・事例・实务对应［M］．东京：商事法务，2006：2.

日本以 1987 年 9 月的塔特霍尔化学工业事件为契机，提高了日本国民对内幕交易的关注度。另外，随着国际证券交易的活跃，东京、纽约、伦敦并称为世界三大证券市场，由于海外媒体和英美监督当局等向日本提出要求导入内幕交易规制等，导致日本在 1988 年对《证券交易法》进行修改导入内幕交易规制❶。但是，自 1988 年制定内幕交易规制以来已经过了 33 年，日本这种形式独特的规制框架并没有发生变化，基本上保持原样。内幕交易犯罪的要件是详细且技术性的，在将此要件适用时，在某些情况下会有相当大的困难，因此，应该对要件进行全面修改❷。日本通过 2004 年《金商法》的修改，导入的课征金制度不是行政制裁而是行政措施，其审理手续具有准司法性质。与美国的民事制裁金相比，日本《金商法》上的课征金没有制裁功能，只是剥夺违反者因内幕交易等违反行为所获得的经济收益。在现行《金商法》中并没有将课征金用于民事救济，这可以称为课征金制度的缺陷。如果通过他人利益没有办法确定违反者所得的收益，则基本上不会对违反者处以课征金。如本书所探讨的，课征金不应以利益相当额为基准，而应以复数倍的利益额为基准较为适当。另外，最好将课征金用于救济受害者。通过 2013 年《金商法》的修改，信息传达和交易推荐行为成了内幕交易的禁止行为。但是，这样的行为"不仅不能妨碍企业正常的业务、活动中进行的信息传达、交易推荐的行为；另外，将基于未公开的重要事实引起交易的不正当信息传达、交易推荐行为作为规制对象，也要留意举证的可能性，提出有必要设置'进行交易的目的'等主观要件是适当的"。因此，就内幕交易规

---

❶ 松本真辅. インサイダー取引规制：解释・事例・实务对应［M］. 东京：商事法务，2006：2.

❷ 芝原邦尔. 经济刑法［M］. 东京：岩波新书，2004：118.

制而言，首先有必要采取万全之策，才能防患于未然。发行公司、证券交易所以及证券公司等除了完善合规体制外，也需要在行政当局适当的指导下，采取相应措施❶。

近年来，为了确保规制的实效性和迅速性，在内幕交易的违反事件中，出现了很多课征金的劝告案件。刑事罚也在一定程度上得到了活用，但是像村上基金事件那样社会性影响极大的事件，最后也只不过对被审理人处以缓期执行的判决，这会令人对刑事罚的制裁没有充分发挥法律的抑制作用产生担忧。今后，刑事罚与课征金作为对内幕交易的法律执行手段，对于性质恶劣的事件应加强刑事罚的运用，对于其他的违法行为应促进课征金制度的活用。

现在的证券市场正逐步走向全球化。内幕交易在世界上大部分国家都被禁止。世界上大部分国家设置了对内幕交易进行严厉处罚的法定刑罚。如美国，在本书中已经对此进行了探讨。英国对内幕交易设置了最为严厉的刑事罚。如英国 1993 年的《刑事司法法》对内幕交易犯罪，最高可以处 7 年监禁或巨额罚款。根据简易起诉接受治安裁判所审理的，可以处 6 个月监禁或者最高 5 000 英镑的罚款❷。最近，英国频繁地对内幕交易进行刑事追诉。对于内幕交易的严厉刑事规制是世界的潮流。日本与英、美两国相比，其现状是对内幕交易设置了较轻的法定刑，这也与对内幕交易的严厉刑事规制的世界潮流不符。今后，日本的内幕交易规制，笔者认为重要的是修改法律框架，

---

❶ 金融机关コンプライアンス研究会.金融机关の法令等遵守態勢［M］.东京：金融财政事情研究会，2009：249.

❷ Alexander R C H.Insider Dealing and Money Laundering in The EU: Law And Regulation［M］. Burlington: Ashgate Publishing Company, 2007 : 132.

其次应加强刑事罚的运用和促进课征金制度的活用等。另外，企业正逐步走向全球化，为了有效应对内幕交易，各国的金融监管机构有必要缔结条约或合作协定，以此应对内幕交易。

参考文献

一、日文文献

（一）日文著作

［1］松尾直彦.最新インサイダー取引規制：平成 25 年改正金商法のポイント［M］.东京：金融財政事情研究会，2013.

［2］河本一郎，大武泰南.金融商品取引法読本［M］.东京：有斐閣，2011.

［3］ロンド・キャメロンラリー・ニール.概説世界経済史Ⅱ［M］.东京：東洋經濟新報社，2013.

［4］日本証券経済研究所.図説アメリカの証券市場［M］.东京：日本証券経済研究所，2013.

［5］梅本刚正.インサイダー取引規制の再構筑.森本滋.先生還暦記念：企业法の課題と展望[M]，东京：商事法務，2009.

［6］畠山久志.金融商品取引法［M］.东京：地域金融研究所，2014.

［7］松本真輔.インサイダー取引規制：解釈・事例・实务対応［M］.东京：商事法務，2006.

［8］山下友信，神田秀樹.金融商品取引法概説［M］.东京：有斐閣，2010.

［9］証券取引等監視委員会.証券取引等監視委員会の活動状況［M］.証券

取引等監視委員会，2009.

［10］西村あさひ法律事務所・危机管理グループ，木目田裕監修.インサイ
ダー取引規制の実务［M］.东京：商事法务，2010.

［11］清原健.详解公開買付けの实务［M］.东京：中央经济社，2009.

［12］池田唯一ほか.逐条解说2008年金融商品取引法改正［M］.东京：商
事法务，2008.

［13］黒沼悦郎.アメリカ证券取引法［M］.东京：弘文堂，2006.

［14］萬澤陽子.アメリカのインサイダー取引と法［M］.东京：弘文堂，
2011.

［15］島袋鉄男.インサイダー取引规制—アメリカにおける法理の発展—
［M］.东京：法律文化社，1994.

［16］渡辺征二郎.インサイダー取引［M］.东京：中央经济社，1989.

［17］佐伯仁志.制裁論［M］.东京：有斐阁，2009.

［18］ルイ・ロス，日本证券经济研究所译.现代美国证券取引法［M］.东京：
商事法务研究会，1989.

［19］アメリカ（III）证券法・证券取引所法［M］.东京：日本证券经济研
究所，2008.

［20］マーク・I・スタインバーグ，小川宏幸訳.アメリカ证券法［M］.东
京：Lexis Nexis，2008.

［21］河本一郎，关要監修.逐条解说・证券取引法［M］.东京：商事法务，
2008.

［22］松尾直彦.金融商品取引法［M］.东京：商事法务，2013.

［23］神田秀树ほか.金融商品取引法コンメンタール4：不公正取引规制・课征金・罚则［M］.东京：商事法务，2011.

［24］黒沼悦郎.内部者取引規制の立法論的課題.竹内昭夫先生追悼論文集：商事法の展望［M］.东京：商事法务，2005.

［25］山下友信，神田秀树.金融商品取引法概说［M］.东京：有斐阁，2010.

［26］長島・大野・常松法律事務所.アドバンス金融商品取引法［M］.东京：商事法务，2009.

［27］横畠裕介.逐条解説インサイダー取引規制と罚则［M］.东京：商事法务研究会，1989.

［28］神山敏雄ほか.新经济刑法入门［M］.东京：成文堂，2008.

［29］芝原邦尔.经济刑法研究：下［M］.东京：有斐阁，2005.

［30］川村正幸.金融商品取引法［M］.东京：中央经济社，2009.

［31］清水豊ほか.Q＆A情报开示・インサイダー取引規制の实务［M］.东京：金融财政事情研究会，2009.

［32］小谷融.インサイダー取引・相場操纵・虚伪记载規制のすべて［M］.东京：中央经济社，2009.

［33］中曽根玲子ほか.金融商品取引法实务ハンドブック［M］.东京：财经详报社，2009.

［34］松本真辅.インサイダー取引規制：解释・事例・实务对应［M］.东京：商事法务，2006.

［35］西村あさひ法律事務所・危机管理グループ，木目田裕监修.インサイ

ダー取引規制の実务 [M]. 东京：商事法务，2010.

[36] 野村稔. 经济刑法の論点 [M]. 东京：现代法律出版，2002.

[37] 中村直人. M & A 取引等のための金融商品取引法 [M]. 东京：商事法
务，2008.

[38] アンダーソン・毛利・友常法律事务所编. Analysis 公開買付け [M].
东京：商事法务，2009.

[39] 原义则ほか. 实务金融商品取引法 [M]. 东京：商事法务，2008.

[40] 神田秀树ほか. 金商法实务ケースブック＝I 判例编 [M]. 东京：商事
法务，2008.

[41] 金融商品取引法研究会. 金融商品取引法性の现代的课题 [M]. 东京：
日本证券经济研究所，2010.

[42] 黑沼悦郎. 金融商品取引法入门 [M]. 东京：日本经济新闻出版社，
2007.

[43] 三浦章生. 一問一答金融商品取引法の实务 [M]. 东京：经济法令研究
会，2008.

[44] 关根攻. インサイダー取引规制の总合解说 [M]. 东京：日本经济新闻
社，1989.

[45] 证券取引法制研究会. 逐条解说证券取引法 [M]. 东京：商事法务研究
会，1975.

[46] 西村あさひ法律事务所. 最新金融レギュレーション [M]. 东京：商事
法务，2009.

[47] 新家宽，上野元. REIT のすべて [M]. 东京：民事法研究会，2012.

［48］芝原邦尔.经济刑法研究：上［M］.东京：有斐阁，2005.

［49］三井秀范ほか.课征金制度と民事赔偿责任：条解证券取引法［M］.东京：金融财政事情研究会，2006.

［50］高桥康文.平成16年证券取引法改正のすべて［M］.东京：第一法规，2005.

［51］松尾直彦.金融商品取引法［M］.东京：商事法务，2014.

［52］根岸哲.注释独占禁止法［M］.东京：有斐阁，2009.

［53］村上政博.独占禁止法［M］.东京：弘文堂，2012.

［54］白石忠志.独占禁止法［M］.东京：有斐阁，2009.

［55］西村高等法务研究所.金融商品取引法と企业战略：资本市场との对話と实务对応［M］.东京：商事法务，2008.

［56］小谷融ほか.金融商品取引法における课征金事例の分析：Ⅰインサイダー取引编［M］.东京：商事法务，2012.

［57］十市崇ほか.金融商品取引法违反への实务対応―虚伪记载・インサイダー取引を中心として［M］.东京：商事法务，2011.

［58］伊佐次啓二.ケースでわかる金融商品取引法［M］.东京：自由国民社，2009.

［59］日本弁护士连合会消费者問題対策委员会.金融商品取引被害救済の手引［M］.东京：民事法研究会，2008.

［60］今川嘉文.投资取引诉讼の理论と实务［M］.东京：中央经济社，2011.

［61］森・濱田松本法律事务所.金融商品取引法：资本市场と开示编［M］.东京：商事法务，2008.

［62］石山卓磨．最新判例にみる会社役員の义务と责任［M］．东京：中央经济社，2010.

［63］香城敏磨．刑法と行政刑法［M］．东京：信山社，2005.

［64］荒木友雄．アウトライン刑法総論［M］．东京：不磨书房，2004.

［65］新外国证券关系法令集．イギリス金融サービス市场法、金融サービス法［M］．东京：日本证券经济研究所，2011.

［66］黒沼悦郎．金融商品取引法入门［M］．东京：日経文库，2007.

［67］NERA エコノミックコンサルティング・池谷誠ほか．证券诉讼の经济分析－日米の事例動向と損害立证アプローチ［M］．东京：中央经济社，2009.

［68］新外国证券关系法令集．アメリカ（Ⅰ）サーベンス・オクスリー法［M］．东京：日本证券经济研究所，2008.

［69］芝原邦尔．经济刑法［M］．东京：岩波新书，2004.

［70］金融机关コンプライアンス研究会．金融机关の法令等遵守態勢［M］．东京：金融财政事情研究会，2009.

（二）日文论文

［1］畠山久志．インサイダー规制の现状と課題：金商法改正を受けて［J］．講演ディスクロジャー研究，2013（40）.

［2］松尾直彦．法人关系情报［J］．金融商品取引法研究会研究记录，2013（44）.

［3］同志社大学监查制度研究会と关西支部监查实务研究会との共同研究

会.企業情報の開示制度について［J］.日本監査役協会，2009.

［4］前田雅弘.インサイダー取引規制のあり方［J］.商事法務,2010（1907）.

［5］日本経済団体連合会.インサイダー取引規制の明確化に関する提言—公正で、安心して投資できる市場を目指して［J］.商事法務,2004（1687）.

［6］堀口亘.マクロスのインサイダー取引事件［J］.金融・商事判例，1993（911）.

［7］編集部.マクロスのインサイダー取引事件判決［J］.商事法務，1992（1306）.

［8］池田修，三好幹夫：（1）証券取引法166条2項1号にいう業務執行を決定する机関の意义、（2）証券取引法166条2項1号にいう株式の発行を行うことについての決定の意义［J］.ジュリスト，1999（1164）.

［9］芳賀良.日本織物加工株式のインサイダー取引事件上告審判決［J］.金融・商事判例，2000（1090）.

［10］小林史治.インサイダー取引規制における公開買付者の検討：設立中の会社概念の再考の必要性［J］.商事法務，2012（1958）.

［11］三浦州夫・吉川純.株式の公開買付け・買集めとインサイダー取引規制：上［J］.商事法務，2004（1718）.

［12］西田典之.村上ファンド事件最高裁決定について［J］.刑事法ジャーナル,2012（33）.

［13］芳賀良.村上ファンド・インサイダー取引事件控诉審判決（商法10）［J］.法学教室，2009（354）.

［14］黒沼悦郎.村上ファンド事件最高裁決定の検討［J］.商事法務，2011

（1945）.

［15］丹羽繁夫.ニッポン放送株式インサイダー取引事件控诉审判决の批判
的検討［J］.NBL，2009（913）.

［16］山下貴司.インサイダー取引規制における公開買付け等を行うことに
ついての決定の意义：いわゆる村上ファンドインサイダー取引事件控
诉审判决の検討［J］.研修，2009（732）.

［17］芳賀良.公開買付け等の实施に关する事实の決定時期：最一決平成23
年・6・6の意义一［J］.金融・商事判例，2011（1371）.

［18］編集部.金庫株と証券取引法改正：インサイダー取引規制［J］.別冊
商事法务，2002（251）.

［19］桥本博之.改正証券取引法の理論的研究（1）証券取引法における课征
金制度の导入［J］.商事法务，2004（1707）.

［20］岡田大ほか.市場監視机能の強化のための証券取引法改正の解説一课
征金制度の导入と民事責任規定の見直し［J］.商事法务,2004（1705）.

［21］川口恭弘.金融商品取引法上の课征金制度［J］.同志社法学，2005,
61（2）.

［22］大来志郎・鈴木謙輔.课征金制度の見直し［J］.商事法务,2005（1840）.

［23］島影正樹.课征金事例集の公表とインサイダー取引の傾向について
［J］.会計・監査ジャーナル，2010（663）.

［24］东崎贤治.课征金事例集が教える重要事实の范囲と決定時期［J］.ビ
ジネス法务，2008，8（10）.

［25］宇贺克也.規制緩和社会における制裁の役割Ⅱ制裁の在り方：行政制

裁［J］.ジュリスト，2002（1228）.

［26］松井一郎.証券取引所を通じて株式を購入した者からの売主に対する
インサイダー取引を理由とする損害賠償請求が因果関係がないとして
弃却された事例［J］.金融・商事判例，（902）.

［27］牛丸興志夫.判批［J］.私法判例リマークス（下），1993.

［28］黒沼悦郎.投資者保護のための法執行［J］.商事法務，2010（1907）.

［29］松尾直彦.不公正取引規制の施行5年の軌跡と展望［J］.ジュリスト，
2012（1444）.

［30］畠山久志.ヨーロッパ（EU）における内部者取引規制について：内
部者取引規制の見直し論議の方法論序说［J］.青山法学論集，2009，
51（1-2）.

［31］金融商品取引法研究会.法人関係情報［J］.研究記録，2013（44）.

［32］畠山久志.インサイダー取引規制の現状と課題について：平成25年
金融商品取引法の改正［J］.平成25年7月ディスクロージャー研究
会，日本経営分析学会共催の講演内容，ディスクロージャー研究，
2013.

［33］龍川節.証券取引法58条1号にいう『不正の手段』の意义［J］.別冊
ジュリスト，1998（100）.

［34］並木和夫.不正な証券取引の禁止［J］.法学研究，2000，73（12）.

［35］川崎友巳.インサイダー取引罪［J］.刑法雑誌，2011，51（1）.

［36］鈴木克昌ほか.情報伝達・取引推奨行為規制に対する米英からの示唆：
中［J］.商事法務，2013（2003）.

二、英文文献

（一）英文著作

［1］HAZEN T L.The Law of Securities Regulation［M］. London: Thomson Business Press, 2005.

［2］JAMES D.COX, ROBERT W HILLMAN, DONALD C.LANGEVOORT. Securities Regulation: Case and Materials［M］. 7th ed. New York: Aspen Publishers, Inc, 2006.

［3］HAZEN T L. Treatise on The Law of Securities Regulation［M］. 5th ed. London: Thomson Business Press, 2005.

［4］ALAN R. PALMITER.Securities Regulation［M］. New York: Aspen Publishers, 2005.

［5］LARRY D. SODERQUIST, GABALDON, et al.Securities Regulation［M］. New York :Fuondation Press, 2006.

［6］STERPHEN M.BAINBRIDGE. Insider Trading［M］. Los Angeles: Edward Elgar Publishing, 2011.

［7］LOSS L, SELIGMAN J. Fundamentals of Securities Regulation［M］.New York: Wolters Kluwer, 2011.

［8］WANG W K S, STEINBERG M I. Insider Trading［M］. 3rd ed. New York: Oxford University Press, 2010.

［9］SEREDYNSKA I. Insider Dealing and Criminal Law: Dangerous Liaisons［M］. Berlin: Springer, 2012.

［10］ALEXANDER R C H. Insider Dealing and Money Laundering in The EU:Law And Regulation［M］. New York: Oxford University, 2007.

［11］CHOI S J, PRITCHARD A C.Securities Regulation［M］. New York: Aspen Publishers, Inc, 2008.

（二）英文论文

［1］City of London Report Comparative implementation of EU directives（I）－ insider dealing and market abuse 13 December 2005.

［2］BADER B. ALDAVE. The Insider Trading and Securities Fraud Enforcement Act of 1988: An Analysis and Appraisal, 52 Alb. L. Rev. 893（1988）.

［3］HOWARD M. FRIEDMAN. The Insider Trading and Securities Fraud Enforcement Act of 1988, 68 N.C.L. Rev.465（1990）.

［4］PETER J. HENNING. Between CHIARELLA and Congress: A Guide to the Private Cause of Action for Insider Trading Under the Federal Securities Laws, 39 U. Kan. L. Rev. 1（1990）.

［5］VERITY WINSHIP. Fair Funds and the SEC's Compensation of Injured Investors, 60 Fla. L. Rev. 1103（2008）.

[6] BARBARA BLACK. Should the SEC be a Collection Agency for Defrauded Investors? 63 Bus. Law. 317 (2008).

（三）英文判例

[1] In re Cady, Roberts & Co., 40 S.E.C. 907 (1961).

[2] SEC v. Texas Gulf Sulphur Co., 401 F.2d 833 (2d Cir.1968).

[3] CHIARELLA v. United State, 445 U.S. 222 (1980).

[4] DIRKS v. SEC, 463 U.S. 646 (1983).

[5] KARDON v. National Gypsum Co., 69 F. Supp. 512 (E.D.Pa.1946).

[6] Superintendent of Ins. of the State of New York v. Bankers Life and Casualty Co., 404 U.S. 6 (1971).

[7] United States v. TEICHER, 987 F.2d 112 (2d Cir.1993).

[8] SEC v. ADLER, 137 F.3d 1325 (11th Cir.1998).

[9] United States v. SMITH, 155 F.3d 1051 (9th Cir.1998).

[10] United Stated v. O'HAGAN, 521 U.S.642 (1997).

[11] LEVENTHALL v. General Dynamics Corp., 704 F.2d 407 (8th Cir).

[12] United States v. CARPENTER, 791 F.2d 1024 (2d Cir.1986).

[13] SEC v. TOME, 833 F.2d 1086 (2d Cir. 1987).

[14] SEC v. YUN, 327 F. 3d 1263 (11th Cir. 2003).

[15] SEC v. MUSELLA, 678 F. Supp. 1060 (S.D.N.Y. 1988).

[16] United States v. NEWMAN, 664 F.2d 12 (1981).

[17] United States v. MATERIA, 745 F.2d 197 (2d Cir.1986).

［18］MOSS v. Morgan Stanley Inc., 719 F.2d 5（2d Cir.1983）.

［19］SEC v. ROCKAGE, 470 F. 3d 1（1st Cir. 2006）.

［20］Santa Fe Industries v. GREEN, 430 U.S. 462（1977）.

［21］Blue Chip Stamps v. Manor Drug Stores, 421 U.S. 723（1975）.

［22］BUCKLEY v. VALEO, 424 U.S. 1（1976）.

［23］United States v. CHESTMAN, 947 F.2d 551（2d Cir.1990）.

［24］WILLSON v. Comtech Telecommunications Corp., 648 F.2d 88（2d Cir.1981）.

［25］FRIDRICH v. BRADFORD, 542 F.2d 307（6th Cir. 1976）.

［26］SEC v. Arthur Young & Co., 590 F.2d 785（9th Cir. 1979）.

［27］SEC v. Universal Major Indus. Corp., 546 F.2d 1044（2d Cir. 1976）.

［28］AARON v. SEC, 446 U.S. 680（1980）.

［29］SEC v. RIND, 991 F.2d 1486（9th Cir. 1993）.

［30］SEC v. Commonwealth Chem. Sec., Inc., 574 F. 2d 90（2d Cir. 1978）.

［31］SEC v. SHAH, Fed. Sec. L. Rep.（CCH）98, 374（S.D.N.Y. 1993）.

［32］SEC v. O' HAGAN, 901 F. Supp, 1461（D. Minn. 1995）.

［33］SEC v. YOUMANS, 729 F. 2d 413（6th Cir.）.

［34］Precious Metals Assoc. Inc. v. CFTC, 620 F. 2d 900（1st Cir. 1980）.

［35］Central Bank of Denver v. First Interstate Bank of Denver, 511 U.S. 164（1994）.

［36］RATTNER v. LEHMAN, 193 F.2d 564（2d Cir.1952）.

［37］BLAU v. LEHMAN, 368 U.S. 403（1962）.

［38］Reliance Electric Co. v. Emerson Electric Co., 404 U.S. 418（1972）.

［39］Foremost-McKesson, Inc. v. Provident Securities Co., 423 U.S. 232（1976）.

［40］Heli-Coil Corp. v. WEBSTER, 352 F.2d 156（3d Cir.1965）.

［41］PETTEYS v. BUTLER, 367 F.2d 528（8th Cir.1966）.

［42］Kern County Land Co. v. Occidental Petroleum Corp., 411 U.S. 582（1973）.

［43］SMOLOWE v. Delendo Corp., 136 F.2d 231（1943）.

［44］ELKIND v. Liggett & Myers, Inc., 635 F.2d 156（2d Cir.1980）.

［45］SHAPIRO v. Merrill Lynch, Pierce, Fenner & Smith, Inc., 495 F.2d 228（2d Cir. 1974）.

［46］FRIDRICH v. BRADFORD, 542 F.2d 307（6th Cir. 1976）.

［47］SEC v. HUFFMAN, 996 F.2d 800（5th Cir. 1993）.

［48］SEC v. ANTAR, 15 F. Supp. 2d 477（D.N.J. 1998）.

［49］SEC v. SHAPIRO, 494 F. 2d 1301（2d Cir. 1974）.

［50］SEC v. MACDONALD, 699 F, 2d 47（1st Cir. 1983）.

［51］SEC v. First City Fin. Corp., ltd., 890 F.2d 1215, at 1231（D. C. Cir. 1989）.

［52］SEC v. SARGENT, 329 F. 3d 34（1st Cir. 2003）.

［53］SEC v. PATEL, 61 F. 3d 137（2d Cir. 1995）.

后 记

本书是我在博士论文的基础上翻译和修改而成的。

首先，我要向我的博士生导师香川喜八郎、畠山久志教授表达深深的谢意。读博六年，我无时无刻不感受到香川教授与畠山教授高尚的人格、渊博的学识和严谨的治学精神。香川教授与畠山教授一直鼓励我发挥自己的优势，进行日美证券法学研究。我难以用言语表达对香川教授与畠山教授的感激之情，唯有在今后的学习和研究中继续努力，永不懈怠，才能不负两位教授的培养。

其次，感谢在我读博期间所有教授过我的老师们，他们讲授的课程拓展了我的视野，让我逐渐学会用商法学的思维方式和研究工具去诠释法律。读博六年，同门师兄弟也给予了我许多帮助，他们与我一起进行学术探讨，也对我的论文提出了许多宝贵的意见，在此一并致谢。

最后，感谢福建江夏学院法学院的领导和各位同事对我的关心和帮助。感谢福建江夏学院的出版项目计划的资助，使我有机会将书稿付诸出版。

我还要感谢我的家人。感谢父母的生养之恩以及在我成年之后资助我出国留学。感谢妻子对我的关心和鼓励。没有家人的爱与支持，也就没有本书的完成。